▶ 中国服务经济丛书

生产性服务业：

创新与升级

P roduction S ervice
Industry

INNOVATION AND UPGRADING   郭怀英 著 ◀

山西出版传媒集团   山西经济出版社

序　言

当今世界，服务业已成为经济社会发展的战略引擎，成为世界经济增长的重点所在。服务业的兴旺发达，是现代经济的重要特征，也是国家竞争优势的重要解释变量。各国工业化、信息化、城镇化、市场化、国际化的深入发展，以及产业结构（供给结构）、需求结构、要素投入结构和产业组织结构的调整升级，正在与服务业发展之间形成广泛深入的互动效应。与此同时，我国发展中不平衡、不协调、不可持续的问题仍然比较突出，加快转变发展方式的要求日趋强烈，迫切要求加快发展服务业，加快形成三次产业在更高水平上协同发展的格局。《国民经济和社会发展第十二个五年规划》提出要以科学发展为主题，以加快转变经济发展方式为主线，坚持把经济结构战略性调整作为加快转变经济发展方式的主攻方向，把推动服务业大发展作为产业结构优化升级的战略重点。推动服务业大发展，有利于顺应我国发展的新的阶段性特征，推动经济社会结构加快转型，是推进经济发展方式转变的重要突破口。

"十二五"时期，是我国经济社会发展的重要战略机遇期，也是推动我国服务业大发展的良机。在此期间，我国全面建设小康社会正处于关键时期，深化改革开放、加快转变经济发展方式正处于攻坚时期。错过"十二五"，就会错过推动服务业大发展的契机！

在"十二五"期间，加快发展服务业，有一系列有利条件，也面临着严峻制约和挑战。特别是，我国经济社会发展面临若干重大阶段性乃至"拐点性"变化，为加快发展服务业提供了特殊机遇和新的要求。一是从2011年开始，我国城市人口将超过农村人口。这意味着城市发展和城市化对服务业发展的拉动作用将明显增强，城市生产方式和生活方式对发展方式转变的带动效应将显著增加。二是我国在总体上处于从中等收入国家向中等发达国家迈进的阶段，需要时刻警惕"中等收入陷阱"。这就要求我国通过发展服务业，在鼓励创新创业和扩大就业，在解决民生问题、缓解社会矛盾、增进社会和谐方面有更大作为。三是到"十二五"末，服务业很可能同时成为三次产业中占国内生产总值比重最高、吸纳就业人数最多的产业。因此，在产业结构优化升级和现代产业体系建设中，更需要把促进服务业大发展放在突出地位，在更广领域、更深层次上推进服务业与三次产业融合发展、协同发展和互动发展。四是我国人口老龄化进一步深化，由此将会深刻影响服务业的人才和劳动力供给，并深刻影响服务业需求（结构）和重点产业选择。到"十二五"末，我国65岁及以上老人占总人口的比重很可能超过10%，60岁及以上人口很可能超过2亿人。

在此背景下，加强对服务业发展的理论和政策研究至关重要。这也是许多发达国家加快服务业发展的重要经验之一。为了从理论与实践的结合上，更好地促进我国服务业发展的理论和政策研究，山西经济出版社邀请我担任主编，推出这套山西省重点图书——"中国服务经济丛书"。本套丛书冠名"中国服务经济丛书"，主要有两个原因。一是服务经济是以服务业为主导的经济形态，代表着以现代服务业为主导的发展方式；在发展服务经济的过程中，必须以发展服务业和促进服务业与三次产业融合发展为重点。这些恰好是本套丛书关注的重点。二是无论当前是按照服务业增加值占国内生产总值的比重，还是按服务业就业占全社会就业的比重，我国都还没有进入服务业占主导地位的服务经济时代。但是，我国已有部分地区、部分行业在发展服务经济方面走在全国前列，发展服务经济同样不可错过战略机遇期。2010年，在我国36个省会城市和计划单列市中，已有16个城市服务业占国内生产总值的比重超过50%。

本丛书的作者主要来自国家发改委宏观经济研究院。基于作者们的研究专长和工作特点，考虑当前国内服务业或服务经济图书市场的状况，本套丛书将力求突出3个特点：其一，突出宏观性或战略性。本套丛书大多针对中国服务业发展的宏观性、战略性问题，尽可能进行深入分析。虽有个别书的内容偏重于微观分析，但它关注的内容也是中国服务业发展中较为重要的战略性问题，或较具成长性的领域。其二，突出前瞻性和前沿性。邀请一批主要从事服务业或服务经济理论，特别是政策研究的学者，就中国服务业和服务经济发展的前沿问题进行前瞻性分析，避免空谈，力戒无病呻吟。其三，突出现实指导性和可读性。本套丛书力求有别于主要介绍国际经验或服务业发展一般理论的图书，坚持理论联系实际的原则，针对中国服务业或服务经济发展的现实问题进行探讨，并提出建设性意见。本套丛书还力求增强文字的可读性。当然，本套丛书实际上能否体现以上3个特点，最权威的评判是读者，而不是我们作者自己。

　　本套丛书的出版，首先应该感谢山西经济出版社的慷慨支持，尤其是总编辑赵建廷编审和第一编辑室主任李慧平副编审，他们对出版本套丛书的热情支持让我们感动，他们良好的敬业精神和优秀的专业素质，为提高本书编辑质量提供了保证。赵建廷先生和李慧平女士是我多年的老朋友，我多次受益于他们的支持，这次我又荣幸地获邀担任本套丛书的主编，借此机会感谢他们和山西经济出版社对我的信任，是必须的！本套丛书出版，还要感谢各位作者所在单位，尤其是国家发改委宏观经济研究院及其产业经济与技术经济研究所、经济体制与管理研究所提供了良好的科研环境。

　　实施"十二五"规划，等于吹响了服务业火热发展的号角。近年来，我国服务业发展的实践如火如荼，对加强服务业和服务经济研究的需求日趋旺盛。但是，坦率地说，我国服务业、服务经济发展的理论和政策研究，同推动服务业大发展的需求仍有很大差距。但愿本套丛书在加强服务业、服务经济理论和政策研究方面能够真正的有所贡献！但愿本套丛书能让广大读者，真正的有所启发，则幸甚！

2011 年 12 月 17 日
于北京西城区国宏大厦

目　录

第二编　典型行业剖析

第四编　战略思路与对策

绪　论

一、研究意义和价值

放眼全球经济，已是服务经济主导，服务经济全球化趋势愈加明显。20 世纪 50 年代以来，发达国家相继进入服务经济时代。2009 年全球服务业占比已经达到 68%。在世界经济快速发展过程中，我们看到了服务化日益加强的趋势，看到在发达国家服务经济形成和加速发展过程中，生产性服务业迅速发展，后来居上，成为服务经济发展的主导力量，体现出越来越重要的地位。在服务经济孕育阶段，生产性服务业是服务经济形成的第一推动力；在服务经济比较成熟的阶段，金融、商务、科技、信息服务等生产性服务仍然稳步增长，与代表高生活质量的消费性服务业共同主导经济增长。在经济全球化和信息化迅速发展的今天，以信息、金融、科技、商务服务、文化创意等为代表的生产性服务业知识密集型、创新性特征明显，代表着当代世界先进生产力和经济发展的方向。

再回到我国经济发展的现实中来。

我们看到，现阶段我国工业化进程中发展生产性服务业变得日益重要和紧迫。党的十八大把推进产业结构调整升级作为经济发展方式转变的关键，而大力发展服务业则成为产业结构调整升级的战略重点。从经济转型升级总体角度看，近年来，由于产业结构调整升级缓慢和资本资源密集型重化工业高速发展，经济发展中增长与资源环境的矛盾愈加突出。实践表明，现有的这种消耗型、投资带动型经济发展方式已经难以为继。"十二五"乃至未来更长时期内，我国资源环境对经济增长的约束将持续强化，重型传统制造业产能过剩压力加大，经济转型升级的要求变得更为紧迫，任务也更为艰巨。通过发展研发技术服务、信息服务、商务服务、设计创意、品牌营销、供应链管理等知识技术密集型生产性服务业和生产性服务环节，可以大幅提升工业的附加值，提升产业整体素质和竞争力，促进工业结构升级，改变经济增长对传统工业规模扩张、资源环境消耗的高度依赖，促进经济转型升级取得实质性进展。

从产业结构调整升级角度看，随着 2007 年以来内外部环境的变化，工业结构性、素质性矛盾不断显现。2011 年，温州等一些工业中小企业聚集地又出现了盈利难、融资难的双重困境，企业家从事实业经营的意愿不足，工业结构调整升级的要求日益紧迫。在经过 10 多年的高速增长后，中国工业正进入新一轮的结构调整，高污染、高耗能的资本密集型产业和出口导向型的劳动密集型产业，迫切需要向高加工度化的技术密集型产业转变。通过促进生产性服务业与制造业联动发展，推进工业服务化进程，增强研发设计、信息服务、商务服务、金融、文化创意等生产性服务在工业总投入和总产出中的比重，使工业价值链从生产装配环节向两端服务环节延伸，提高工业产品的附加值和技术含量，增强产业竞争优势和自主创新能力，最终实现产业结构调整升级。

综合上面两点，未来我国经济发展方式转变、产业结构调整升级要取得实质性进展迫切需要服务业特别是生产性服务业加快发展并发挥重要作用。生产性服务业已成为我国实现经济转型的重要方向和重要手段，产业结构升级的重要途径。

但是从总体上看，现阶段我国服务业自身发展还存在诸多问题，结构性矛盾突出，其增长更多依赖传统的批发零售业和交通运输业，以及易受政策调控影响的房地产和金融业，内生增长能力不强，生产性服务业还没有成为带动服务业发展的主导力量。更为重要的是，生产性服务业对三次产业特别是制造业结构升级的支撑、引领作用还有待进一步增强，与制造业的互动升级关系尚不紧密。当前我国生产性服务业发展的主要矛盾和矛盾的主要方面是什么，对工农业包括服务业自身在内的发展是否起到了应有的作用，其他产业对生产性服务业的带动程度如何，究竟是哪些因素制约了中国生产性服务业的发展与升级，怎样才能使生产性服务与制造业更好地联动发展，中国生产性服务业如何实现创新与升级，创新与升级的路径、模式和推进重点是什么，在体制机制方面如何突破，国际上在生产性服务业创新与升级方面有什么可以借鉴的经验，特别是与我国经济发展历程和文化比较接近的日本、韩国在其经济转型和制造业结构升级过程中，生产性服务业是如何发挥支撑作用的，以及如何在全球经济日趋服务化的背景下通过采取行之有效的战略与对策促进生产性服务业大发展，这些都是迫切需要研究和解决的重要问题。

首先，在分析主要矛盾及其制约因素方面，本书从生产性服务业的功能和作用着眼，在宏观经济和产业结构调整升级大背景中来考察生产性服务业的发展与创新问题，立足于产业关联角度分析现阶段生产性服务业发展的主要矛盾、矛盾的主要方面及其制约因素。本书认为，生产性服务业发展滞后与落后，除了体现在规模、速度等数量指标上外，更主要的还表现在质的指标和功能性指标方面，在三次产业现代化和结构升级方面能否很好地起到支撑、引领和推动作用。由于现阶段第二产业特别是制造业是生产性服务业的需求主体，所以，现阶段生产性服务业发展的最大矛盾就是与国民经济的主导产业制造业发展相脱节，二者联动发展程度低，关联不紧密，二者互动升级都受到影响。发展矛盾的主要方面在联动发展的需求方，关键问题在于需求引导不足、激发不足、释放不够，仅靠加大供给扶持不能解决生产性服务业发展动力不足的问题。制造业对生产性服务业的带动作用小，已成为现阶段生产性服务业发展滞后与落后的重要原因。通过分析现阶段中国生产性服务业的需求现状，发现实际需求与潜在需求存在较大差距。潜在需求转化为实际需求需要一定的条件：生产性服务业供给方面要具有满足需求的能力，还必须有良好的市场环境和市场制度，企业购买生产性服务的中间投入支出和交易成本要求低于企业内部自我服务的成本。显然，现阶段中国这方面存在较大障碍。通过对生产性服务业供给状况考察发现，中国生产性服务业总体上规模小、水平低，难以满足生产性服务业的需求，从而不能很好起到推动产业结构调整升级的作用。

其次，在创新与升级的实现途径与推进重点方面，通过研究制造业服务化这一生产性服务业与制造业联动发展的有效路径，发现我国制造业价值链要逐步从中低端向中高端攀升，要通过知识积累和能力培育，不断培育产业的动态比较优势来实现。对于中国大多数制造业领先企业而言，不是制造企业向服务企业转型，而是制造环节与服务环节的重构与联动，是加强服务对制造生产环节的渗透，提升传统制造的服务含量和附加值，增强制造产品的品牌效益，这应该成为中国制造业服务化的路径与模式选择。要分层次、大力推进服务化战略，以制造业需求为导向加快生产性服务业发展，推进全国性的行业领军企业直接向服务企业转型。行业推进重点是装备制造业的服务化，企业方面的推进重点是中国大型科技集团企业的服务化，从价值链环节看要着力提升研发设计、品牌渠道两大关键环节。在体制机制创新与突破方面，本书经研究得出结论，要以政府管理体制为重点，分类推进改革，改革不适合服务业发展的行政管理体制和财税体制，重点是要积极推进市场准入改革：积极推进垄断行业准入条件改革，培育多元化市场主体；消除地方壁垒，构建全国统一的生产性服务业市场；科学合理推进外资市场准入；消除对民营经济进入的政策歧视；加快制定新兴服务业的市场准入条件；突破体制障碍，建立行业统一管理体系；加快制定生产性服务业规范和标准；健全完善相关法律制度建设；加强行业协会在市场准入方面的作用；建议国家早日出台生产性服务业准入条件的政策文件。本书认为中国生产性服务业需要选择这样的路径和模式，以实现与制造业良性联动发展和创新发展，进而实现自身的结构升级，并最终对整体经济转型升级起到更重要的作用。

再次，在研究国际经验借鉴方面，经过分类研究后发现，从欧美市场主导型国家和地区那里，可以借鉴其如何在放松管制、引入竞争、完善市场管理、加强法制建设等方面促进生产性服务业市场化、规范化的经验。从发展中经济体走过来、曾与我们发展条件和环境差不多的韩国、日本经验，即优先从商务服务研发设计突破来带动整体生产性服务业发展，对我国现阶段产业发展更具指导意义。在具体的推动策略方面，从国家层面，应该把市场化改革推动模式与政策、规划引导模式有机结合起来；在地方层面，要多借鉴欧美模式的做法，充分发挥市场的主导作用，政府靠体制机制创新发挥更具创造性的作用。

最后，在战略思路与对策研究方面，在对全书问题矛盾、制约因素、联动与创新路径模式等方面主要观点、结论总结升华基础上，针对前面相关章节提出的突出矛盾和问题，围绕本书总题目，为促进生产性服务业的创新发展，实现与制造业的良性互动升级，提出面向 2020 年的生产性服务业大发展的战略思路与对策。具体看，就是要以需求为导向，以扩大市场化释放需求，以聚集发展凝聚需求，以联动发展带动需求，以突破价值链关键环节为核心，大力推进制造业服务化，形成与制造业联动发展新格局；以体制机制创新为动力，实施管理创新、政策创新、体制机制创新、服务创新、国际化战略、人才战略六大创新战略，促进供给创新和供需转换，开创生产性服务业创新发展新局面。

综上所述，本书主要通过从产业联动发展角度分析中国生产性服务业发展的主要矛盾和矛盾的主要方面，重点从需求和供给以及供需相互转换的体制机制政策角度分析发展的制约因素，并注重对有效需求不足的原因的分析，重点从价值链升级角度研究发展的实现途径、模式选择和推进重点，从分类研究角度剖析了典型国家的成功经验，在此基础上，提出有针对性的促进生产性服务业大发展的战略思路与对策建议，对于解决现阶段中国生产性服务业发展中的突出矛盾和问题，促进经济发展方式转变和结构调整升级具有较强的实践意义。

梳理已有文献发现，已有研究在理论分析和实证研究的角度、结论和工具方法等方面皆存在较大的改进空间。例如，①在互动发展的深化研究方面较为薄弱。关于生产性服务业的理论与实证研究，国内外文献较多，但从已有研究文献看，直接从产业联动发展的角度着眼，相对来说围绕国家统筹管理服务业的职能，针对生产性服务业与制造业联动发展、创新发展方面较为深入的重大问题及制约因素分析，创新与升级的实现途径、发展模式和推进重点，战略思路与对策研究方面系统性的理论分析和实证研究还很薄弱。而且已有研究主要集中在已经外部化的生产性服务业方面，从分工深化、价值链角度对生产性服务业发展的源泉和内生动力的关注和研究不够。②从供需角度分析，已有的研究存在两方面不足：以生产性服务业与制造业联动发展、创新发展为主题，从需求方面、供给方面以及供需转化方面，进行我国生产性服务业深层次因素的分析研究相对薄弱，特别是对需求方因素重视和研究不够。一是对产生于分工深化的生产性服务的需求扩大、需求实现和需求引导供给问题重视不够，对加大投入等产业供给端的政策比较重视，而对诸如扩大政府采购、消除市场进入障碍、制定标准为品牌龙头企业腾出市场空间等需求端的政策重视不够；二是即使是有关需求方面的研究，也大都没有区分生产性服务业的潜在需求和现实有效需求，缺乏对有效需求不足背后的经济发展模式、体制机制、市场与政策等制约因素的深入剖析。③已有国内对生产性服务业制约因素的分析，主要是从总体笼统角度展开的，分类探讨影响生产性服务业发展的制约因素与战略选择的文献还较为少见。比如，一类是可以标准化批量生产的、劳动生产率提高较快、能够实现大规模发展的金融、贸易、物流生产性服务业；另一类是人力资本密集、规模报酬递增的研发设计、商务服务业，这两类生产性服务业影响因素各有不同，发展机制也有差别。基于此，本书试图在第六章、第七章专门就典型行业的重大问题及其制约因素进行分类研究，第一类以物流业为代表，第二类以商务服务为代表，剖析其发展机制、背后的制约因素及其战略选择。④已有文献关于促进生产性服务业发展的国际经验研究，基本停留在按国别、按行业列出政策措施经验的层面上，而结合中国发展的实际情况，按照市场经济发展的成熟度、发展生产性服务业选择的路径等条件，按照市场主导和政府主导不同类型国家发展模式进行分类研究，尚不多见。⑤从现有文献看，对促进生产性服务业发展的思路和对策的研究，基于联动发展和创新发展、有针对性的战略思路和对策研究还比较缺乏。

本书拟针对上述这些不足展开研究，以进一步完善相关研究成果并试图填补部分领域的空白。因此，这本书具有较大的理论价值。

二、概念与范围界定[①]

对生产性服务业概念与外延范围的界定是进行生产性服务业相关研究的基础和前提，可以避免因概念上的歧义影响对有关问题的讨论。生产性服务业相关理论经过了较长时间的演化，其概念含义已经被普遍接受，但在外延范围方面仍没有形成统一和公认的结论。

(一) 概念和产业特性

生产性服务业是与消费性服务业相对应的概念。国外一般译作"生产者服务业 (Producer Services)"，根据掌握的现有资料，最早使用生产性服务业概念的学者是 Machilup（1962 年），他认为是知识产出的产业。Greenfield（1966）认为生产性服务业是企业、非营利组织和政府主要向生产者而不是消费者提供的服务和劳动[②]。其后，Browning 和 Singelmann（1978）对生产性服务业进行了深化研究，使这一概念得到沿用。

加拿大学者 Grubel & Walker（1989）认为生产性服务业是指为其他产品或服务生产提供中间需求的服务行业，是一种服务形式的生产资料[③]。

综合各方面的研究，本书认为，生产性服务业是指满足三次产业的实物生产和服务生产中间需求的产业部门，主要服务于消费者以外的企业、商务组织和管理机构。

相对于直接满足最终需求的消费性服务业，生产性服务业有如下五方面的显著特性：

第一，产业关联性。生产性服务业在三次产业生产过程中扮演统合、协调、控

[①] 本部分主要来源于郭怀英合作主持的 2008 年国家发改委宏观院重点课题"我国生产性服务业发展的制约因素与对策研究"（项目批准号 A2008041008），其中，郭怀英撰写的观点综述报告。

[②] Greenfield, H., Manpower and the Growth of Producer Service, New York: Columbia University Press, 1966.

[③] Herbert G. Grubel, Michael A. Walker, Service and the Changing Economic Structure, Services in World Economic Growth Symposium institute, 1989.

制、计划、评估等功能，具有高度的前后向关联性，它使得生产过程进行更为精细的专业化分工，生产与各种服务相互关联，相互依存。

第二，知识技术密集型。生产性服务大多以知识资本和人力资本为主要投入对象，能够把人力资本、知识资本和技术资本引入到商品和服务的生产过程中，是构成产品价值和产业竞争力的基本源泉。

第三，创新性。生产性服务业是高新技术的主要使用者和推动者，进行包括技术创新、组织管理创新、体制机制创新和服务模式创新等方面的创新，其自身发展具有较强的创新驱动特性。

第四，价值增值性。生产性服务业通过新型知识资本和技术资本的投入，能够增加其他产品和服务的价值，为企业提供从产品研发到营销与服务的全方位支持，是产品和服务增值的主要源泉。

第五，地理集聚性。生产性服务业中的知识密集型行业，其产品具有可储存和低成本快速转移的特征，在空间上具有集中的倾向，且大都集中于大都市区，形成整个区域经济活动的核心地带。

(二) 外延范围

因产业发展程度不同，不同国家生产性服务业的外延范围不同。从服务对象看，有为农业服务的生产性服务业，还有为工业服务、为服务业服务的生产性服务业。实际上，多数服务既为消费者服务又为生产者服务。因此，在现实统计中，生产性服务业的行业划分与界定是个难点。到目前为止，学者们对生产性服务业的概念和分类基本没有异议，分歧主要在于统计意义上对外延的界定和应用层面上。关于这个问题，理论分析与统计研究存在很大的差别，根据投入产出表、统计数据计算出的生产性服务是通过市场交易而获得的生产性服务，是独立形态的产业，而不是企业内部提供的生产性服务，但是理论分析肯定要涉及工业企业内部的生产性服务活动。

生产性服务业在国际上已经是非常成熟的产业，表1总结了几种曾经被使用过的生产性服务分类方法，每种方法都包括了生产性服务业的主体行业，虽然不同机构和学者对生产性服务业的概括有所区别，但大体上的分类比较一致。

表 1 国内外几种生产性服务业的外延范围

主要机构	生产性服务业的外延范围
Browning 和 Singelmann（1978）	金融;保险;商务服务
联合国国际标准产业分类体系(ISIC,1990)	机动车维修与批发贸易;运输仓储与通信;金融中介;房地产、租赁与商务活动
联合国国际标准产业分类体系(ISIC,2004)	运输和仓储;信息和通讯;金融和保险活动;房地产、出租和租赁活动;专业和科技活动;行政和资助服务活动;教育
OECD 国家公布的历年投入产出表分类	批发贸易及零售业;交通及仓储业;通讯业;金融保险业;房地产及商务服务业
GATT 确定的服务部门分类法 GNS/W/120（1991 年标准）	企业服务,包括专业服务、计算机和相关服务、研发服务、不动产服务、没有经营者的租赁服务和其他企业服务;通讯服务;建筑和相关工程服务;分销服务;教育服务;环境服务;金融服务;运输服务
美国经济普查局 1999 年分类	批发贸易;运输和仓储;信息;金融保险;不动产和租赁;专业和科技服务;公司和企业管理;行政保障以及水管理
美国商务部(BEA)	商业及专门技术(如电脑、工程、法律、广告及会计服务);教育;金融;保险;电子通讯
台湾地区 2000 年采用的分类	国际贸易业;运输仓储业;通信业;银行业;保险业;工商服务业（经纪业，法律及其他工商服务业）;机械及设备租赁业
香港贸易发展局	专业服务;信息和中介服务;金融服务;与贸易相关的服务
上海市经济委员会（2006）	资本服务类;会计服务类;信息服务类;经营服务类;研发技术类;人力资源类;法律服务类
《国民经济和社会发展第十一个五年规划纲要》	交通运输业;现代物流业;金融业;信息服务业;商务服务业

资料来源：作者根据相关文献整理。

（三）外延范围界定标准和方法

国内外界定生产性服务业外延范围的标准和方法主要有以下几种：

1. Momigliano & Siniscalso 精确法

Momigliano & Siniscalso（1982）将服务业中用于中间需求的部分界定为生产者服

务业，利用非常详细的投入产出表，分析生产者服务业对制造业的贡献。这种方法较为精确，解释力也较强，但是要求投入产出表的服务业分类要足够细，能够较全面地覆盖生产服务的相关环节内容，可以最大限度地分离消费性服务部分，最后将服务业中用于中间需求的部分作为生产性服务业。

2. 国际惯常用法

这类方法主要有两种，一种是 Singelmann （1978 年）、Howells & Green （1985）、Niles （1990）、Elfring （1992）认为的，也即西方一些国家所指的生产性服务业，一般包括：

①金融业；②保险业；③不动产（即房地产业）；④商务服务业。即狭义的生产性服务业，为 FIR （金融、保险、房地产）+BS （商务服务业）。国外文献统称为生产者服务业。另一种是 Antonelli （1998），Windrum and Tomlinson （1999），Guerrieri and Meliciani （2004）认为，生产性服务业主要是知识密集型商务服务业 （KIBS），代表性部门包括金融、通信和商务服务 （FCB）。

3. 生产活动分类法

Martinelli （1991）认为生产性服务业包括：资源分配和流通相关的活动 （如银行业、金融业、工程、猎头、培训等）；产品和流程的设计及与创新相关的活动 （如研发、设计、工程等）；与生产组织和管理本身相关的活动 （如信息咨询、信息处理、财务、法律服务等）；与生产本身相关的活动 （如质量控制、维持运转、后勤等）；与产品的推广和配销相关的活动 （如运输、市场营销、广告等）。①

4. 三分法

Browning 和 Singelmann （1978 年），Grubel & Walker （1993 年），从服务的对象出发，将服务业分为个人服务的消费者服务业、为企业服务的生产者服务业以及为社会服务的政府服务业三部分，将生产者服务业作为一种剩余进行估计，此种分类法具有一定的借鉴意义。②

5. 按照中间需求率界定法

Goodman & Steadman （2002）将服务业中间需求率高于 60% 的部门界定为面向生产者的服务业，将中间需求率低于 40% 的部门界定为面向消费者的服务业，将中

---

① Dilek Cetindament Karaomerioglu and Bo Carlaaon. Manufacturing in Decline? A Matter of Definition. Econ. Innov. New Techn,1999,（8）,pp.175−196.

② 赫伯特·G. 格鲁伯,迈克尔·A. 沃克:《服务业的增长:原因与影响》,上海,上海三联书店,1993。

间需求率介于60%~40%之间的部门界定为混合服务业。

目前，国内不少研究采用投入—产出法，一般以连续几年中间需求率50%作为临界点，高于50%的服务行业被认为是具有典型生产服务特征的行业，低于50%的行业被认为是具有典型消费品特征的行业。不过，也有学者对这一规则进行了改进。比如李善同、高传胜（2007）认为，生产性服务业，从广义讲，不仅包括商品和服务的生产者对服务的中间使用需求，还包括政府消费、出口和资本形成等对服务的最终使用需求，因此，采取"中间需求率"、"非居民最终消费比率"两个指标来衡量，认为中国生产性服务业行业主要包括：交通运输和仓储业；信息传输、计算机服务和软件业；批发零售贸易业；金融业；租赁和商务服务业；科学研究和技术服务与地质勘察业；水利、环境和公共设施管理业。

虽然不同机构和学者对生产性服务业的外延界定有所不同，但大体上的分类比较一致，普遍认为物流、金融服务、科技服务、信息服务、商务服务与文化创意等行业构成我国生产性服务业的主体。

三、研究思路与结构安排

本书的研究宗旨是，从宏观经济和经济发展阶段性的要求出发，进一步分析生产性服务业发展的战略意义和主要矛盾及其制约因素，从把服务业研究放入宏观经济大背景中考察，避免就服务业谈服务业。但同时尽量抓住服务业发展最为重要的问题来研究，试图对国家宏观决策和产业政策、财税政策制定提供借鉴和参考。在这样的指导思想下，全书研究角度也由此确立。在市场经济条件下，产业发展的动力来源于供需双方及其相互转换。生产性服务业发展、升级与三次产业特别是制造业结构升级是供给方和需求方的关系，二者的升级过程是一种相互联动过程，在很大程度上是合二为一的。因此，仅仅讨论生产性服务业和制造业各自的发展与升级问题，在理论上意义不大，实践上指导性较弱，需要从产业关联的供需双方及双方相互转换中探寻问题的根源，需要将二者之间的互动升级过程合并来考虑和研究。中国生产性服务业滞后与落后的问题，首先需要从需求方找原因，正是因为制造业服务外包和外化不足，对生产性服务业带动不足，使得中国生产性服务业发展不足和升级不够。在这种研究角度下，全书的研究思路和逻辑框架相应也明确、清晰起来。

（一）研究思路

本书在研究安排上依据"研究文献梳理和主要矛盾及总体因素分析→创新升级路径与推进重点→典型行业剖析、典型国家经验借鉴→战略思路与对策"的研究思路和研究脉络。

首先梳理和总结了生产性服务业相关理论和文献，阐释了现阶段生产性服务业发展的战略意义和主要矛盾。现阶段主要矛盾是与制造业发展相脱节，二者联动发展弱，对生产性服务业的有效需求不足，进而与制造业互动升级受阻。矛盾的主要方面在联动发展的需求方。

在揭示主要矛盾和矛盾主要方面基础上，辟专章从需求供给及供需转换角度着重分析了制约生产性服务业发展的体制机制和政策因素；以制造业服务化为主题研究了生产性服务业与制造业联动发展的路径、模式与推进重点；以市场准入改革为重点，探讨了生产性服务业体制机制创新的重点、思路与任务。

在对物流业、商务服务业两大典型行业发展机制和制约因素剖析，借鉴国际经验特别是韩国生产性服务业促进制造业结构升级、日本发展环保服务业促进经济转型等经验，梳理总结我国国家、行业、地方生产性服务业政策基础上，提出面向2020年以扩大需求为政策导向，促进生产性服务业与制造业联动发展和创新发展的战略思路与对策。

本书的研究思路和研究脉络如图1所示。聚焦"生产性服务业创新与升级"这一主题，全书一以贯之的一个总体思路是：现阶段主要矛盾是与制造业联动发展弱，导致生产性服务业供需矛盾突出；制造业服务化则是实现生产性服务业与制造业联动发展的有效路径；体制机制创新能够有力地解决供需矛盾，促进专业化分工；以需求引导供给，以供给创造需求，在重视扩大需求的同时，也要充分发挥供给创新的作用，通过生产性服务业的联动发展与创新发展，实现与制造业的良性互动升级，生产性服务业自身也获得大发展。

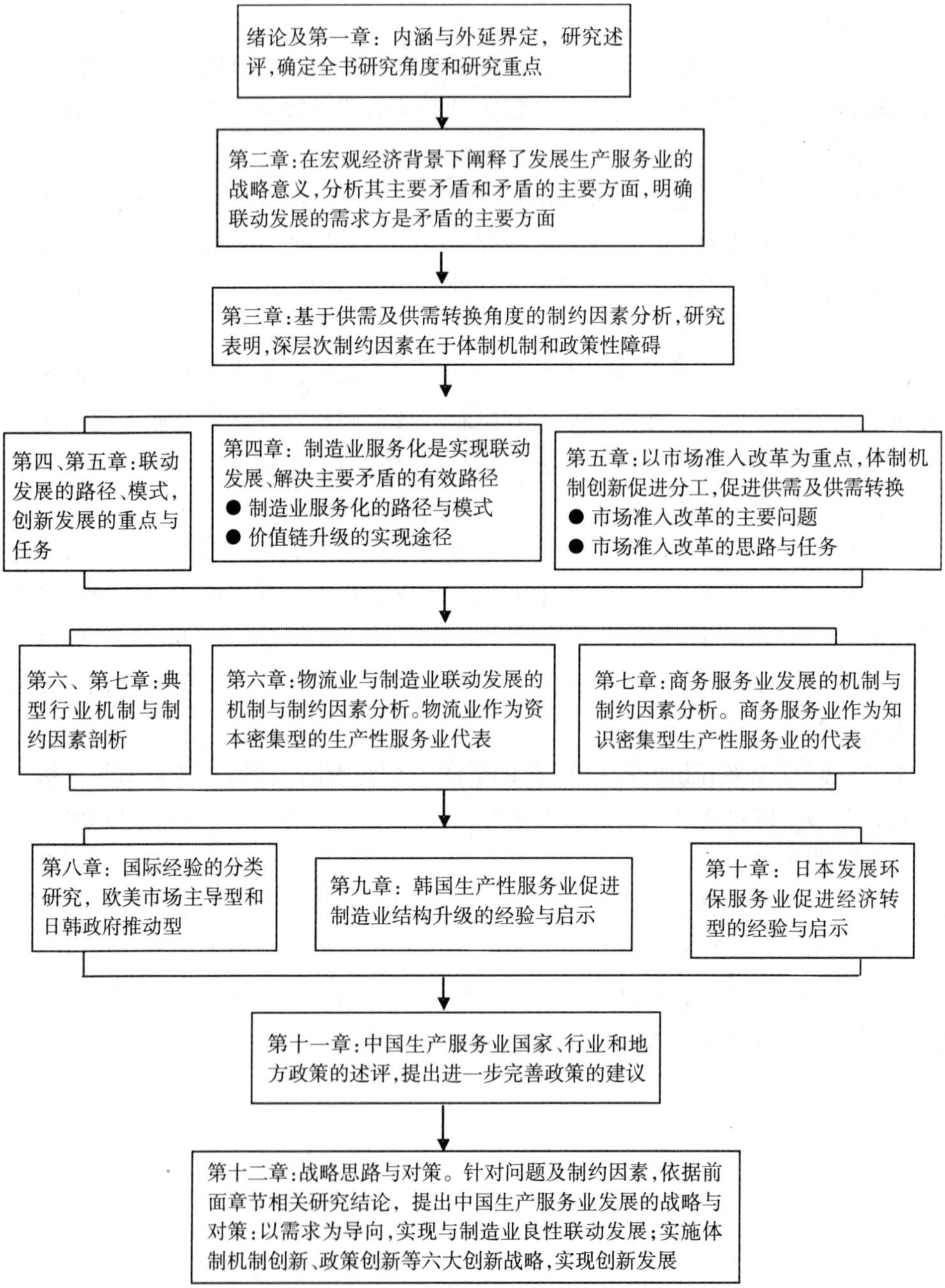

绪论及第一章：内涵与外延界定，研究述评，确定全书研究角度和研究重点

第二章：在宏观经济背景下阐释了发展生产服务业的战略意义，分析其主要矛盾和矛盾的主要方面，明确联动发展的需求方是矛盾的主要方面

第三章：基于供需及供需转换角度的制约因素分析，研究表明，深层次制约因素在于体制机制和政策性障碍

第四、第五章：联动发展的路径、模式，创新发展的重点与任务

第四章：制造业服务化是实现联动发展、解决主要矛盾的有效路径
● 制造业服务化的路径与模式
● 价值链升级的实现途径

第五章：以市场准入改革为重点，体制机制创新促进分工，促进供需及供需转换
● 市场准入改革的主要问题
● 市场准入改革的思路与任务

第六、第七章：典型行业机制与制约因素剖析

第六章：物流业与制造业联动发展的机制与制约因素分析。物流业作为资本密集型的生产性服务业代表

第七章：商务服务业发展的机制与制约因素分析。商务服务业作为知识密集型生产性服务业的代表

第八章：国际经验的分类研究，欧美市场主导型和日韩政府推动型

第九章：韩国生产性服务业促进制造业结构升级的经验与启示

第十章：日本发展环保服务业促进经济转型的经验与启示

第十一章：中国生产服务业国家、行业和地方政策的述评，提出进一步完善政策的建议

第十二章：战略思路与对策。针对问题及制约因素，依据前面章节相关研究结论，提出中国生产服务业发展的战略与对策：以需求为导向，实现与制造业良性联动发展；实施体制机制创新、政策创新等六大创新战略，实现创新发展

图1 本书的研究思路和研究脉络

（二）全书结构与内容

依据上述研究思路，围绕"生产性服务业创新与升级"这个主题，全书共分为总体分析与创新升级路径、典型行业剖析、国际经验借鉴、战略思路与对策四编、十二章。

绪论和第一章。交代本书研究的现实意义与理论价值，界定生产性服务业的概念和外延范畴，对国内外生产性服务业相关研究进行系统的梳理与评析，寻找理论研究的发展历程和发展脉络，进一步明确本书研究的方向、重点与具体内容。在此基础上，确立本书的研究思路和结构安排、主要研究方法和创新之处。

第二章为全球趋势、战略意义与主要矛盾。着重阐释生产性服务业发展的国际趋势与特点，现阶段大力发展生产性服务业的战略意义，分析了现阶段中国生产性服务业发展滞后与落后的现实，探讨了发展的主要矛盾和矛盾的主要方面。在明确全球趋势、国内宏观背景、发展主要矛盾的基础上，总结提出与制造业联动发展的内涵与体现，为后面第三、第四、第五章的研究提供分析依据和分析视角。研究表明，在现阶段乃至更长时期内，大力发展生产性服务业是经济转型升级的重要手段和途径，服务经济形成和加速发展的主导力量，服务业结构优化升级的主要带动力量，提升国际分工地位的必由之路。现阶段生产性服务业发展的最大矛盾就是与国民经济的主导产业制造业发展相脱节，二者联动发展程度低，关联不紧密。制造业对生产性服务业的带动作用小，已成为现阶段生产性服务业发展滞后与落后的重要原因。生产性服务业与制造业联动发展程度弱集中体现在供需关系、产业价值链环节、产业聚集形态三方面。

第三章为需求和供给视角下的制约因素分析。主要从需求、供给以及供需转换角度分析了生产性服务业的制约因素，从直接影响因素和背后深层次的体制机制和政策因素两个层次来展开，提出缓解有效需求不足、扩大供给、促进供给创新的政策措施建议。初步确立了从供需及供需转换角度深入分析生产性服务业影响因素的逻辑分析架构，为后面第五章、第六章、第七章的专题分析提供基本思路。研究表明，从产业供需角度分析，潜在需求不能转换为市场有效需求，可能有四方面的原因：一是对需求引导、凝聚不够。二是供给创新不够，既导致有效供给不足，也影响有效需求形成。三是供需转化不好，市场机制不畅。四是体制机制政策制约供需及其转化。影响供给扩大的因素主要有三方面，服务企业服务能力不强，难以满足潜在需求；体制机制性障碍其实既影响供给，也影响需求，在一定程度上还抑制了服务业供给和需求的良性互动，阻碍需求引导供给、供给创造需求；服务创新薄弱影响有效供给、阻碍产业规模发展。

第四章为制造业服务化。制造业服务化作为生产性服务业创新与升级的有效路径，在这一章主要阐释了制造业服务化的内涵与实质，国际趋势及其成因，揭示了制造业服务化的创新特性，总结提炼出服务化发展的基本模式，分析了我国制造业服务化的基本情况，讨论了向服务化转型中的困难与问题。通过案例研究，探讨了在国际产业分工不断深化的形势下，我国制造企业从生产环节向高附加值服务环节攀升的路径与模式。着重研究了中国制造业服务化的路径与模式选择，实现途径以及推进重点，最后提出在产业层面推进制造业服务化的政策建议。制造业服务化是制造业与生产性服务业联动发展的过程，也是制造业价值链条从中低端生产环节向中高端服务环节攀升的过程；是现阶段我国制造业结构升级的出路，也是生产性服务业创新的源泉。国内制造企业服务化初显积极态势，但服务化经常是行业中领先的大企业的行为，还没有成为国内制造业企业中一种较为普遍的现象。向服务化转型还面临转型企业内外部方面的困难与问题。陕鼓集团、天奇股份的案例研究显示，我国价值链逐步从中低端向中高端攀升，要通过知识积累和能力培育，不断培育产业的动态比较优势。中国制造业服务化的路径与模式选择，对于中国大多数行业领先企业而言，不是制造企业向服务企业转型，而是制造环节与服务环节的重构与联动，是加强服务对制造生产环节的渗透，提升传统制造的服务含量和附加值，增强制造产品的品牌效益。从实现途径看，要分层次、大力推进服务化战略，以制造业需求为导向加快生产性服务业发展，推进全国性的行业领军企业直接向服务企业转型。行业方面可重点推进装备制造业的服务化，企业方面可重点推进中国大型科技集团企业的服务化，价值链环节要着力提升和突破研发设计、品牌渠道两大关键环节。

第五章为生产性服务业体制机制创新研究。本章主要从体制机制和制度方面切入，以市场准入改革为分析重点，考察了服务业市场化改革演进历程，分析了现阶段生产性服务业垄断、七个不分使得市场主体难以形成、多头管理、市场准入限制等体制机制性问题，集中探讨生产性服务业存在的七大市场准入问题，明确生产性服务业体制机制创新的总体目标与改革思路，生产性服务业市场准入改革的基本思路，最后提出面向2020年生产性服务业市场准入改革的十大任务。市场准入存在七个方面的问题：准入门槛过高，将多数潜在投资者拒之门外，行业垄断和地区市场壁垒限制了企业公平准入，不少服务领域民营资本仍难以进入，政府多头管理提高了企业市场准入成本，外资准入"超国民待遇"造成内外资不公平竞争，新兴生产性服务业准入标准缺位，准入门槛太低造成市场无序竞争。市场准入改革肩负十大任务：积极推进垄断行业准入条件改革，培育多元化市场主体；消除地方壁垒，构建全国统一的生产性服务业市场；科学合理推进外资市场准入；消除对民营经济进入的政策歧视；加快制定新兴服务业的市场准入条件；突破体制障碍，建立行业统一管理体系；加快制定生产性服务业规范和标准；健全完善相关法律制度建设；加强行业协会在市场准入方面的作用；建议国家早日出台生产性服务业准入条件的政策文件。

第六章为物流业与制造业联动发展的机制与制约因素分析。在前面理论探讨的基础上，本章以物流业作为资本密集型生产性服务业的典型，进一步深入到具体行业研究物流业与制造业联动发展的机制与制约因素。本章首先分析与制造业联动发展的必要性与重大意义，揭示了联动发展的内涵与机制，对现阶段我国物流业与制造业联动发展的现状做了全面描述，从制造企业、物流企业、市场环境、政策环境四方面剖析了制约联动发展的因素，提出从供需、市场机制、市场环境等方面促进联动发展的思路和对策建议。研究发现，物流业与制造业联动发展的机制一是双赢机制，二是服务不断创新机制。联动相对滞后的主要原因有四：一是制造企业对物流外包认识不足，制约物流社会化发展；二是物流企业服务能力有限，难以满足制造企业要求；三是联动机制不健全，市场无序竞争严重；四是联动的制度、政策环境较差。为此，建议：鼓励供需双方树立双赢发展意识，发展战略关系；物流企业以制造企业物流需求为导向，加大供给创新力度；建立有效的两业联动机制；加大制度、政策对两业联动的支持；增进市场良性竞争，大力培育专业化市场主体。

第七章为商务服务业发展的机制与制约因素分析。以商务服务业作为知识密集型生产性服务业的典型，本章以专业服务为研究重点，从商务服务业的产业特性入手，在供需分析框架下，系统剖析了我国商务服务业发展的驱动机制和制约因素，为整体生产性服务业研究提供行业经验和启示。第六章与第七章呼应、印证并深化前面的总体分析。本章强调，分工深化产生的需求拉动、体制改革释放的供需动力驱动、国际化加深产生的供需拉动和信息网络技术应用引起的供给驱动形成我国商务服务业发展的驱动机制。我国商务服务业发展的中心问题是发展动力不足，体制、机制性障碍和缺乏法律法规保障以及切实的产业政策支持是造成供需制约的根本因素。要推动我国商务服务业持续快速发展，必须要重视供给和需求两方面的力量引导，注重需求培育政策的制定和实施和服务供给能力的提高，通过供需的相互作用来加快促进商务服务业发展。

　　第八章为生产性服务业国际经验的分类研究。本章依据政府促进和管理生产性服务业的方式、市场经济发展的成熟度、发展生产性服务业的条件和路径等因素，分为欧美市场主导、政府引导型和日韩政府推动型两种类型，系统总结先行国家和地区发展生产性服务业的特点与经验，研究得出几点结论及对我国的启示与借鉴。研究发现，从欧美市场主导型国家和地区那里，借鉴其如何放松管制、引入竞争、完善市场管理、加强法制建设等方面促进生产性服务业市场化、规范化的经验。从发展中经济体走过来、曾与我们发展条件和环境差不多的韩国、日本经验，即优先从商务服务研发设计突破来带动整体生产性服务业发展，对我国现阶段产业发展更具指导意义。在具体的推动策略方面，从国家层面，应该把市场化改革推动模式与国家政策、规划引导模式有机结合起来，在地方层面，要多借鉴欧美模式的做法，充分发挥市场的主导作用，政府靠体制机制创新发挥更具创造性的作用。

　　第九章为韩国生产性服务业促进制造业结构升级研究。在第八章对国际经验进行分类研究的基础上，本章选取韩国生产性服务业促进制造业结构升级的经验进一步做深入的实证和调查研究。对生产性服务业促进制造业结构升级进行了实证研究，同时，对生产性服务业发展情况及其作用，取得的主要经验和做法，存在的矛盾与问题做了全面介绍和分析，在此基础上，提出若干启示与政策建议。研究表明，韩国在鼓励研发机构的专业化投资，以人力资本为载体培育产业技术能力，通过发展设计产业提升产业品牌价值，注重发挥政府在生产性服务活动中的主导和引导作用等方面积累了有益的经验。要摆脱中国生产性服务业发展和制造业升级的双重困境，需要借鉴韩国经验，及早选择重点，把商务服务、研发设计服务作为生产性服务业发展的龙头，从国家战略高度加以重点培育，加强政策引导，构建符合中国国情的产业创新金融支持体系，解决好生产性服务商最初产生难、发展难的问题。

　　第十章为日本环保服务业促进经济转型的调研报告。在第八章对国际经验进行分类研究的基础上，本章选取日本经验进一步做深入的调查研究。首先全面考察了日本环保服务业发展的基本情况及推动经济转型的成效，揭示了法律强制、政策扶持、典型示范、市场诱导、公众参与等多个方面的主要经验和做法，最后提出对我国的几点主要启示以及政策建议。日本经验启示我们，培育环保服务业推进经济转型要重视政府与市场力量的有机结合，建立完备的法律制度和必要的经济鼓励政策，采取诱致性措施引导企业自主参与，建立生态环保城发展创新型产业集群。大力发展环保服务业推进经济转型是一项国家战略，更是一项庞大的系统工程，要着力从法律和政策体系建设入手。为此，建议：①按照国家战略和系统工程的要求，加快研究制定我国环保服务业发展战略；②着力构建符合国情、操作性强的环保法律体系；③抓紧研究制定有效的激励性产业政策；④完善并稳步推进生态园区试点工作；⑤注重采取市场化手段引导企业形成绿色竞争；⑥大力发展环保行业协会和民间团体。

第十一章为我国生产性服务业相关政策的述评。本章主要通过对已实施的总体、地方和行业生产性服务业政策进行梳理，对若干综合性重大政策的出台背景、主要内容、实施情况和成效作分类评述，剖析政策实施中存在的问题及原因，并提出下一步完善政策体系的建议。对已有政策的总结梳理发现，在经过几轮服务业政策推动效应后，今后国家层面的总体服务业政策制定空间逐渐减小，而加大贯彻落实已有政策的力度、出台专项政策和行业政策的空间相对变大。地方为呼应国家政策制定相应的实施细则和具体政策措施将是未来生产性服务业政策体系建设的重要方向。今后政策完善建议：一要政策目标更强调"改革、规范、创新"，二要着力研究解决突出的政策性问题，三要积聚政策资源，加大投资引导力度，四要针对重点行业、关键领域、分阶段出政策，实现逐个突破。

第十二章为战略思路与对策研究。本章在对全书主要问题、研究观点和结论作了总结提炼，重点讨论了面向 2020 年中国生产性服务业需要采取的战略思路，有针对性地提出联动发展和创新发展的政策建议。具体看，要以需求为导向，以扩大市场化释放需求，以聚集发展凝聚需求，以联动发展带动需求，以突破价值链关键环节为核心，大力推进制造业服务化，形成与制造业联动发展新格局；以体制机制创新为动力，实施管理创新、政策创新、体制机制创新、服务创新、国际化战略、人才战略六大创新战略，促进供给创新和供需转换，开创生产性服务业创新发展新局面。在末尾，在政策创新和管理创新、体制机制创新部分还探讨了服务业发展的一个基本问题，即服务业发展中政府与市场的职能与定位问题，强调政府对服务业统筹管理的关键在于发挥市场的基础性力量，重在加强政策和规划引导。

四、研究方法与创新之处

（一）主要研究方法

本书主要采用理论分析与实证分析相结合，逻辑分析与调研案例研究相结合，总体分析与分类研究相结合的研究方法，研究的技术线路见图2。

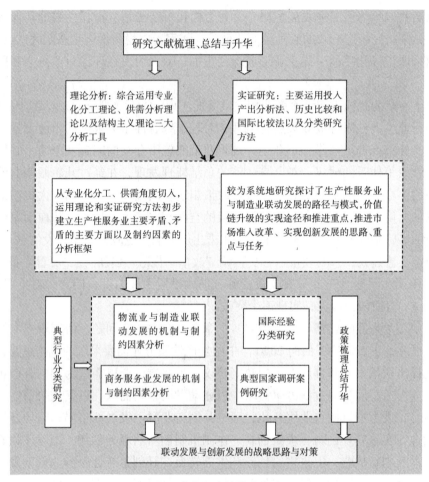

图2 本书研究的技术线路

1. 理论分析

本书在观点和结论形成过程中，较为恰当地应用了专业化分工理论、供需分析理论、结构主义理论三大理论分析工具，作为本书的理论指导和理论支撑。

一是专业化分工理论分析渗透、贯穿几乎全部章节，尽量为所得出的观点和结论提供理论支撑。专业化分工理论认为，分工决定生产性服务从企业"内部供给"转向"外部供给"，从而使得生产性服务业实现规模化发展。生产性服务活动实行外购、外包、垂直和水平一体化分离主要取决于内部管理成本和外部交易成本的权衡和比较。企业出于对培育自身核心竞争力的重视，战略性服务外包现象不断涌现。

在第二章主要矛盾分析中，与制造业的联动发展关系，其实是一种基于专业化分工的发展模式。第三章对制约因素的分析，虽然总体从供需角度切入，但具体需求及供需转换的因素分析都是在分工理论指导下进行的。

第四章制造业服务化更是分工理论分析的延伸，例如，运用国际分工理论，解释 20 世纪 90 年代以来产业价值链分工的细化和深化以及由此形成的网络状扩展价值链，制造业服务化成为国际趋势的原因。在分析价值链升级时，根据杨小凯的专业化分工理论，发展中国家可以通过专业化分工、人力资本的积累获得内生的动态比较优势，实现产业升级。特别是着重探讨了在国际产业分工不断深化的形势下，我国制造企业从生产环节向高附加值服务环节攀升的路径与模式。

第五章体制机制创新研究主要立足于促进专业化分工深化。生产性服务内部化、专业化分工不足，其实反映的是市场化程度不够。破除行业垄断、进入壁垒、价格等方面的管制将极大地促进专业化分工，带动生产性服务外部化。第六章、第七章典型行业发展机制与制约因素分析，都着眼于促进分工和服务外包。例如，分析物流业与制造业联动发展机理，第三方和第四方物流是社会化和国际化分工演进的结果。物流业与制造业联动发展的主要途径，包括物流环节分离，完全外包形成产业分离，专业化物流市场主体形成等几种途径。在最后一章战略思路和对策建议中，把促进服务外包和分工作为政策的重要导向，比如提出要去除阻碍分工深化和服务外包的体制性障碍，研究制定鼓励服务外包和扩大服务需求的政策。

二是以供需理论分析为全书研究分析的主线。供需及相互转换构成产业发展的基础动力。在绪论文献梳理述评、第二章主要矛盾分析及其体现，第三章供需及相互转换，第五章体制机制创新，供需分析几乎成为贯穿全书的主线和脉络。辟专章在第三章中从需求和供给及供需转换视角展开分析。现阶段主要矛盾及矛盾主要方面的分析，都是基于生产性服务业供需矛盾展开的；制造业服务化则是扩大需求与供给的有效路径；体制机制创新能够有力地解决供需矛盾，促进专业化分工；在典型行业机制与制约因素分析中主要从供需角度对制约因素做理论分析。最后在战略思路和对策中，落实到以扩大需求为导向，加强供给创新的指导思想，以需求引导供给，以供给创造需求，在重视扩大需求的同时，也要充分发挥供给创新的作用。在一定程度上讲，促进专业化分工就是扩大供需，从供需角度分析和专业化分工角度分析二者在最终导向上是一致的。

三是全书很多内容都综合应用了结构主义理论分析方法。全书的主题和立意就是生产性服务业的结构升级，更多从产业的功能角度出发。正是因为现阶段中国生产性服务业以传统产业为主，升级不够，才导致生产性服务业支撑引领作用和功能发挥不足。本书研究遵循了钱纳里、库兹涅茨等倡导的结构主义理论，总量增长需要依靠结构优化升级来带动，解决总量问题更多取决于结构性问题，在很多章节较多地以上述结构主义理论思想作为指导。例如，在第二章战略意义的分析探讨中、第三章制约因素分析中、第六章和第七章典型行业机制和因素剖析中充分地体现了这一思想。

2. 实证研究

在理论分析基础上，结合实证验证和交叉验证的方法，例如，对韩国生产性服务业促进制造业结构升级的动态关联研究，总体上采用理论分析＋实证验证＋交叉验证的方法，即在机理研究得出结论后，以相应的实证分析来验证理论结论，同时根据需要适当结合一些理论和实证的交叉验证，尽量使理论分析和结论建立在可信的基础上。在具体实证研究中，综合运用了投入产出法、比较分析法，进行了结构性动态分析。在第三章中国生产性服务业有效需求及制约因素研究，第九章韩国生产性服务业促进制造业结构升级的实证研究，第六章物流业与制造业联动发展的实证研究，都重点采用了投入产出分析方法。例如，在韩国生产性服务业促进制造业结构升级的实证研究中，分析了韩国制造业升级对生产性服务的依赖度变化，生产性服务业与制造业相互作用的量化分析，制造业结构升级对生产性服务业的中间需求变化。在第二章，综合运用历史比较和国际比较方法，描述了现阶段我国生产性服务业滞后和落实的现实。

3. 逻辑规范分析与实践调研相结合

本书在批阅大量前贤论著基础上尝试进行学术探索，以创新与升级为主题，层层推进地进行分析，例如，从主要矛盾分析开始提到"与制造业联动发展"，最后将"与制造业联动发展"观点落实在战略思路和对策上，尽量形成自己内在的逻辑关系和逻辑体系。

在逻辑规范分析的同时，还针对现实中的实际问题展开调查和案例研究。从这几年国家和地方服务业实践看，国家服务业政策体系初步建立，但从系统性、创新性方面看，地方走在了国家的前面。本书许多重要判断和结论立足于国内外大量的调研和长期的跟踪研究，注重从典型国家和地区以及典型行业丰富的服务业实践中寻求支撑，尝试从多个视角、多个维度进行较为全面系统的实践调研和案例研究，尽量使观点和结论建立在可信的事实基础上。

4. 总体研究与分类研究相结合

本书在体例上，对制约因素的分析运用了总—分—总的方法，典型行业制约因素的剖析既是对总体分析的具体深化研究，同时也是对总体分析观点和结论的一个印证。服务业行业众多，性质各异，各国发展状况和历程不同，因此，本书在典型行业分析和国际经验研究两部分都采用了分类研究方法，尝试探讨其共性规律和差异化经验，商务服务业则在行业分类后，以专业服务为分析重点进行分类研究。

（二）主要创新之处

最近几年，生产性服务业相对受到了较多关注，相关研究文献也较为丰富。相比较而言，本书更多的是一项政策性研究、应用性研究，既区别于单纯的理论研究，又与纯粹的实证研究有差异，在理论分析和理论探讨基础上，更多的是为解决现实问题而展开，试图对长期以来我国生产性服务业发展滞后的问题及其解决办法，给出较为满意的回答，尽可能把我国服务业理论和政策研究往前推进一步。

通过梳理已有研究成果可以看出，本书试图努力创新的地方主要体现在以下几方面。

1.研究角度和研究视角的创新

有一句话说得好，思路决定出路，视角决定深度。本书尝试围绕主题从以下分析视角和角度系统、深入地展开研究。

一是与制造业联动发展视角。最近几年，研究生产性服务业的文献较为丰富，制造业与生产性服务业之间的互动关系，众多学者做过理论解释，但从研究视角和研究深度看，尚存在需要改进和完善的地方。例如，①长期以来学界和政界对服务业发展滞后和落后的问题有过争论，一般研究服务业的学者认为服务业发展滞后，但部分研究工业和产业结构的学者认为服务业发展的现有状况比较适合这个阶段，不存在落后和滞后的问题。这就涉及一个判断标准的问题，仅仅从服务业增长速度、比重等数量指标上判断服务业发展的实际状况不足以全面准确地说明问题，需要借助功能性指标来说明。服务业到底对工农业包括服务业自身在内的发展是否起到了应有的作用，对制造业是否起到支撑作用，其他产业对服务业的带动程度如何，这些问题自然涉及产业关联问题，所以，从联动发展这样的动态关联角度来分析发展的主要矛盾和矛盾的主要方面，从服务业功能性角度出发，避免了单纯用数量指标解释不清的问题，应该说这样对现实的解释力更强些。②已有生产性服务业研究文献中直接研究生产性服务业与制造业联动发展、创新与升级的文献不多，而且多数学者对生产性服务业与制造业之间的融合发展与联动发展不加区分，认为融合发展与联动发展差不多，在处理供需矛盾双方时，基本不去区分何为矛盾的主要方面，政策的重心放在供给政策上。本书立足于从产业联动的角度探寻现阶段我国生产性服务业的诸多问题、制约因素及其解决方略。

二是需求供给分析视角。从需求、供给和供需相互转换多个角度全面、系统总结和分析了制约中国生产性服务业发展的因素，对需求因素充分重视，深入剖析有效需求不足背后的制约因素。主要矛盾分析、总体制约因素分析、体制机制创新研究、典型行业剖析都基本采用了这个视角。例如，影响典型行业发展的直接因素，发展的深层次制约因素分析，都是基于供需分析框架展开的，战略思路与对策其中一个重要方面也是为了解决供需矛盾而提出的。

供需分析视角与联动发展视角有区别，也有联系。联动发展的双方就是供需双方。因为二者有供需关系才有相互联动发展的可能，供需对接矛盾同时也是影响二者联动发展的主要问题。

此外，本书还尝试从价值链视角来研究生产性服务业。价值链分析视角是联动发展视角派生出的产物。随着经济全球化的迅速推进和国际分工的深化，产业结构升级有了新内涵，产业升级主要表现在中低端价值链向两端延伸，向高附加值的服务环节延伸。联动发展过程其实就是全球价值链从低附加值向高附加值环节的攀升过程。价值链上的生产性服务环节是潜在的生产性服务业，将转化为未来生产性服务业的快速发展。目前国内多数学者对已经外部化的生产性服务业的发展问题研究较多，而对生产性服务业的源头和动力，对制造业与服务业联动发展的具体模式和实现途径，关注和研究不够。因此，本书中生产性服务业外延范围将立足于更为广义的视角，从产业动态关联、供需、产业价值链角度研究生产性服务业，重点探讨内化服务向外化服务转化的路径和模式，中国制造向中国服务转型的实现途径和战略重点，面向 2020 年促进生产性服务业大发展的战略思路和对策。

2. 部分分析与研究具有一定的创新性

第一，对矛盾的主要方面及其制约因素的分析具有一定的前瞻性和创新性。

以往对生产性服务业与制造业二者关系的研究，大多停留在二者互动影响关系上，对融合发展和联动发展不加区分，对互动双方的地位孰轻孰重是模糊的。本书从联动发展角度切入，更直接深入到二者互动升级过程中，重点研究内部化向外部化转换的机制和制约因素，探讨生产性服务业发展壮大升级的源泉与动力，可以说对生产性服务业与制造业的互动影响关系做了进一步的深化研究。研究表明，从理论上讲，联动发展比融合发展更突出了生产性服务业与制造业之间相互提供供需动力、制造业需求方主导外包过程、服务供给方需要不断跟着创新的深刻含义。在制造业服务外包市场上，制造企业居于主导地位，而服务企业则是市场的主体，需要不断跟着制造企业进行服务创新，以满足不断变化的需求。在这方面，国内研究生产性服务业的学者对这一重要差别还没有给予充分的重视。对于中国大多数生产性服务行业而言，现阶段产业之间的融合发展虽然已有一定的态势，但还不是最重要的问题，在矛盾双方中更需要重视需求方的研究。本书据此提出生产性服务业矛盾的主要方面是在需求方，需求引导、激发、凝聚不够，制造业对生产性服务业带动不足是生产性服务业发展不足和升级不够的重要原因。生产性服务业与制造业联动发展程度弱集中体现在供需关系、产业价值链环节、产业聚集形态三方面。换句话说，联动发展更强调需求导向型的产业发展状态。因此，要促进生产性服务业大发展，需要充分重视发挥需求引导供给的作用。当然，强调需求导向型的产业发展状态，并不否认供给创新的作用，相反强调需求的导向作用正是为了帮供给找到创新的依据和根本，否则就是资源浪费，无效供给。

在制约因素分析方面，本书从需求、供给和供需相互转换多个角度全面、系统总结和分析了制约中国生产性服务业发展的因素，对需求因素充分重视，深入剖析有效需求不足背后的制约因素，并在研究中形成了以下主要观点和结论：现阶段我国生产性服务业潜在需求巨大，但有效需求不足。有效需求受到制约只是具体表象，背后真正的制约因素是经济发展模式、体制、市场机制和政策四方面的制约：现有经济发展模式对生产性服务业拉动不够，体制性障碍制约生产性服务需求扩大，市场实现机制存在障碍制约潜在需求向实际需求转化，现行政策法规对服务外包和需求激发不够。在国家战略层面要重视需求端政策的制定与实施，将需求鼓励政策纳入服务领域产业政策体系，消除服务外包障碍，制定系统化政策培育有效需求载体，建立健全政府部门采购生产性服务的专项政策，加大政府对服务产品的采购力度，推进生产性服务需求鼓励政策试点，调整相关税收政策引导服务外包，制定服务标准为品牌、领军企业腾出市场空间等政策措施，克服生产性服务有效需求不足的矛盾。

第二，较为系统、全面地研究提出了生产性服务业创新与升级的实现路径与战略重点。

在明白生产性服务业的主要矛盾及其制约因素后，接下来的一个很现实的问题就是像我国这样的国情，应该如何发展和突破呢？以往对生产性服务业的研究，大多停留在揭示发展现状和问题上，而且每每以某一具体行业的情况代替生产性服务业总体特征，往往以对策思路的形式来代替路径和重点的选择，较为系统性地研究提出发展的实现途径和战略重点，这样的研究在国内很需要，但还较为少见。本书在第四章研究中形成了以下主要观点和结论：制造业服务化使得制造业变得更像服务业，是生产性服务业与制造业联动发展的重要体现，双方实现升级的有效路径。制造业服务化实质上就是产业价值链上中下游各环节间的相互关联。制造业服务化之所以能在全球形成重要趋势，就在于其创新运用了服务创造价值这一工具、以客户需求为导向、创新驱动三大特征。案例研究显示，我国价值链逐步从中低端向中高端攀升，要通过知识积累和能力培育，不断培育产业的动态比较优势。中国制造业服务化的路径与模式选择，对于中国大多数行业领先企业而言，不是制造企业向服务企业转型，而是制造环节与服务环节的重构与联动，是加强服务对制造生产环节的渗透，提升传统制造的服务含量和附加值，增强制造产品的品牌效益。从实现途径看，要分层次、大力推进服务化战略，以制造业需求为导向加快生产性服务业发展，推进全国性的行业领军企业直接向服务企业转型。行业方面要重点推进装备制造业的服务化，企业方面要重点推进中国大型科技集团企业的服务化，价值链环节方面要着力提升和突破研发设计、品牌渠道两大关键环节。

在生产性服务业体制机制创新研究方面，以往的研究大多是零散地探讨服务业的市场准入问题，本书在第五章较为系统性地对生产性服务业市场准入问题进行了研究。提出现阶段突破阶段体制机制性障碍的重点在于进行市场准入改革，并研究提出了推进市场准入改革的原则、思路和面临的十大改革任务：积极推进垄断行业准入条件改革，培育多元化市场主体；消除地方壁垒，构建全国统一的生产性服务业市场；科学合理推进外资市场准入；消除对民营经济进入的政策歧视；加快制定新兴服务业的市场准入条件；突破体制障碍，建立行业统一管理体系；加快制定生产性服务业规范和标准；健全完善相关法律制度建设；加强行业协会在市场准入方面的作用；建议国家早日出台生产性服务业准入条件的政策文件。

第三，根据对中国的借鉴价值大小，创新性地对国际经验进行分类研究，并从国家和地方层面提出了较有借鉴价值的启示与建议。

以往对生产性服务业国际经验的研究，大多从笼统角度把日韩和欧美经验混在一起研究，从外国经济史的角度看，日韩属于追赶型后发新兴经济体，而欧美无论从发展历程、发展的市场基础和文化技术基础方面与日韩具有明显的差异性。因此，本书经分类研究后认为，借鉴国际经验要立足于本国经济发展阶段和国情，从欧美市场主导型国家和地区那里，借鉴其如何在放松管制、引入竞争、完善市场管理、加强法制建设等方面促进生产性服务业市场化、规范化的经验。从发展中经济体走过来、曾与我们发展条件和环境差不多的韩国、日本经验，即优先从商务服务研发设计突破来带动整体生产性服务业发展，对我国现阶段产业发展更具指导意义。在具体的推动策略方面，从国家层面，应该把市场化改革推动模式与国家政策、规划引导模式有机结合起来，在地方层面，要多借鉴欧美模式的做法，充分发挥市场的主导作用，政府靠体制机制创新发挥更具创造性的作用。韩国生产性服务业特别是商务服务业在促进制造业升级过程中发挥了关键作用；购买研发来源和进行自主开发的研发服务活动，提高了制造业的技术创新能力；设计产业投资不断加大，使得韩国不少产品成为世界著名品牌；金融业的倾斜式支持为产业技术创新提供了稳定的资金来源。日本环保服务业已实现了自主化、网络化、高水平发展，推动了重化工业生态化转型，主要得益于其建立起完备的环保立法体系并严格执行，实施倾斜性的产业技术政策，中央和地方积极共建环保城，建立科技园区培育高端产业，公众及民间组织的配合与努力。

第四，针对联动发展和供需分析存在的矛盾及其制约因素提出了较为系统、有针对性的战略思路与对策建议。

以往对生产性服务业发展思路和对策的研究，多数是从与制造业融合发展、改革、开放、聚集等几个方面提出，覆盖面较宽，但针对性不足，有些面面俱到的意思，我国现阶段的战略思路和对策，应该对现实具有指导意义和针对性，要求能够抓住重点，明确目标，针对性和创新性要强。本书在最后一章，通过前面各章的系统性研究，在末尾经总结归纳和升华，力争在战略思路和对策建议方面提出创新性见解。例如，未来 10 年，生产性服务业创新与升级，生产性服务业的大发展对中国而言具有极其关键的意义。要解决存在的突出矛盾，需要通过生产性服务业的联动发展与创新发展，与制造业的良性互动升级来实现。基于此，面向 2020 年的生产性服务业发展战略思路与对策，要以需求为导向，以扩大市场化释放需求，以聚集发展凝聚需求，以联动发展带动需求，以突破价值链关键环节为核心，大力推进制造业服务化，形成与制造业联动发展新格局；以体制机制创新为动力，实施管理创新、政策创新、体制机制创新、服务创新、国际化战略、人才战略六大创新战略，促进供给创新和供需转换，开创生产性服务业创新发展新局面。

第一编 总体分析与创新升级路径

第一章 生产性服务业创新与升级研究述评①

国内外关于生产性服务业的研究已有很多，作者尊重并尽量采用相关文献的原创性学术贡献，组织材料，解析模型，提炼观点，通过对国内外相关研究文献进行跟踪、梳理和总结，了解相应研究的发展历程和历史脉络，明确改进的空间和余地，提出本书研究的方向与重点，以对后面各章提供启示与借鉴。

一、生产性服务业的相关理论研究

20世纪80年代以来，发达国家生产性服务业高速增长，已成为国民经济中的支柱产业。生产性服务业在经济发展中的重要地位引起了中外学者的广泛关注。

众多学者围绕生产性服务业发展迅速的原因、内部向外部转化的机制、与制造业的互动关系、国际经验等不同视角，进行了较多的理论研究。这些研究主要集中在三个方面：

---

① 本章在郭怀英撰写的以下综述报告基础上修改而成：(1) 郭怀英承担的国家发改委宏观院2009年基础课题"生产性服务业与制造业联动发展研究综述"报告；(2)郭怀英合作主持的2008年国家发改委宏观院重点课题同时也是中国经济学术基金课题 "我国生产性服务业发展的制约因素与对策研究"(项目批准号 A2008041008)，郭怀英撰写的观点综述报告；(3)郭怀英承担的国家发改委宏观院2007年基础课题"中国生产性服务业的战略思路研究综述"报告；(4)郭怀英承担的国家发改委宏观院2006年基础课题"生产性服务业与制造业结构升级间的动态关联研究综述"报告。

（一）生产性服务从内部向外部转化的机制

从亚当·斯密到杨格，到新制度经济学派的 Daniels，再到新古典经济学派的杨小凯，到沃克（Walker，1985）、Bhagwati（1984），以及国内学者周振华等都从劳动分工的角度，阐述了一个基本原理：分工决定自我服务向外购服务转换，生产性服务从企业"内部供给"转向"外部供给"，是生产性服务业实现规模化发展的基本途径。在具体转化的原因和机制上，总结起来，有两种观点：一是交易成本说。新制度经济学派（Daniels，1985；Goe，1990；Howells & Green，1986；Kutschr，1988；Oche l & wegner，1987；Perry，1990；Stanback，1979；Tschetter，1987）依据交易成本理论分析生产性服务外部化问题，认为一个单位选择生产性服务业外包是出于节约成本的考虑，当交易成本低于内部的管理成本时，企业的部分业务就会"外包"。生产性服务活动实行外购、外包、垂直和水平一体化分离，是专业化分工的广度（服务种类）与深度（服务专业化水平）的直接体现，是科技进步、市场经济逐步深化和国际经济一体化发展促进社会分工日益深化的必然结果。

二是竞争策略说。根据波特的价值链理论，价值链各环节并不创造等同价值，围绕企业生产进行科技研究开发、管理咨询、工程设计等生产性服务活动是产品价值的主要来源。20 世纪 80 年代以来，生产性服务不断从制造业中外置的趋势与企业组织结构和生产流程变化密切相关。Coffey & Bailly（1990）、Perry（1990）等从企业竞争策略的角度分析了生产性服务外部化问题。他们认为，弹性专业化生产方式的变革以及企业对培育自身核心竞争力的重视，使得"战略性服务外包"现象不断涌现，还有，签订合约外购服务的"半结合"式的非完全市场化组合形式，如企业联盟、分包等也不断出现，这种组织合约的形式使原生产单位既具有一定效率，能在竞争方面保持灵活性，又能专注于核心业务，上述诸种外包业务形式使得生产性服务活动外部化得到了加强。

（二）生产性服务业迅速发展的原因

关于生产性服务业迅速发展原因方面的研究，目前概括起来有两种主流观点，一是技术进步说。Grubel & Walker（1989）认为引用奥地利学派的生产迂回说（roundabout of production）可以较清楚地解释生产性服务业与制造业的关系。奥地利学派主张除了资本存量增加会提高生产力外，生产过程的重组与较为迂回也是提高生产力的必要因素。生产迂回增加，其实就是技术进步的结果。费雪（Fisher）在 20 世纪二三十年代革命性地将资本的定义扩大为包括人力资本和知识资本。Grubel &

Walker（1989）结合上述两个概念，进一步把生产性服务提供者比作生产过程中的重要专家组，"生产性服务部门乃是把日益专业化的人力资本和知识资本引进商品生产部门的飞轮，生产性服务是人力资本、知识资本、技术资本进入生产过程的桥梁"。各种新型资本的导入，产生较大的知识服务"溢出效应"，使生产迂回度增加，生产更加专业化，于是产生了纵向和横向的分工。科技进步促进了专业化分工，使得整个生产性服务业得以发展。

二是国际分工影响说。还有学者从国际分工的角度，比如 Katouzian（1970）指出，随着生产迂回过程的延长、地方性市场的日益国际化，对生产性服务的需求会不断增长，因为中间产品的范围不断扩大，复杂性不断提高。国际跨国公司的竞争力与获取价格合理的金融、计算机和信息服务紧密相连，在国外寻找市场的企业，往往在市场研究与开发、广告和售后服务支持方面支出较多。David L. Mckee（1988）分析，伴随着发达国家传统工业向发展中国家的外移，发达国家配合这一运作过程顺利实施的诸如融资、技术支持、信息处理、营销、运输仓储等系列生产性服务业也获得蓬勃发展。①

一些学者借助数理模型，对生产性服务的国际专业化分工导致规模递增的问题进行了严谨的形式化描述。Markusen（1989）在 Ethier（1982）研究基础上，将生产性服务这种中间产品引入模型，分析了生产性服务业促进制造业发展的内在机理，以及进行生产性服务贸易的重要意义，认为生产性服务业本身具有规模报酬递增的特性，如果开放生产性服务贸易，扩大市场范围以实现规模经济，就会有利于国家经济发展。②Francois（1990）得出结论，生产性服务业与制造业存在互补关系，生产性服务贸易自由化有助于市场扩张。③

（三）促进生产性服务业发展的国际经验

在生产性服务业发展的总体国际经验方面，国内比较有代表性的研究有吕政、刘勇、王钦（2006），他们提出，西方发达国家的生产性服务业在经历长期发展后，

---

① David L.Mckee, Growth, Development and the Service Economy in the Third World, New York and London: Praeger Publishers, 1988.

② Markusen James,（1989）, "Trade in Producer Services and other Specialized Intermediate Inputs," The American Economic Review, 79(1), pp.85–95.

③ Joseph F. Francois: producer service, scale and the division of labor, Oxford Economic paper, New series, Vol.42, NO(Oct., 1990).

积累了比较成熟而丰富的经验。总结概括起来，主要有以下四条：一是健全的法律法规支持和保障是生产性服务业发展的基础，发达国家较为完善的相关法律法规体系，对促进现代物流业、金融业、信息服务业、商务服务业发展起到了非常关键的作用。二是行业协会建设是促进生产性服务业发展的关键，从美国、日本、英国等国生产性服务业发展的经验来看，他们都通过组建行业协会的形式来加强和完善生产性服务业市场的管理。三是完备的基础设施是生产性服务业发展的重要支撑，基础设施建设是生产性服务业健康、快速发展的重要支撑。四是人力资源开发是生产性服务业健康发展的保证，美国、日本、德国、英国等国都建立了多层次的人才培训体系和科学的人力资源开发利用体系，以保证为生产性服务业发展提供大量的专业人才。

毕斗斗（2006）提出，发达国家促进生产性服务业发展，主要政策措施包括对垄断性服务业推行市场化改革，对战略性信息服务业采取倾斜性、保护性政策支持，政府重视生产性服务投入，通过直接投入、融资担保、设立专项基金的方式扶持关系国家竞争力的生产性服务业，制定系列财税优惠和奖励政策，鼓励生产性服务业发展。[①]

总之，现有关于国际经验的研究，基本停留在按国别、按行业列出政策措施经验的层面上，而结合我国发展中经济体的实际情况，依据市场经济发展的成熟度、发展生产性服务业的路径等条件，按照欧美和日韩两类发展模式来分类研究，尚不多见。

二、与制造业升级的动态关联研究

生产性服务业与制造业动态关联方面的研究是国际、国内产业经济研究的重点和难点。在明确生产性服务业与制造业互动关系规律基础上，国内外学者从分工深化和促进国内产业结构调整升级视角，进行了进一步的研究。

（一）生产性服务业发展与升级的规律

中外许多学者（郭克莎 2000，P.W. Daniels 1998，Juleff-Tranter, L.E 1996，程

---

① 参见宏观院 2006 年重点课题"我国制造业转型期生产性服务业发展问题研究"国际经验专题。

大中 2005、顾乃华 2006 等）从生产性服务业整体增加值演变趋势、整体就业演变趋
势、整体相对劳动生产率演变趋势、内部行业结构演变趋势四个方面阐述了生产性
服务业结构升级规律。实证研究表明，为众多学者强调的生产性服务业增加值和就
业比重增大定律确实存在，在生产性服务业内部金融、信息、商务服务业增长速度
最快，增加值比重提高最为显著。

郭克莎（2000）采用非均衡的结构主义理论和方法，从理论分析和国际比较两
个视角，揭示了服务业内部结构演变的规律，即无论是从产值贡献还是就业贡献看，
无论是发展中国家还是发达国家，当人均 GDP 在 2000 美元以上时，只有金融保险、
不动产和工商服务业的拉动作用稳定上升。从相对生产率及其变动看，无论发展中
国家还是发达国家，金融保险、房地产和工商服务业的相对生产率都远远高于其他
行业。①他的研究表明,生产性服务业是服务业中最大和增长最强劲的组成部分,是兼
容技术进步的重要力量。毕斗斗（2005）通过面板回归分析、协整检验研究发现，
第二次世界大战后 50 多年来，美、日、澳、法、加、意、英七国生产性服务业的增
加值都呈现一致明显的上升趋势，相关的平稳性检验也表明，各国生产性服务业增
加值比重是一个非平稳的增长过程。就生产性服务内部增加值年均增长速度而言，
20 多年来，七国的商务服务业、通信业、金融保险业相对于其他行业都保持着较快
的发展速度，韩国、我国台湾生产性服务业的增加值年均增长速度高于消费性服务
业、政府服务业以及整体服务业的增长水平。②

刘志彪（2006）总结了当代发达国家现代生产性服务业发展的规律性现象：随
着人均收入水平的上升，现代生产性服务业在国民经济中所占的比重日益上升，即
生产性服务比重上升规律；生产性服务业的发展对知识、技术和人力资本等要素的
依赖日益增强，即生产性服务要素依赖演变规律；该产业在制造业基础上产生并逐
渐外化与外包，成为独立的产业部门，即生产性服务外化与外包规律；这些规律性
的趋势为我国产业结构调整升级实践提供了启示。③

（二）生产性服务业对制造业升级的作用

关于生产性服务业支撑制造业发展的经验研究主要集中在两方面：一是在同一

---

① 郭克莎:《第三产业的结构优化与高效发展(上、下)》,载《财贸经济》,2000(10),第 51 页;第 11 期,第 30 页。
② 毕斗斗:《生产性服务业发展趋势研究》,中山大学中国第三产业研究中心博士论文,2005 年。
③ 刘志彪:《论现代生产性服务业发展的基本规律》,载《中国经济问题》[J]，2006（1）。

经济体内借助统计资料进行服务投入率的比较，计算生产性服务业规模和发展速度对制造业的贡献；二是借助投入产出方法，确定和描述生产性服务业对制造业增长的贡献。一些学者（Francois 1990a，b；Grubel and Walker 1988；Jones and Kierzkowski 1990；Markusen 1998 和 Zagler 2000）在经济增长的理论分析框架下，将生产性服务业及其具体表现形式直接引进企业的生产函数，讨论了生产性服务业在经济增长中的作用。还有一些学者（Se-Hark Park 1996，Wong，Yue-Chim Richard，and Tao，Zhigang 2000，Guerrieri & Meliciani 2003、2004、2005）借助投入产出、回归分析等方法，对生产性服务业对制造业增长的贡献及二者相互关系进行了实证研究，结果表明，生产性服务业对制造业结构升级起着重要的支撑和推动作用。具有代表性的研究有：

国外比较典型的研究。根据 1984 年 Eurostat 和 Commission services 对产业活动的调查，原 EC 国家（主要包括西德、法国、意大利、英国、丹麦）1975～1981 年间，生产性服务支出增长率超过工业生产价值的增长率，反映了服务于工业的服务活动的快速发展，服务活动与制造业的分离以及服务活动的外部化趋势。另一项 OECD 关于美国、加拿大等经济体 1949～1984 年生产性服务就业份额的研究显示，不仅生产性服务业就业自身（即已经外部化了的生产性服务）在增长，而且在制造业部门内部从事非生产活动（即从事生产性服务活动）的工人比例也在快速上升。[1]Ochel and Wegner（1987）研究了欧洲的服务经济，分析了欧洲各国的生产性服务发展与制造业发展以及整个经济发展的关系，指出生产性服务发展的不足，并提出相应的对策。

[2]Se-Hark Park 在《制造业与服务业的部门间联系——几个挑选的太平洋地区国家的新迹象》一文中，利用 1975 年和 1985 年的投入产出表，对中国、印度尼西亚、日本、马来西亚、菲律宾、韩国、新加坡、泰国这 8 个太平洋地区国家的制造业和服务业的共生关系演进进行了分析，并采用计算依赖度（dependency ratio）的方法测量制造业和各种服务活动之间的关系。[3]

---

[1] 程大中：《生产性服务论》，北京，经济管理出版社，2005。

[2] Ochel, W. and Wegner, M. Service Economy in Europe: Opportunities for Growth, Westview Press, 1987.

[3] Juleff-Tranter, L.E, Advanced Producer Services: Just a Service to Manufacturing? Service Industries, 1996(16), pp.12-21.

　　国内比较典型的研究。20 世纪 90 年代以来，台湾的学者对于生产性服务业较为关注。薛立敏与杜英仪、王素弯（1993）发表了《生产性服务业与制造业互动关系之研究》，并与这两位作者（1995）合著了《台湾生产性服务业之发展与展望——国际比较研究》，运用投入产出法、对比分析法研究了台湾生产性服务业对于区域经济发展的作用。薛立敏指出台湾的生产性服务业主要服务于制造业，随着台湾制造业的向外投资，这些服务也随之扩大服务的地域范围，他认为台湾生产性服务快速成长的主要原因是生产技术专业化与分工日细的结果，生产性服务在生产过程中扮演统合、协调、控制、计划、评估等重要功能。[1]程大中、陈宪从分工的角度，深入考察了服务业与制造业之间关系的动态演进，分析和验证了服务业与制造业之间相互依赖、相互作用、良性互动的关系。[2]程大中采用投入产出分析法，比较和分析了中国生产性服务的增长与结构变化。研究表明，中国 1981 年以来，尽管用于中间投入的生产性服务在大多数年份的增长速度都很高，超出国民总产出和服务业总产出的增长速度，但生产性服务规模很小。中国的生产性服务业主要由商业饮食业这样的劳动密集型产业部门提供，而带有较高技术、知识与人力资本含量的生产性服务投入规模相对较小。[3]

　　上述研究表明，生产性服务业对制造业的促进作用不断增强，越来越广泛地参与到生产制造的过程中，角色不断变换升级，从具有润滑剂效果的管理功能，到一种有助于生产各阶段更高效运行和提升产出价值的间接投入，进而成为新型技术和创新的主要提供者和传播者，具有更多的战略功能和推进器效果。

三、我国生产性服务业发展的制约因素分析

　　关于我国生产性服务业发展的现状特征，目前，学界和政界已基本形成了共识。大家普遍认为，我国生产性服务业产业总量不足，内部结构升级缓慢，发展层次较低，与制造业和整个国民经济发展不相适应。而理论界和政府管理部门关注的重点

　　[1] 薛立敏与杜英仪、王素弯：《生产性服务业与知识制造业互动关系之研究》，（1993）http//www.datals.ncl.edu.tw/.
　　[2] 陈宪、黄建锋：《分工、互动与融合：服务业与制造业关系演进的实证研究》，载《中国软科学》[J]，2004 年（10）。
　　[3] 陈宪、程大中主编：《中国服务经济报告》，北京，经济管理出版社，2005。

在于,当前究竟是什么因素制约了我国生产性服务业的发展?

不少学者认为,我国生产性服务业发展水平低下,要从外部和内部,供给和需求几个方面找原因。第一是因为经济发展方式本身、制造业本身、国际分工地位本身不利于服务业发展,比如大规模的加工贸易就决定了大量生产性服务留在跨国公司。第二是有效需求不足,市场空间不足。计划经济形成的大而全、小而全的企业架构,服务环节没有分离、分解、分包。由于交易成本高,信用不好,造成企业自我服务。概括起来,目前代表性的观点有:

第一种观点是观念和体制论。杨伟民(2008)认为,制约我国生产性服务业发展的最大障碍还是观念,认为服务业是工业发展之后的产物。一是服务业非创造价值论依然在主宰着部分领导干部的思维和行动。二是出于迅速做大经济规模方面的考虑,部分地区仍将发展重化工业作为经济重点。三是在政策制定时,不考虑服务业特别是生产性服务业的特殊性,比如税制设计,重复计税现象非常严重。观念引导体制,体制进一步强化了观念,制约了生产性服务业的发展。他还提出,进入管制严重束缚了我国生产性服务业的发展。管制作为一个手段,对于维护经济安全和产业稳定很重要,但管制要分行业,有些行业是需要降低进入门槛的,如出版业。发达国家管制改革的实践也证明,放松管制有利于形成以服务经济为主体的服务结构。从表面看他讲的是观念问题,实际上反映的是体制问题,因为观念源于当时的体制及其政绩考核导向。

他还提出,我国生产性服务业发展滞后与政策跟不上没有直接的关系。我国关于服务业发展的政策是世界上最全的,发达国家根本没有综合性的服务业发展政策。中国每五年出台一个服务业政策,都是战略层面的,除机构调整导致服务业宏观管理机构不能够连续影响政策实施外,关键是政策落实不了。为什么落实不了,仍然可以归结到体制上。长期以来,我国所形成的行政管理体制,从方方面面都影响着服务业的发展。如我国的政绩考核体制,原则上3~5年行政首长调整一次,生产性服务业与工业相比,对短期GDP的增长贡献偏低,没有谁愿意拿自己的政治前途来发展生产性服务业。

第二种观点是综合因素论。从市场化、工业生产方式、工业布局、政策歧视等方面系统阐述了制约因素。吕政、刘勇、王钦(2006)基于与工业的互动研究视角,对我国生产性服务业发展背后的瓶颈问题论述比较系统、到位。第一,生产性服务业市场化程度较低,将绝大多数潜在投资者拒之门外,造成服务业部门资源流入不足,抑制了服务供给能力的扩张和削弱了工业企业外包生产性服务的内在动力。第二，工业生产方式落后，生产性服务需求不足。第三，外资工业与本地生产性服务业关联程度较低。第四，工业布局相对分散，城市化相对滞后，生产性服务业没有形成有效集聚。第五，缺乏有效的区域分工和协作机制，重复建设、结构雷同不可避免地要降低服务业增长的集约化程度，牺牲增长效率。第六，生产性服务业发展还存在着一定的政策性歧视问题，比如服务业用水、用电和用地政策与工业政策的巨大反差，对产业发展构成了明显的束缚和抑制作用。

第三种观点是分工导致的市场机制论。程大中（2008）认为中国生产性服务业之所以低于其应有的发展水平，社会分工水平较低，市场交易成本较高，社会诚信不足，政府规制、体制机制和政策措施存在扭曲，是导致中国生产性服务业发展水平低下的最为重要的原因。①

第四种观点主要是制造业限制论。李善同、高传胜（2007）基于生产性服务业与制造业升级的互动视角，认为中国生产性服务业存在的主要问题是，制造业需求不足、生产性服务业供给缺陷共同限制了中国生产性服务业的发展，具体原因看：第一，在制度层面垄断、仿冒、专利保护不足、企业不负担环境污染等负外部性成本，使得制造业缺乏升级激励，抑制生产性服务需求。第二，中国制造企业规模偏小，实力较弱，而且组织管理能力也亟待提高，在一定程度上限制了相关生产性服务的需求与供给。第三，制造业企业生产性服务过度内部化。第四，生产性服务业发展的制度环境欠佳。第五，生产性服务业创新不足。第六，制造业国际代工模式抑制了生产性服务需求。②

第五种观点是互动共生论。徐学军（2008）通过对广东和东北制造业与生产性服务业共生的实证和案例研究，得出结论，当前我国生产性服务业与制造业共生关系是一种相对低级和低效的共生关系，表现在使用外部生产性服务种类少，外包程度低，外包结构以低端生产性服务为主，合作的紧密程度低，造成这种状况的主要原因是：一是制造企业与生产性服务企业之间的互信机制、沟通机制、利益共享机制和共同学习机制还有待完善；二是服务供求信息透明度低，恶性竞争，市场交易不规范，对生产性服务业与制造业共生关系的建立和发展造成负面影响；三是宏观层面的行业政策、技术指导与法律的制度供给不足，社会信用文化缺失，影响生产

① 参见王子先主编：《中国生产性服务业发展报告》（2007），北京，经济管理出版社，2008。
② 参见清华大学 CIDEG2006-2007 年度重大项目研究报告：《中国生产性服务业发展与制造业升级的关系研究》。

性服务业与制造业的共生环境。

总之，现有国内对生产性服务业制约因素的研究，笔者认为，还存在较大的改进空间。一是从需求、供给以及供需转化渠道方面，对我国生产性服务业发展深层次原因的分析相对薄弱。二是现有研究主要是从总体笼统角度展开的，分类探讨影响发展的制约因素、突破路径与战略选择，这方面的分析研究也较为少见。例如，一类是可以标准化批量生产的、劳动生产率提高较快、能够实现大规模发展的金融、贸易、物流生产性服务业；另一类是人力资本密集、规模报酬递增的研发设计、商务服务业，这两类影响因素各有不同。基于此，本书试图在第六章、第七章专门就典型行业的重大问题及其制约因素进行分类研究，第一类以物流为代表，第二类以商务服务为代表，剖析其发展机制及其背后的制约因素。

四、创新与升级的途径研究

（一）国际分工新格局提供了价值链分析的新视角

目前，在全球化背景下，出现了新的产业分工格局。根据商务部与国务院发展研究中心 2008 年"跨国产业转移与产业结构升级"联合课题组的研究，21 世纪以来，国际分工从垂直分工发展到水平分工，从部门间分工发展到部门内分工，再从水平分工或者部门内分工发展到网络化分工。20 世纪 80 年代以来信息技术的广泛应用，推动了传统产业的模块化，生产环节与业务单元的模块化与外包趋势逐渐增强，产生了区别于传统的水平分工和垂直分工的全球价值链分工，使产业分工日益深化，产业链条出现服务化特征，原来从属于生产的研发、设计、财务管理、封装检测、销售等一系列产前产中产后服务环节从产业链中独立出来。另外，通过国际直接投资和业务外包，国际产业转移正由低技术密集型的制造业向高技术密集的制造业提升，由制造环节向上游研发环节和下游营销环节延展。在生产客服化、服务流程数字化和模块化以及国际竞争日益激烈等因素推动下，跨国服务转移特别是全球服务外包市场迅速发展。21 世纪以来，为应对全球化条件下激烈的国际竞争，跨国公司之间的技术联盟发展迅速，研发当地化与全球化进一步相互配合和相互促动态势增强，国际产业转移的速度明显加快。[①]服务业的离岸外移和外包，跨国公司研发机构

---

① 商务部与国务院发展研究中心联合课题组：《跨国产业转移与产业结构升级》，北京，中国商务出版社，2008。

的全球化、本地化发展，为发展中国家把握新一轮国际产业转移的新趋势，摆脱以劳动密集型产业为主的产业结构，改变低端的国际分工地位提供了机遇。

（二）制造业服务化是生产性服务业发展与升级的重要途径

制造业服务化是制造企业运用服务来增强产品竞争力及向服务转型以获取新的价值来源的过程。20世纪90年代以来，美国和澳大利亚学者以发达国家为背景，重点探讨了知识经济环境下制造业的发展道路问题，以及从产业层面制造业向服务业的转型问题。MIT的Burger和Lester（2000）[1]明确提出服务增强型制造业，随着产业深化、分工细化和市场细分的深入，生产制造方式需要以更加灵活具有柔性的小批量、多品种生产方式来适应市场需求的变化，为了实施这种生产制造方式，需要采用服务型制造的生产和管理模式。制造企业内部服务功能的剥离以及新兴服务商的成长，使得整个生产性服务业得以发展。制造业服务化实质上就是产业价值链上中下游各环节间的相互关联。制造业服务化成为分析生产性服务业发展与升级的重要工具。

（三）与制造业联动发展是生产性服务业发展与升级的有效途径

目前，国内学者专门对生产性服务业与制造业联动发展进行研究的还不多，主要有以下研究。

一是原毅军、刘浩（2009）认为，整合产业价值链，建立服务业与制造业的联动机制，培育两个产业互利共生的发展模式，要通过政策引导和市场机制的运作鼓励制造企业与相关服务企业整合价值创造过程，实现两产业的协同发展。在外包背景下，我国与制造业关联最多的仍然是传统服务业，生产性服务业发展滞后，二者协同发展存在两难困境，很大程度上是信息不对称所造成的，中介机构是市场的载体，是连接制造业与生产性服务业的桥梁，加快发展市场中介是完善市场运行机制的一种有效途径，可以推动制造业上下游环节的外包，带动生产性服务业发展。[2]二是吕政、刘勇、王钦（2006）认为，加快二者关联发展，关键是要消除制约服务业发展的体制性障碍，利用多种渠道和手段吸引产业要素投向现代服务部门；加大政策支持

① Burger S,Lester R K. Made by Hongkong. 侯世昌,等译.北京,清华大学出版社,2000。
② 原毅军、刘浩:《中国制造业服务外包与服务业劳动生产率的提升》,载《中国工业经济》,2009(5)。

力度，强化专业化服务企业的分工优势；构建生产性服务业与制造业的互动发展机制，实行"主辅分离"，进一步完善劳动用工制度，建立信息共享平台，健全中介体系，推动相关企业间合作，实现社会化服务与制造环节的"无缝式对接"；优化产业布局，大力推进生产性服务业的集聚式发展，通过规划布局、政策引导和必要的财政支持等形式，支持生产性服务业实现区域性集聚；加强区域协调，构建职能划分合理、比较优势突出的层级区域分工格局。

总体而言，现有的关于生产性服务业与制造业关系方面的研究，更多着眼于互动融合角度，而不是从产业关联和联动发展的角度，联动发展比互动发展更突出了生产性服务业与制造业之间相互提供发展动力、制造业需求方主导外包过程、服务供给方需要不断跟着创新的深刻含义，在这方面，国内研究总体生产性服务业的学者对这一重要差别关注较少。

五、推动生产性服务业创新与升级的对策建议

依据生产性服务业发展的趋势和规律，从解决中国生产性服务业面临的瓶颈问题出发，国内学者提出了诸多思路和对策建议。代表性的观点有：

王一鸣（2008）对体制问题，尤其是税制比较重视。他认为，发展生产性服务业，首先要突破观念，改变以往的工业化情节。要牢固树立发展生产性服务业，能够显著提升我国产业整体竞争力的观念。要进一步解放思想，打破垄断，开放市场，特别是教育、科研、金融等市场，以此促进竞争，形成良性发展的局面。要改革财税体制，重点是调整增值税留成体制，抑制地方发展工业的冲动。他还提出，要发展生产性服务业，要靠大规模引进。首要的是发展服务外包业，进入国际产业链的高端。我国每年有 500 万大学生就业，承接服务外包不存在人员障碍。另外，要发挥政府采购生产性服务业的作用，推进政府有关部门公共服务外包。

徐学军（2008）提出促进我国生产性服务业发展，一是要改善发展环境，为生产性服务业创造适宜的环境；二是优先扶持知识密集型生产性服务业，如研发、第四方物流、信息服务、市场营销等行业发展；三是合理规划产业布局，充分发挥产业聚集效应，重点发展区域中心城市以及制造业聚集区的生产性服务业；四是打造一批能产生示范带动作用的行业龙头企业，着力提高生产性服务业的服务质量和水平。并据此提出若干对策措施，一是加强行业管理，规范生产性服务业的市场秩序，进一步清理服务业市场准入等有关政策规定，改革市场准入的行政审批制度，明确

界定市场准入的领域、条件、程序及监督办法，制定实施符合市场经济要求的行业行为规范、服务标准、资质认证、信誉评估等行业管理制度。二是建立健全信用记录与失信惩戒机制，改善产业发展的信用环境。三是优化产业组织结构，重点培养一批行业龙头企业。以市场手段为主，政府管理主要体现在支持指导和服务方面，在各个行业选择一批龙头企业，具有国际竞争力、有信用、知名品牌、具有现代管理理念和经营理念的大企业，依托现代经营方式和组织方式，推进管理创新和组织创新，促进生产性服务业的集团化、网络化和品牌化经营。四是采取有效措施，增强生产性服务企业的技术创新能力，加大知识产权的保护力度，加大制造企业和生产性服务企业的创新压力，提高服务外包的意愿程度，提高服务企业的服务质量。在制造业中建立广泛的技术联盟，建立公共技术开发平台，大力推进信息技术在生产性服务业中的运用，加强信息交流平台建设，加强行业内交流与互动，推动知识外溢和扩散。

王子先（2008）重点从对外开放的角度，提出以下加快发展生产性服务业的政策：第一，调整传统的三次产业分类办法和差别性政策，把生产性服务业的发展与创新放在与制造业同等重要乃至相对优先的位置，特别是在运用现代信息技术成果改造我国物流和供应链体系，建立市场营销网络等方面给予适当倾斜，提升制造企业自身的生产性服务水平，打造一批专业化生产性服务供应商。第二，将东部沿海地区的一些中心城市建设成面向全球的生产性服务中心。第三，以扩大开放为动力，促进生产性服务业加快创新。加大承接国际服务业转移和服务外包的力度，优化政策环境，创新服务业聚集区功能和制度设计，着力吸引跨国公司总部、研发中心、设计中心、营销中心和软件开发中心。大力鼓励生产性服务业吸收外商直接投资，全面提升与外商投资的合资合作水平，以促进生产性服务业的技术引进与管理创新。积极有序地引入战略投资者，对目前垄断性的生产性服务业进行改革重组。大力发展服务贸易，适当扩大服务进口，促进国内生产性服务业质量的改善。支持有条件的国内企业走出去，发展跨国经营，建立海外营销网络，开展海外购并，加强战略联盟，提升与国外高端生产性服务供应商的合作水平。第四，加强 CEPA 项下内地与香港生产性服务业的合作。第五，大力发展商务服务业，使之成为促进创新、提高效率的重要平台。

程大中（2008）认为，应从战略的高度认识生产性服务业发展对于推进制造业转型、切实落实新型工业化战略的意义。加快服务业发展，核心是体制、机制和政策创新，关键是打破垄断，放宽准入领域以及建立公开、平等、规范的行业准入制度，中心环节是国有与集体服务性企业的产权改革与管理变革，始终把体制、机制、政策创新和调整和优化服务业结构有机结合起来。在市场环境建设方面，应倡导规范服务和诚信服务，整顿和规范市场竞争秩序，打造诚信经济，为生产性服务业发展营造良好的社会信用环境，健全服务业标准体系，推进服务业标准化与规范化。鼓励服务行业协会建设与市场化运作，发挥其在市场规范、行业自律、企业与政府沟通等方面的积极作用。①

李善同、高传胜、高春亮（2007）提出，要促进我国生产性服务业与制造业良性互动，要进一步深化改革，促进内部化的生产性服务，根据市场环境的改善程度，逐步向外部化、专业化方向发展；引进国外高端服务业，通过示范作用、人才流动等外溢效应，逐步提升中国生产性服务业层次与水平；鼓励城市间产业分工与协作，充分发挥中心城市在生产性服务方面的集聚和辐射功能，以建设诚信社会和完善市场环境为突破口，为生产性服务业发展与升级营造良好的外部氛围；进一步探索政府管理企业的新方式，为大型企业和优秀企业家成长创造良好的外部条件；支持兼并重组、建立战略联盟等市场性行为，培育国际性大企业，共担长期、巨额投资的风险，共享国民经济效应，对关系高新技术产业、高级生产性服务业发展的关键性人才，实行灵活的配套服务政策和措施，鼓励他们在中国创业与发展。②

吕政、刘勇、王钦（2006）认为，加快生产性服务业发展，关键是要消除制约服务业发展的体制性障碍，加大政策支持力度，强化专业化服务企业的分工优势，构建生产性服务业与制造业的互动发展机制，大力推进生产性服务业的集聚式发展，加强区域协调，构建职能划分合理、比较优势突出的层级区域分工格局。

何德旭、夏杰长（2008）认为，加快生产性服务业发展，要找准发展的重点领域和突破口，以金融业、商务和租赁、交通运输仓储、科技研发、信息传输计算机服务和软件业为重点，在政策上加以重点支持，在加快生产性服务业市场化改革步伐的同时，要充分发挥政府作用，制定促进生产性服务业的中长期战略规划，运用财政投资、税收、金融和科技政策，鼓励生产性服务业发展。

综上所述，从现有促进我国生产性服务业发展的思路和对策研究文献看，围绕

---

① 王子先主编：《中国生产性服务业发展报告（2007）》，北京，经济管理出版社，2008。
② 清华大学 CIDEG2006—2007 年度重大项目研究报告：《中国生产性服务业发展与制造业升级的关系研究》。

国家统筹管理全国服务业的职能，针对生产性服务业与制造业联动发展、创新发展方面的战略思路与对策方面的研究还较为薄弱。

本章小结

本章在生产性服务业的内涵外延、增长机理、发展趋势和规律等相关理论研究的基础上，从生产性服务业创新与升级的相关理论问题、与制造业动态关联、制约因素、重要途径、政策措施建议五方面对国内外相关研究进行了回顾和梳理，对其主要内容、主要观点及其发展趋势进行了总结与述评。笔者认为，现有对生产性服务业的研究文献，更多着眼于互动融合角度，而不是立足于产业关联和联动发展视角，相对来说围绕国家统筹管理服务业的职能，针对生产性服务业与制造业联动发展、创新发展方面深刻的重大问题及因素分析，全面系统的战略思路与对策研究还很薄弱。主要表现在：一是以生产性服务业与制造业联动发展、创新发展为主题，从需求、供给以及供需转化渠道方面，对我国生产性服务业发展深层次原因的分析相对薄弱。二是现有国内对生产性服务业制约因素的分析，主要是从总体笼统角度展开的，分类探讨影响生产性服务业发展的制约因素、突破路径与战略选择的文献还较为少见。三是现有关于国际经验的研究，基本停留在按国别、按行业列出政策措施经验的层面上，而结合我国发展中经济体的实际情况，依据市场经济发展的成熟度、发展生产性服务业的路径等条件，按照欧美和日韩两类发展模式来分类研究，尚不多见。四是更加注重经验研究与模型方法有机结合的文献不多。从这几年国家和地方服务业实践看，国家服务业政策体系初步建立，但从系统性、创新性方面看，地方走在了国家的前面。生产性服务业战略思路要注重从大量地方和行业丰富的服务业实践中寻求支撑。本书拟完善相关研究并填补上述几方面的空白。

第二章 全球趋势、战略意义与主要矛盾

本章旨在阐释生产性服务业发展的国际趋势与特点，揭示现阶段大力发展生产性服务业的战略意义，分析现阶段发展的主要矛盾，在明确全球趋势、国内宏观背景、发展主要矛盾的基础上，探求后面几章的研究思路和分析视角。

一、全球生产性服务业发展的趋势与特点①

从经济发展趋势和演变规律看，早期经济学家配第、霍夫曼、库兹涅茨、钱纳里等，他们总结和揭示了产业结构演变的一般趋势和规律为：随着经济发展，第一产业在整个国民经济中的比重会下降，第二产业、第三产业所占比重会上升，到工业化后期，第三产业将逐步超越第二产业在国民经济中居主导地位。发达国家经济发展的演进历程也进一步印证了这一规律。20 世纪 50 年代以来，以美国、英国、法国为代表的发达国家相继进入服务经济时代。20 世纪 90 年代以来，服务经济快速发展已成为全球经济发展的主要趋势。发达国家服务经济发展水平不断提升，中等收入国家和发展中国家服务经济快速发展，全球经济服务化趋势日趋显现。发达国家服务经济的演进历程表明，生产性服务业在其中起了主导作用。发展中国家服务经济形成和加速发展，生产性服务业也将起到重要支撑作用。在这种背景下，全球生产性服务业发展呈现出了六大趋势。

---

① 全球趋势部分是在郭怀英撰写的专题报告《发展生产性服务业的国际经验及其借鉴》基础上修改而成。该专题报告源于郭怀英合作主持的 2008 年国家发改委宏观院重点课题，同时也是中国经济学术基金课题"我国生产性服务业发展的制约因素与对策研究"（项目批准号 A2008041008）。

（一）比重提高并呈现加速发展的趋势

20世纪60年代以来，随着经济全球化趋势及全球产业组织和产业结构的调整，以金融、商务服务业和信息服务业为主的生产性服务业在发达国家和新兴经济体高速增长，生产性服务业的企业数量和就业数量持续高速扩张，已成为这些国家的支柱产业，成为整体经济中最为活跃、创新能力最为强劲的部门。这些国家在经济服务化过程中，生产性服务业获得了大发展，尤其表现在就业方面，制造业内部从事管理、科技研发、品牌销售等服务活动的人员快速增长。1984~1993年间，以金融房地产和商务服务业为代表的生产性服务业就业增长远远超过了该国总就业增长，比如日本这两个增长率分别是44.9%与12.0%，韩国是226.5%与41.2%，新加坡是132.5%与34.0%，菲律宾是48.9%与32.5%。1970~1986年间，美国生产性服务业的产值与就业增长率（173.3%，200.8%）是同期服务业（91.0%、85.3%）增长速度的两倍多。1970~2005年间，OECD九国以金融保险、房地产和商务服务为代表的生产性服务业增加值比重从1970年的29.28%提高到2005年的39.97%，就业比重从1970年的13.37%提高到2005年的22.07%，二者均提高了近10个百分点，比重提高幅度大大领先于服务业中其他行业。[①]

随着生产性服务业的快速发展，其功能也不断健全和转型，从以金融、物流和咨询等管理支持为主，转向以信息技术、创新和设计等战略导向为主，在信息技术和经济全球化的背景下，正日益成为一种主导和支配经济增长的力量。

（二）与制造业融合发展态势明显

随着发达国家制造业分工深化和技术专业化的发展，以及全球产业结构调整的蓬勃开展和信息通信技术在各领域的广泛应用，服务业与制造业边界正变得日益模糊，出现了生产性服务与制造业融合生长、互为一体的趋势。主要表现在制造业的服务化方面，制造企业为降低成本外购服务不断增多，在制造业的中间投入中服务投入大量增加，制造业部门的功能日趋服务化，研发设计、客户定制、市场营销、测试和认证以及金融等生产性服务活动成为制造企业利润的重要来源。如传统的计

---

① 包括：丹麦、法国、荷兰、美国、瑞典、西班牙、德国、意大利和英国九国。其中，德国为西德数据，样本区间为1970~1991年。其他服务业增加值和就业比重发展趋势如下：批发零售和住宿餐饮业增加值和就业比重下降较快，交通仓储和通讯出现缓慢下降，政府公共服务出现一定下降，个人服务呈现一定增长。参见GGDC数据库网站：www.ggdc.net。

算机制造商 IBM 在 90 年代成功转型为服务型企业。近几年来，全球 500 强企业中，从事服务业的企业比例数已经达到 56%，而且这一比例还在不断上升。

（三）创新成为生产性服务业发展的重要源泉

世界各国对生产性服务业的研发投入不断增大，推动了生产性服务业的技术创新和发展。商业模式创新成为生产性服务企业竞争力的重要体现。信息服务、物流、技术服务等生产性服务行业中，一些企业借助电子商务平台和信息服务平台，从传统的专业服务组织转变为新兴的技术服务提供商，是一种商业模式的创新。百度的搜索引擎竞价排名模式、新浪和搜狐的门户网站模式、ebay 的电子商务模式、慧聪的 IT 资讯和商情信息服务提供商模式等也都是商业模式创新的典范。依靠商业模式创新获得巨大成功的生产性服务业企业案例非常多，如北京空中网公司，开辟了手机的宽带时代，为手机用户提供基于 2.5G 技术的彩信、互动娱乐等无线数据内容和应用服务，依靠这种商业模式，空中网成为中国最大的彩信服务提供商。[1]

（四）服务外包已成为生产性服务业国际转移的重要途径

20 世纪 90 年代之后，信息技术的广泛应用使得服务业可贸易性增强，全球服务贸易自由化不断推进，全球产业链分工和整合的趋势日益明显，跨国公司日益将后勤办公、顾客服务、商务业务、研究开发、咨询分析等许多非核心业务活动离岸外包给一些教育水平较高而工资水平较低的新兴发展中国家，跨国公司为主导的生产性服务国际转移呈现加速趋势。服务外包作为一种新的国际商务模式，已成为服务产业国际转移的重要形式，联合国贸发会议估计未来几年全球服务外包市场以每年 20%~30% 的速度递增，目前国际外包业务只占全部业务流程的 1%～2%，其发展前景十分广阔。

（五）知识密集型的生产性服务贸易和投资飞速发展

20 世纪 90 年代以来，全球服务贸易以远高于货物贸易的速度增长，世界服务贸易中运输服务和旅游服务的比重呈下降趋势，而信息服务、金融、专利权使用和特许等其他商业服务呈快速增长，1997 年到 2009 年，运输服务比重下降了 2.8 个百分点，旅游服务下降 6.7 个百分点，其他商业服务上升了 9.5 个百分点。20 世纪 90 年

---

① 佚名：《创新成为现代服务业发展的核心要素》，载《青岛财经日报》，2007 年 9 月 19 日。

代后，服务业跨国投资不断升温，在全球跨国投资总额中所占份额一直超过一半以上。知识密集的研发设计、商务服务、信息软件、金融等生产性服务业投资已成为国际直接投资的主流之一，OECD 外国直接投资中服务业投资额明显高于制造业总额，且主要集中在金融服务、商务服务、信息服务等生产性服务领域。以产品为基础的经济正在向以服务为基础的经济转变，企业竞争策略从注重有形产品的竞争，到更加注重无形服务的竞争。

（六）聚集式发展的态势明显

城市具有发展服务业的先天优势，在中心城市聚集发展或围绕产业集群、产业园区建设生产性服务业聚集区，具有产业集中、发展集约、资源共享、科技含量高、运行成本低、环境污染少的特征，已成为生产性服务业发展的新形态和主要运作模式。伴随着发达国家产业结构的升级，纽约、伦敦、东京、巴黎等世界主要城市已从制造业中心演化为生产性服务业中心，大量金融保险、商务服务企业和具有生产性服务性质的跨国公司总部在此聚集。例如，伦敦共有金融服务业集群 11 个，金融业占 GDP 的比重由 1974 年的 4.0% 上升到 2005 年的 8.4%，商务服务业集群 4 个，计算机通信服务业集群 4 个。纽约是跨国公司总部集中地，全美 500 家最大公司中30% 的总部设在纽约。东京集中了全日本 65% 的信息服务业和 90% 以上的工程技术业。尽管全球信息网络技术的广泛应用使得部分传统的具有后台功能的生产性服务企业从城市中心区向低成本边缘区域扩散，但大量核心的、高附加值的、具有前台功能的，需要面对面接触的生产性服务业，向大都市聚集的趋势目前还在进一步加强。

二、充分认识发展生产性服务业的战略意义

在 2020 年前乃至更长时期内，国家转变发展方式和推进经济结构调整，促进服务经济形成和加快发展，服务业结构优化升级，提升国际分工地位这四大战略任务对生产性服务业发展都提出了迫切的要求，可以说，生产性服务业承载着中国经济社会战略转型的期待与重任。这四大任务虽然并不完全并列，但可以从不同视角看出大力发展生产性服务业的重要性和紧迫性。

（一）经济转型升级的重要手段和途径

面对未来复杂、风云变幻的国内外发展环境和条件，党中央国务院做出了加快

经济发展方式转变和推进经济结构调整的战略部署。转变发展方式与产业结构调整紧密相关，产业结构调整是转变发展方式的重要手段和途径，大力发展服务业则是产业结构调整的战略重点。未来相当长时期内，我国资源环境对经济增长的约束将持续强化，重型传统制造业产能过剩压力加大，要促进经济发展方式转变，就需要不断调整产业结构，重点推进工业从主要依靠规模扩张向主要依靠产业素质提升方向转变，促进工业从劳动密集型、资本资源密集型向高加工度化和技术知识密集型方向升级。

2007年以来，随着内外部环境的变化，工业结构性、素质性矛盾不断显现。2011年，温州一些制造业中小企业聚集地又出现了盈利难、融资难的双重困境，企业家从事实业经营的意愿不足。中国工业在经过10多年的高速增长后，正进入新一轮的结构调整，高污染、高耗能的资本密集型产业和出口导向型的劳动密集型产业迫切需要向高加工度化的技术密集型产业转变。

通过发展研发技术服务、信息服务、商务服务、设计创意、品牌营销、供应链管理等知识密集型生产性服务业和生产性服务环节，将促进部分工业企业从过去片面注重生产环节向"研发、品牌营销"与"生产"相结合的战略转变，可以大幅提升工业的附加值，提升产业整体素质和竞争力，促进工业结构升级，改变经济增长对传统工业规模扩张、资源环境消耗的高度依赖，促进经济转型升级取得实质性进展。嵌入在工业链条上的生产性服务环节，从服务功能、组织结构看与外部化的生产性服务业是一致的，是潜在的生产性服务业。生产性服务业作为为产品或服务生产提供中间需求的产业，具有知识密集、持续创新、带动作用大、增长强劲的特点，代表产业结构调整与升级的方向。未来我国结构调整升级最终要落实到服务业特别是生产性服务业的发展与升级上，通过制造业服务化提升制造业价值链服务环节，促进生产性服务业与制造业联动发展，提高制造业的附加值和技术含量，最终实现产业结构调整升级和经济发展方式的转变。因此，生产性服务业是产业结构升级的重要途径，是实现经济转型的重要手段。①

① 在这一观点上，吴敬琏认为，现阶段加快发展生产性服务业是转变发展方式的必由之路。参见吴敬琏：《中国增长模式抉择》[M]，上海，上海远东出版社，2006。2008年吴敬琏为李善同、高传胜等著《中国生产性服务业发展与制造业升级》（上海三联书店，2008年）做的序言。王一鸣认为，生产性服务业是未来产业转型升级的方向，是产业结构优化的突破口。参见王一鸣：《我国中长期经济增长趋势与加快转变经济发展方式》，载《宏观经济研究》，2010（12）。

产业结构调整包括产值结构调整和就业结构调整。上面讨论了第二产业产值结构升级对发展生产性服务业的要求，其实作为产业结构重要组成部分的就业结构，其调整升级很大程度上也要仰仗生产性服务业的带动。过去，人们普遍认为生产性服务业吸纳就业能力不强，从增加就业角度倡导发展劳动密集型的消费性服务业。其实从发达国家服务经济发展经验看，生产性服务业对制造业和服务业的产出增长和就业增长具有持续的带动作用，是兼容技术进步的重要力量，它对就业增长带动作用最大的特点是随着产业结构升级，就业结构也升级，从大量简单劳动密集型就业转向知识技术密集型就业，从而带动国民素质的整体提升和收入水平的提高，具有较强的可持续性。从生产性服务业和消费性服务业在工业化中后期的角色演变看，生产性服务业先于消费性服务业主导经济发展，在工业化中后期假如生产性服务业发展受制约，经济发展就难以进入到技术进步—分工深化—产出增长—就业扩展的良性循环中去，[①]单靠传统服务业增加就业，长久下去有可能落入像拉美国家一样的"中等收入陷阱"中。

（二）服务经济形成和加速发展的主导力量

从工业经济走向服务经济是经济历史演变的必然。从工业经济向服务经济转型并在最大程度上加速这种进程、实现服务业跨越式发展，是未来我国经济社会发展面临的一项重大课题。

纵观发达国家服务经济发展和演变历程，主要有以下特征性趋势：从结构特征看，以金融、信息、商务为代表的生产性服务业和以教育、文化、医疗等为代表的高端消费性服务业先后成为服务经济发展的主导，前一阶段以生产性服务业增长为主，后一阶段生产性、消费性与公共服务协同增长。主要发达国家和新兴经济体，在经济服务化过程中，生产性服务业获得了大发展，尤其表现在就业方面，制造业内部从事管理、科技研发、品牌销售等服务活动的人员快速增长。1984~1993 年间，以金融房地产和商务服务业为代表的生产性服务业就业增长远远超过了该国总就业增长，比如日本这两个增长率分别是 44.9%与 12.0%，韩国是 226.5%与 41.2%，新加坡是 132.5%与 34.0%，菲律宾是 48.9%与 32.5%。1970～1986 年间，美国生产性

---

① 具体参见郭怀英：《走重化工业道路如何解决城乡就业难题》，载《中国经济时报》(理论版)，2004 年 5 月 27 日。

服务业的产值与就业增长率（173.3%，200.8%）是同期服务业（91.0%、85.3%）增长速度的两倍多。①

上述国家服务经济演变趋势表明，在服务经济形成和加速发展过程中，生产性服务业起着关键的支撑作用。由分工深化引致的中间需求增长是推动工业经济向服务经济发展的根本驱动机制，特别是服务经济孕育阶段，由工业分工体系所衍生出的中间需求是服务经济形成的第一推动力。即使是到了服务经济比较成熟的阶段，金融、商务、科技、信息服务等经济网络型服务仍然稳步增长，它们的增长趋势仍然超过了最终需求服务行业。②借助Riddle（1986）的话来说，生产性服务业份额上升不是经济增长的结果而是经济增长的原因。

2020年前我国基本处于工业化加速发展时期，是服务经济的孕育阶段。这一阶段四大因素联合发挥作用，共同推动生产性服务业加速发展：一是人均收入水平不断提高，极大地拓展了服务市场，二是社会分工不断深化，面向生产的服务业发展继续快速发展；三是以信息技术为代表的技术进步，服务业的生产率显著上升，供给能力大大提高，大量的服务新业态、新产品、新方式不断产生；四是市场机制的完善和市场化程度的持续提高，使得服务经济加速发展。这一阶段生产性服务业的大发展，特别是到2020年这10年间，这种增长具有极其关键的意义。这一阶段，消费性服务业还没有到大规模发展的阶段，到后工业化阶段，服务经济稳定发展，代表高品质生活质量的消费性服务业将获得大规模发展，并与生产性服务业一起成为服务经济时代的主导力量。

（三）服务业结构优化升级的主要带动力量

从改革开放30多年来服务业增长情况看，20世纪80年代是补偿式快速增长，90年代和近10多年来是平稳较快增长，最近几年在部分大城市出现了服务业增速放缓的态势。假如这种态势继续的话，要实现"十二五"服务业发展目标，恐怕还要打上一个问号。服务业增长总是与人们的期待存在差距。按照结构主义的观点，总量增长缓慢必定是结构出现了问题。服务业长期以来这种不愠不火的增长态势以及发达地区新近出现的放缓迹象，充分暴露了我国服务业的结构性缺陷：研发设计、

① P.W. Daniels, Economic Development and Producer Services Growth: The APEC Experience, Asia Pacific Viewpoint, Vol.39, No.2, August 1998.
② 黄少军:《服务业与经济增长》，北京，经济科学出版社，2000. p306.

综合技术服务、信息服务、商务服务、文化创意等知识密集型生产性服务业发展缓慢，服务业增长的结构支撑力不足。从全国看，主要依靠传统的批发零售贸易业和交通运输仓储业带动，2010年两大行业增加值占服务业总增加值的36.4%，而且从表2-1可以看出，2005年以来，批发零售贸易业增长率都超过了服务业总体增长率，其占服务业的比重从2005年的18.6%上升到2010年的20.7%，传统服务业比重不仅没有下降，反而出现了上升。在一些大城市，2010年以来，由于国家坚定不移地推行房地产调控，受政策调控影响，服务业特别是金融和房地产出现了增速放缓的态势。服务业的结构问题长期以来没有受到足够的重视，这几年的新情况、新问题表明，在占全国服务业增加值80%左右的城市服务经济中，服务业的结构优化升级方向，从20世纪90年代的传统商贸和交通运输向现代化的金融保险、房地产升级，现在又面临着金融、房地产转向知识技术密集型的科技、信息、商务服务业升级。这一点可以从下面的结构分析中得到验证。

表2-1 我国服务业增加值行业不变价增速变化 单位：%

年份	服务业	交通运输、仓储和邮政业	批发和零售业	住宿和餐饮业	金融业	房地产业	其他
2005	12.2	11.2	13.0	12.3	13.8	12.2	11.9
2006	14.1	10.0	19.5	12.6	25.9	15.5	10.8
2007	16.0	11.8	20.2	9.6	27.6	24.4	11.3
2008	10.4	7.3	15.9	9.6	13.3	1.0	11.0
2009	9.3	3.7	12.1	5.5	17.9	11.3	7.4
2010	9.6	8.9	14.3	10.0	10.0	5.9	8.0

注：数据来源于2011年《中国统计年鉴》。

在总体经济向好趋势确立、工业快速增长、金融危机影响逐步消除的情况下，2010年服务业增速比GDP增速低0.8个百分点，服务业占GDP的比重为43%，比2009年降低0.4个百分点，未能实现"十一五"规划《纲要》预期服务业占比43.5%的目标。本来从2006～2009年前4年的情况看，即使2009年受到国际金融危机的影响，服务业都以高于同期GDP的速度在快速增长，其中2006～2008年3年还超过了第二产业增速，似乎长期以来服务业发展缓慢的情况已经发生了变化。当然，2009 年服务业增速之所以超过 GDP，与第二产业受到了金融危机冲击导致增速下滑有关。为什么预期应该快速增长的服务业反倒在 2010 年出现逐季回落并趋缓的态势呢？这需要分析服务业内部行业结构及其增长动力来源情况。

从服务业几大重点行业看，2010 年占服务业增加值 16% 左右的物流业在 2009 年企稳回升的基础上，重回快速发展轨道。占服务业增加值 25% 左右的批发零售、住宿餐饮业也实现了快速增长，而且批发零售业在 2005～2010 年 6 年间历年增速都超过了服务业增速（见表 2-1）。采取剔除法，在上述占服务业增加值 40% 左右的几大行业平稳较快增长的情况下，2010 年服务业总体增速放缓主要有两方面的原因：

一是其他服务业发展不够快，对服务业增长的支撑作用不强。根据这些年的经验，约占服务业增加值 40% 左右的其他服务业，包括信息服务、商务服务和科技服务、旅游文化体育，以及居民服务和教育卫生等公共服务，总体发展较慢。表 2-1、表 2-2 的数据显示，2005～2010 年 6 年间，上述其他服务业增长速度只有 2008 年略超过服务业总体增速，虽然信息服务、商务服务和科技服务、旅游文化体育等新兴行业发展较快，但因为基数小，起到的支撑作用还不够大。这些行业应是服务业未来发展的重点之一。

二是金融业和房地产业受政策影响在中短期内呈现较大的波动。占服务业增加值约 25% 的金融业和房地产业，2010 年由于受到宏观政策影响有所波动，一定程度上带动了服务业增速回落。从表 2-1 可以看出，2005 年至 2010 年 6 年间，除 2010 年外，金融业都以高于服务业的速度在增长，房地产业除 2009 年受金融危机影响外，也是以高于服务业的速度在增长。存贷款增量减少和股票市场交易量下降可能在一定程度上影响了 2010 年金融业增长。从国家统计局发布的 2010 年国民经济运行情况报告看，2010 年 12 月末，金融机构人民币各项存款余额比年初少增加 1.1 万亿元，各项贷款余额比上年少增 1.6 万亿元。2010 年上海证券交易所股票成交额下降 12.2%。房地产业情况比较复杂，但从市场表现看，在政策调控力度不断加大的情况下，市场观望气氛浓厚，房地产交易量下降，营业收入减少。2010 年全国商品房销售面积下降 39%，销售额增长 18.3%，与 2009 年 80% 左右的增速相比，出现大幅下降。

2010 年经济发达省市金融业和房地产业都出现了增速回落。上海市金融业只比上年增长 4.9%，增幅同比回落 20 个百分点。北京市服务业增长 9.1%，其中，批发和零售业、信息传输计算机服务和软件业、租赁和商务服务业、文化体育娱乐业都增长 13% 以上，而房地产业下降 21.5%，金融业增长 8.6%。浙江省服务业同比增长 12.1%，唯有房地产业有所回落。广东省服务业增长 10.1%，房地产业增加值仅增长 2.1%，增幅同比回落 19.2 个百分点。①2010 年一年的情况并不能代表以后所有年份，但伴随着国家对房地产的严格调控，资本市场不景气，服务业增速放缓的情况在未来几年还有可能持续，2011 年前 3 季度北京、上海等地服务业增速出现波动甚至是下降，与上述原因有很大的关系。

上述情况表明，目前我国服务业中部分新兴行业发展虽较快，但还不是支撑服务业快速增长的主力，服务业增长很大程度上仍要依靠常规性、传统的商贸流通业与易受宏观调控政策影响的金融业、房地产业。这表明，我国服务业结构必须优化升级，才能持续快速增长。在现阶段，由于受到人均收入水平、社会保障体系落后、房地产的消费挤出效应等体制机制性因素影响，大规模扩大服务消费、依靠服务消费带动服务业快速增长的可能性不大，因此，未来服务业的快速增长还要依靠与产业结构升级关联度大的生产性服务业来带动。

表 2-2 我国服务业增加值内部结构变化　　　　　　　　单位：%

年份	服务业	交通运输、仓储和邮政业	批发和零售业	住宿和餐饮业	金融业	房地产业	其他
2005	100.0	14.2	18.6	5.6	8.1	11.4	42.0
2006	100.0	13.8	18.7	5.4	9.1	11.7	41.3
2007	100.0	13.1	18.8	5.0	11.1	12.4	39.6
2008	100.0	12.5	19.9	5.0	11.3	11.2	40.0
2009	100.0	11.6	19.6	4.8	12.0	12.3	39.4

注：数据来源于 2011 年《中国统计年鉴》。表中数据采用 2005 年价格。

（四）提升国际分工地位的必由之路

从国际形势看，生产性服务业是中国经济从业已形成的国际竞争格局中取得竞争优势的必由之路。在全球产业分工格局中，发达国家通过工序分解把劳动密集的

---

① 以上各个地方的数据均来源于各地统计局 2011 年 1 月发布的本地 2010 年经济运行情况报告。

最终组装环节和简单零部件的生产环节转移到我国，并控制了世界著名品牌、全球销售网络和产品的核心技术等战略性竞争资源，占据了产业价值链的高端，我国总体而言处于全球产业价值链的低端。可以说，在工业领域，发达国家通过将低附加值、低技术含量的制造环节外包给发展中国家，在国内成功实现了产业升级，并牢牢控制了全球生产网络，已经形成了强大的国际竞争优势。

而我国由于在全球价值链中处于低端地位，不仅经常出现增产不增收的状况，同时还不得不面对国内沉重的资源环境压力和经常性的国际贸易摩擦。多年的实践证明，单靠工业很难提升这种国际分工地位。但是，全球经济服务化趋势的发展，为我们实现服务业跨越式展提供了历史机遇。20世纪80年代以来，随着发达国家服务经济的不断发展，跨国公司为增加自身的核心竞争力，其主导的国际产业转移出现了劳动密集型、资本密集型、技术知识密集型产业并行转移和以工业为主体向以服务业为主体转移的新趋势，研发设计、人力资源、信息软件、金融后台服务等生产性服务向承接能力较强的发展中国家转移和外包的趋势更加明显，特别是国际金融危机后服务外包由低端向高端发展，外包市场结构正从基础的信息技术服务外包转向高层次的业务流程外包和附加值更高的知识流程外包，全球服务外包规模和范围不断扩大，全球服务贸易持续快速发展，全球跨国并购由制造业向服务业集中的趋势不断增强，经济全球化进入服务经济全球化时期。随着我国融入国际化的步伐不断加快，投资环境综合比较优势的提升，跨国公司开始向我国服务经济领域进行市场扩张和产业转移。

在这种情况下，面对服务全球化趋势和国际转移中出现的新趋势，中国作为发展中大国，在制造业向中国转移增速下降的情况下，要抓住难得的发展机遇，充分利用我国丰富的人力资源优势和市场优势，积极承接信息、商务服务、知识服务流程外包，大力发展新兴的生产性服务贸易，吸引FDI向研发设计、商务服务、信息服务等高附加值服务业转移，鼓励服务领军企业走出去，通过发展生产性服务业把人力资本和知识资本等新型资本导入生产过程中，提升价值链关键服务环节，培育产业动态比较优势，从而提高我国的国际分工地位。

以服务外包为例，与制造业对运输条件和市场条件的苛刻要求不同，即使在西部也完全可以建立区域性的服务外包中心，通过信息网络等远程手段完成整个服务过程，从而不仅缓解大学生就业难的问题，还能拉动当地经济的增长。更为重要的是，通过承接服务外包还可以近距离地学习发达国家先进的管理经验和理念，获得对本地从业人员培训、提高人力资源水平等收益，在积极承接服务外包的过程中，争取像印度一样建立全球性的服务业外包中心。总的来说，服务全球化加速发展为我国拓展服务贸易、承接服务业外商直接投资、大力发展面向国际市场的服务外包、实现服务业跨越式发展提供了难得而重要的机遇。

综合上述四点分析，大力发展生产性服务业是推动从走主要依靠高投资、高资源投入的重化工业，到走主要依靠技术进步和效率驱动、可持续发展的创新性工业化道路的必然选择，是服务业结构升级和加速服务经济形成的主导力量，是承接服务外包、提升国际分工地位的有效途径。鉴于特殊的国际国内形势，我国要以四五十年走完发达国家 200 多年的工业化道路，必须从工业化中期就开始走二、三产业协同带动经济发展的路子，必须在工业化中期就自觉大力发展服务业特别是生产性服务业。[①]

三、现阶段生产性服务业发展的主要矛盾

在工业化中后期阶段，生产性服务业以制造业为主要市场，制造业是产业结构的主体，也是生产性服务业的需求主体。虽然面向农业、面向服务业的生产性服务业也很重要，但为突出重点，本书主要侧重研究生产性服务业与工业特别是制造业的互动升级问题。

（一）滞后和落实的现实

改革开放 30 多年来，我国生产性服务业总体规模不断扩大，结构趋于优化，比重在缓慢提高，尤其是在部分区域、部分行业增长迅速，凸显了一些新特点和新态势。

一是生产性服务业在发达地区增长迅速。根据 2004 年和 2008 年全国经济普查的数据，从法人单位数、就业人员、营业收入三项指标来看，20 世纪 90 年代以来，我国生产性服务业中交通运输仓储、批零贸易餐饮个体私营服务业发展迅速，信息、服务外包等新兴产业快速兴起。

二是新的业态和运作方式不断形成，聚集区建设加速推进。近些年，地方生产性服务业集聚区不断形成，产业形态不断创新。比如，布局在城市中心区，以金融

---

① 一些观点受到国家发改委宏观经济研究院白和金研究员的启发，在此表示诚挚的谢意。

业、总部经济等为重点的生产性服务业集聚区；与某类制造业产业集群相配套的主题型生产性服务业集聚区；以物流园区为重点，同时兼顾科技研发、设计创意、市场营销等多功能生产性服务业集聚区；以高新区为载体的研发、设计服务业孵化园区。

三是地方生产性服务业推动力度加大，许多政策走在了国家的前面。

但总体看，与前述经济社会发展的战略要求相比，现阶段我国生产性服务业处于滞后和落后的状态，突出表现在：

1. 近些年生产性服务业慢于服务业总体增长

从历史比较角度看，近些年，我国生产性服务业慢于服务业总体增长，发展较缓慢。

由于缺乏生产性服务业的总体增长速度数据，这里，采用国家统计局 2004 年采用新指标后的服务业分行业数据，以生产性服务业占 GDP 比重的提高幅度来说明近些年生产性服务业与服务业、工业增速的快慢。从表 2-3 可以看出，以当年价计算，2005 年、2006 年以交通运输、仓储和邮政业，信息传输、计算机服务和软件业，金融业、租赁和商务服务业，科学研究技术服务业为主体的生产性服务业增加值占 GDP 的比重分别是 14.7%、15.1%，分别比上年提高 0.2 和 0.4 个百分点，而同年服务业占 GDP 比重比上年提高幅度分别为 0.1 和 0.4。除 2005 年生产性服务业增加值占 GDP 的比重比上年提高幅度高于服务业外，2006 年持平，其他 3 年比重提高幅度都低于同年的服务业，也就是说，在 2007 年、2008 年、2009 年这五大行业代表的生产性服务业增长速度都慢于服务业总体增速，慢于消费性服务业和公共服务业的增长。

论单个年份，工业这几年增长并不快，除 2005 年外，其他 4 年工业增速都慢于服务业增速，由于 2007 年、2008 年和 2009 年 3 年工业增长受金融危机影响出口下降等原因增速放慢，导致其占 GDP 比重提高幅度较慢。

按照 2007 年投入产出表，以中间需求率来判断是否算生产性服务业，批发零售贸易业也可算为生产性服务业，包含批发零售贸易业在内的六大行业算作生产性服务业，占 GDP 比重提高幅度会超过服务业总体的提高幅度，会得出与前述不一样的结论。主要原因是，从本章第二部分表 2-1 中看出，2005~2009 年批发零售贸易业在服务业中增长很快，有的年份还超过金融业成为服务业中增长最快的行业，其他年份也都位居第二。

表2-3　生产性服务业、服务业和工业占GDP比重逐年提高幅度比较　　单位：%

	2005	2006	2007	2008	2009
生产性服务业增加值占GDP比重比上年提高幅度	0.2	0.4	0.8	−0.4	0.2
服务业增加值占GDP比重比上年提高幅度	0.1	0.4	1.0	−0.4	1.6
工业增加值占GDP比重比上年提高幅度	1.0	0.4	−0.6	−0.1	−1.8

资料来源：相关年份《中国统计年鉴》。

2.国际比较看，占比低，结构层次更低

从国际比较角度看，我国生产性服务业欠发达，占比低，结构层次低。按照最新的服务业细分行业统计数据，2009年以五大行业为代表的生产性服务业增加值为53571.5亿元，占服务业增加值的比重36.2%，占GDP的比重为15.7%，占GDP的比重明显低于2002年美国28.5%和英国26.1%的水平（美国、英国生产性服务业一般包括金融保险房地产和商务服务业，应该说，口径没有我国上述五大行业的外延范围宽）。美国1970年以来，生产性服务业在GDP和在服务业增加值中的比重分别都在50%和25%以上。结合表2-3的数据看，我国生产性服务业占国内生产总值的比重并没有明显的提高，长期维持在15%左右，落后于发达国家一半左右。这一比重也低于印度同期的水平，印度生产性服务业占GDP的比重1990年为16.14%，1995年为18.3%，2000年为20.9%，2005年上升为23.1%。

（二）与制造业发展相脱节是现阶段的主要矛盾

1.与制造业联动发展弱是现今最大问题

我国生产性服务业发展滞后与落后，除了表现在上述规模、速度等数量指标上外，更主要的还表现在质的指标和功能性指标方面。作为支撑国民经济各产业发展的中间需求型产业，其主要功能和作用表现在，应该能够与第一产业、第二产业、第三产业有较高的关联度，在三次产业现代化和结构升级方面很好地起到支撑、引领和推动作用。但是，我国三次产业的发展实践表明，生产性服务业的这种功能和作用发挥明显不足。我国制造业产业链条短，附加值低，技术升级缓慢，制造业内资企业产业创新能力弱、缺乏自主品牌，长期处于国际分工价值链的低端，这种状况与提供中间投入的生产性服务业不能发挥强大支撑作用有重大关系。尽管30多年来服务业获得了很大的发展，但从内部结构看仍以传统产业为主，服务业现代化①程度低；农业现代化连接着"三农"问题，长期以来发展缓慢，这种种状况都与生产性服务业发展不足有关。生产性服务业不发达，导致三次产业中间投入中服务、信息、知识等创新要素投入低，服务创造的附加价值低，服务在产出中的比重低，三次产业的结构升级受阻。一方面，三次产业发展因生产性服务投入不足其结构优化升级受到影响，另一方面因为有效需求不足，生产性服务业本身发展与升级也受到限制。

由于现阶段第二产业特别是制造业是生产性服务业的需求主体，所以，现阶段生产性服务业发展的最大矛盾就是与国民经济的主导产业制造业发展相脱节，二者联动发展程度低，关联不紧密。

内资制造业由于其劳动密集型、资源资本密集型的生产方式，产业链过于侧重实体产品的生产，物质材料消耗占产品成本比重较大，外包项目主要以产品生产为主，外包服务不多且涉及面窄，与产品制造相关的金融、市场销售、人力资源、外购信息技术等占全部支出的比重偏小。外资制造业中加工型、出口型、生产型企业居多，而且大多属于跨国公司全球生产组织体系中的封闭环节，产品线和产业链延伸不足，呈现"二少一多"特征：即外资企业对本地金融机构的信贷服务需求少；产品设计、关键技术、零部件依赖于进口，对本地研发或技术服务需求少；产品直接出口多，而且多进入跨国公司营销体系。根据2007年中国投入产出表计算，我国生产性服务业近60%以上投入到第二产业。工业虽然是现阶段生产性服务的需求主体，但目前工业的发展状况对生产性服务的有效需求带动有限。表现在两方面。一是目前中国工业主要依靠物质产品投入，在其总体中间消耗量中，对生产性服务的中间消耗比重较小，对生产性服务业的投入不足，使得生产性服务业对制造业结构升级的功能发挥不足。1987～2007年间，中国工业（本段中工业相当于第二产业）的生产性服务投入率在8.4%~11.5%之间波动徘徊，基本低于1967年美国（14.4%）、

① 众所周知,中国服务业新名词多,名词解释起来复杂纠结,使不少理论研究和实际工作者感到困惑和迷茫。这种状况与服务业本身新行业、新业态、新模式不断出现的现实有关,也与当今新造名词的现象有关,有些新造名词不仅不能很好地解释现实,反而增添了人们理解上的很多困难。鉴于此,笔者从2005年就提出服务业现代化的概念,用服务业现代化来代替现代服务业。原因是,我国服务业各个行业都需要发展,传统服务业还可以通过现代化来改造提升,所谓的现代服务业其实就是服务业的全面发展。

1980 年日本（13.4%）的水平，与 1963 年英国（9.6%）的水平基本持平。二是制造业外包生产性服务程度低，工业企业专业化程度低，可市场化的生产性服务比例低，导致生产性服务业不发达。

从国内相关调研和案例研究看，目前我国生产性服务业与制造业的关系具有偏利共生的发展特征，制造业虽然已成为生产性服务市场的消费大户，但制造业服务外包对服务业发展的溢出效应不明显。徐学军等学者从实证和案例多个角度，通过对广东和东北制造业与生产性服务业共生研究显示，当前我国生产性服务业与制造业共生关系是一种相对低级和低效的共生关系，表现在使用外部生产性服务种类少，外包程度低，外包结构以低端生产性服务为主，合作的紧密程度低，与制造业关联最多的仍然是传统服务业，研究表明，约 70% 多的制造企业与一般技术服务提供商之间处于一种点共生和间歇共生状态，而非连续共生和一体化共生关系，制造业和知识密集型服务业之间的共生关系正处于萌芽和发展初期。[①]

一方面，制造业对生产性服务带动小，有效需求不足，导致生产性服务业内生成长能力弱，发展与升级受到影响。另一方面，生产性服务业对制造业的支撑、促进作用弱，制造业结构升级缓慢，二者协同发展存在两难困境。由于生产性服务业与制造业关联程度低，二者互动升级都受到影响。

2.强调生产性服务业与制造业联动发展是势所必然

从总体看，现阶段，我国生产性服务业与制造业之间处于简单互动阶段，制造业结构升级对生产性服务业的需求和带动作用还很有限。制造业对生产性服务业的带动作用小，已成为现阶段生产性服务业发展滞后与落后的重要原因。

生产性服务，无论是外化的生产性服务业还是内化的生产性服务，从服务功能看都是企业产品差异和增值的主要源泉，也是现代产业国际竞争的焦点和全球价值链当中的主要增值点。在组织结构上具有内在联系性，其发展和演化路径受同一种动力机制的支配。[②]现阶段中国的基本事实是相当多的生产性服务还内化在工业当中，还没有形成独立的专门化产业，这正是中国生产性服务业发展水平较低、难以满足制造业高层次需求，进而导致相当多的外商投资企业都采取自带生产性服务、实行自我服务的重要原因。如何使那些能够外部化却仍然内化在制造业当中的生产性服

① 徐学军主编：《助推新世纪的经济腾飞：中国生产性服务业巡礼》，北京，科学出版社，2008。
② 陶纪明：《生产性服务业的功能及其增长》，载《上海经济研究》，2006(8)。

务尽快实现与工业的垂直分离，进而形成高效率、高质量、高层次的专业化的生产性服务业；如何使制造业结构升级对服务业的引致需求转化为未来生产性服务业的快速发展，是中国产业发展面临的一项重大课题。生产性服务业与制造业联动发展，不仅意味着生产性服务业的加快发展与地位提升，而且能够带动制造业向高附加值、技术密集型方向发展，使得生产性服务业与制造业实现互动升级。最后，从分工的角度和发展的观点看，生产性服务业只有在与制造业联动发展中才能实现自身的跃进，才会找到依托和成长壮大的源泉。因此，主张生产性服务业与制造业联动发展意义重大。

四、联动发展的内涵与主要体现

（一）联动发展的内涵

关于制造业与生产性服务业之间的互动关系，众多学者做过理论解释。Dnniels (1989) [1]、Illeris（1994）[2]提出有效率的生产性服务业是制造业提高劳动生产率、提升产品竞争力的前提和保障。Francois（1990） [3]等认为生产性服务业与制造业之间呈现相互作用、相互依赖、共同发展的互补性关系。从现有的研究文献看，只有少数学者直接针对制造业与服务业的联动发展作分析。目前在研究界对生产性服务业与制造业的互动关系有一种主流分法，划分为三种观点：一种是供给主导论，一种是需求遵从论，一种是互动论融合论。但是假如从生产性服务业与制造业联动发展的角度看，二者互动关系的理解，需要根据不同情况区分"需求"与"供给"何为矛盾的主要方面。从目前有关二者互动关系的实证研究看，大部分研究都表明，我国生产性服务业对制造业结构升级有一定的推动作用，而制造业对生产性服务业发展的带动有限。例如，戴中强通过对长三角16个城市的实证研究发现，目前这些城市制造业和生产性服务业仅存在单向的因果关系，即生产性服务业是制造业发展的格

① Dnniels P. W. Some perspectives on the Geog-raphy of Services[J]. Progress in Human Geography, 1989(13):427-437.

② Illeris S. Proximity between Service Producersand Service Users [J],Tijdschriftvoor Economische enSociale Geografie,1994,(85):294-302.

③ Francois J. F. Producer sevices,scale,and the division of labor [J]. Oxford Economic Papers,1990a (42):715-729.

朗杰（Granger）原因，而制造业并不是生产性服务业发展的Granger原因①。

从理论分析看，生产性服务业与制造业的关系并非简单的因果关系，是一种具有累积性相互影响、相互决定的内生性过程，如图2-1所示。生产性服务业与制造业联动发展就是二者相互提供需求和动力，实现二者共同升级和发展的过程，包括制造业的高附加值发展与服务业的加快发展与地位提升。两产业联动发展与产业互动和产业融合有所不同，互动强调两个个体之间的作用，融合强调原有几个产业变成一个产业或产生新产业，而联动发展更强调二者因相互提供需求引致的相互发展和升级这样一个直接关联过程，更多从产业关联和供需角度出发，一般来说，需求方占据主导地位，供给方是市场主体地位，供给需要不断跟着需求的变化而变化，跟着需求的变化而不断创新。换句话说，联动发展强调需求导向型的产业发展状态。生产性服务业的发展就是生产性服务业的升级过程，生产性服务业与制造业联动发展的过程就是二者发展和升级的互动过程。

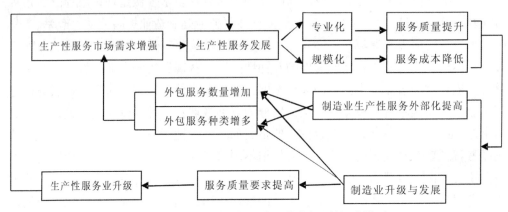

图2-1 生产性服务业与制造业联动发展的概念模型

目前国内多数学者对已经外部化的生产性服务业的发展问题研究较多，而对生产性服务业的源头和动力，对制造业与服务业联动发展的具体模式和实现途径，关注和研究不够。因此，本书中生产性服务业外延范围将立足于更为广义的视角，从产业动态关联、供需、产业价值链角度研究生产性服务业，重点探讨内化服务向外

---

① 参见苏秦，张艳：《制造业与物流业联动现状分析及国际比较》，载《中国软科学》，2011(5)。

化服务转化的路径和模式，"中国制造"向"中国服务"转型的实现途径和战略重点，面向 2020 年促进生产性服务业大发展的战略思路和对策。

（二）联动发展弱的供需关系体现

从上面二者联动发展的概念模型中可以看出，因为二者有供需关系才有相互联动发展的可能，供需关系是二者联动发展的前提和基础。

制造业服务外包虽然正在起步，但根据我们的调研，供需对接矛盾正成为影响二者联动发展的主要问题。一方面我国制造业企业大多自我提供生产性服务，对生产性服务的有效需求不足，另一方面我国生产性服务水平低，某些种类的服务市场供给缺乏，市场供给未能满足市场需求，所以，我国制造业对生产性服务的需求巨大，但却未能有效带动生产性服务业同步发展，使得生产性服务业规模小、市场发育不足、发展动力不足。同时，工业实施主辅分离也面临一些现实的困难。最大的问题是分离后的专业服务企业难以达到规模经济和缺乏专业化投资的激励。工业企业服务环节的增加会受到价值链上利益相关者的阻碍，进入新的服务竞争领域，会产生潜在的竞争成本，提供服务的生产要素的实际成本可能要大于提供有形产品的成本，经营模式和盈利模式的转变也会带来风险，中小生产性服务商面临产生难、发展难的问题。市场化的服务企业因现实市场需求不足难以成长，而社会对高品质的服务需求也得不到满足。市场有效需求不足与有效供给不足并存，两者形成负反馈效应，共同制约了生产性服务业与制造业的发展。即生产性服务的需求不足，导致生产性服务供给的萎缩，而供给薄弱又导致制造业追寻自我服务，这又将缩减生产性服务的市场需求。

（三）联动发展弱的价值链环节体现

产业结构升级，通常是指高生产率产业、高附加值产业比重不断提高的过程。但是，全球化背景下后发国家产业升级不再仅仅指国内劳动密集型向资本技术密集型产业升级的过程，更重要的是沿着全球价值链，从劳动密集型价值环节向资本和技术密集的价值环节提升，向信息管理密集型价值环节提升，全球价值链从低附加值向高附加值环节的攀升，[①]实质就是制造加工装配环节向两端生产性服务环节的延

---

① 商务部和国务院发展研究中心联合课题组：《跨国产业转移与产业结构升级》，北京，中国商务出版社，2008。

伸。制造业价值链可分解为上、中、下游三个区段，贯穿于三个区段的生产性服务活动，构成了制造业企业内外部的关联服务。生产性服务活动是制造业的关键投入，也是制造业效率改进的基本源泉。目前，我国制造业价值链处于国际分工的低端位置，迫切需要产前、产中、产后各个环节，以知识为基础，产品研发、市场调研、营销、信息资源管理和信息技术支持、管理咨询服务等新型服务为制造业提供以知识为基础的中间产品和服务将中低端价值链向两端延伸，向高附加值的服务环节延伸。

（四）产业联动弱的聚集形态体现

围绕制造业产业集群和产业园区建设生产性服务业聚集区或功能区，按道理说应该是生产性服务业高效运作的一种模式，但是目前多数生产性服务业聚集区或功能区，基本由高新区和技术开发区转化而来，管理模式和运营方式不太适合生产性服务业发展。比如企业和研发中心之间缺乏有效的交流和合作，研发中心还没有成为生产企业创新的重要外溢来源，企业与创业中心、科研机构、大学、金融机构、服务机构没有形成互动的创新网络；集群内企业互相学习交流缺少非正式组织和场所，孵化器的创新功能尚未充分发挥，园区内服务中心、创业中心、行业协会、律师事务所等商务服务功能不健全，没有形成有效的风险投资机构进入体制，服务体系的整体效益偏低。另外，聚集区内产业结构有趋同现象，服务业集群定位雷同，唯品牌、唯高端的现象比较普遍，都把吸引跨国公司、民营企业总部和软件服务外包作为发展的重点，定位缺乏必要的需求基础，发展策略缺少差异化，很多聚集区变成别墅区，因此，积极培育服务业聚集区的根植性和市场化导向有一定的现实意义，聚集区和服务外包示范区的资源配置在全国范围内亟待优化。①

本章小结

本章旨在阐释生产性服务业发展的国际趋势和特点，揭示现阶段大力发展生产性服务业的战略意义，分析现阶段的主要矛盾，在明确全球趋势、国内宏观背景、

---

① 高运胜：《上海生产性服务业聚集区发展模式研究》，北京，对外经济贸易大学出版社，2009。

发展主要矛盾的基础上，提出后面几章的分析模型和分析视角。在全球经济服务化趋势日趋显现的背景下，全球生产性服务业发展呈现出了六大趋势：比重提高并呈现加速发展的趋势，与制造业融合发展态势明显，创新成为生产性服务业发展的重要源泉，服务外包已成为生产性服务业国际转移的重要途径，知识密集型的生产性服务贸易和投资飞速发展，聚集式发展的态势明显。在 2020 年前乃至更长时期内，国家转变发展方式和推进经济结构调整、促进服务经济形成和加快发展、服务业结构优化升级、提升国际分工地位这四大任务对生产性服务业发展都提出了迫切的要求。近些年我国生产性服务业慢于服务业总体增长，从国际比较看，占比低，结构层次更低。生产性服务业发展滞后与落后，除了体现在规模、速度等数量指标上外，更主要的还表现在质的指标和功能性指标方面，与制造业发展相脱节是现阶段的主要矛盾，二者联动发展程度低，一方面，制造业对生产性服务带动小，另一方面，生产性服务业对工业的支撑、促进作用弱，所以，强调生产性服务业与制造业联动发展意义重大。生产性服务业与制造业联动发展程度弱集中体现在供需关系、产业价值链环节、产业聚集形态三方面。

第三章　需求和供给视角下的制约因素分析①

　　我国生产性服务业总体上规模不大、发展层次较低、结构升级缓慢、服务能力薄弱，在国民经济中的作用和地位尚不突出，与国民经济发展要求不相适应，与制造业联动发展弱，其应有功能和作用发挥不足。目前对于这些问题，学界和政界已基本形成了共识。大家更为关心的问题在于，究竟是什么因素制约了我国生产性服务业的发展。探讨制约因素，需要从外部和内部、供给和需求几个方面入手。从需求角度探讨生产性服务业发展滞后与落后的原因，国内典型的研究如：吕政、刘勇、王钦（2006）认为由于工业生产方式落后，导致生产性服务需求不足；李善同、高传胜（2007）认为制造业国际代工模式、制造企业缺乏升级激励，限制了相关生产性服务的需求。按照市场经济理论，产业的发展首先取决于市场需求，需求拉动是产业发展的核心动力所在。只要有市场需求，有平均利润，就会有供给，从这个角度讲，市场需求引导并决定供给，供给的扩大要适应需求的变化。总体看来，现有研究存在两方面不足，一是对加大投入等产业供给端的政策比较重视，对产生于分工深化的生产性服务的需求扩大、需求实现和需求引导问题重视不够，对比如扩大政府采购、消除市场进入障碍、制定标准为品牌龙头企业腾出市场空间等需求端的政策重视不够；二是即使是有关需求方面的研究也大都没有区分生产性服务业的潜在需求和现实有效需求，缺乏对有效需求不足、有效供给不足背后的经济发展模式、体制机制、市场与政策等制约因素的深入剖析。本章试图结合相关调研和实证成果

　　① 本章在郭怀英撰写的专题报告《基于需求视角的生产性服务业制约因素分析》基础上修改而成。该专题报告源于郭怀英合作主持的 2008 年国家发改委宏观院重点课题，同时也是中国经济学术基金课题"我国生产性服务业发展的制约因素与对策研究"（项目批准号 A2008041008）。本章供给部分源于郭怀英承担的 2007 年国家发改委宏观院基础课题"我国生产性服务业发展的思路与对策"。

客观探讨这些问题，以期对相关政策制定提供参考。

一、导致有效需求不足的因素分析

现阶段，我国生产性服务业面临潜在需求巨大而有效需求不足的矛盾。未来 10 年，工业从劳动密集、资本密集向技术知识密集型产业结构转变，工业产业链延长，产业集群升级和产业园区转型，服务业本身的创新和竞争力的提高，农业推进结构调整和实现现代化，都需要生产性服务业提供支撑，可见，我国生产性服务业的潜在需求巨大。

有效需求不足主要指市场实现了的需求即实际需求不足。实际需求不足并不是说没有需求和需求不增长，主要指巨大而旺盛的需求难以扩大和难以实现，难以拉动供给，导致产业收入少，产值低。本部分将主要借助投入产出分析方法探讨我国生产性服务业有效需求不足的问题。

本书所分析的需求包括总需求和第一、二、三次产业对生产性服务业的需求。尽可能采用 Momigliano & Siniscalso 精确法，利用较为详细的投入产出表，采用中间需求率这一本质指标，并结合投资需求率＋出口需求率，把我国生产性服务业外延范围界定为租赁商务服务业、金融保险业、信息传输及计算机服务和软件业、交通运输仓储业、邮政业、批发零售贸易业、科学研究与综合技术服务业六大行业（见表 3-1）。[1]

中间需求率的计算公式为：

$$行业 i 的中间需求率 = \frac{(其他行业对行业 i 的中间需求量 + 本行业自我消耗量)}{整个国民经济对 i 产业的总需求}$$

---

[1] 生产性服务业的外延界定，到目前为止仍未达成一致。本书参考王岳平的观点：与生产性服务业相对应的是消费性服务业，对生产性服务业的界定指标不应该局限在中间需求率，还应包括投资需求率＋出口需求率，即在消费之外的全部。把中间需求率与"投资需求率＋出口需求率"一并考虑，尽可能准确界定生产性服务业的外延。按照生产性服务业的本来意义进行界定，把投入产出表中连续几年中间需求率大于 50% 以上的行业视为典型的生产性服务业。中间需求率要能较好地反映生产性服务业的本质特性，要求在一个足够细分、多部门的投入产出表上，最大限度地剥离每一个生产性服务行业中的最终消费部分，然后再把所有服务行业的中间需求部分价值量加总。但目前的统计基础还达不到这样的要求。

表 3-1　　1987~2007 年中国服务业各行业中间需求率　　　　　单位：%

2007 年行业	中间需求率	排序	2002 年行业	中间需求率	排序
研究与实验发展业	97.47	1	租赁和商务服务业	86.69	1
邮政业	88.42	2	金融保险业	86.24	2
租赁和商务服务业	77.86	3	信息传输、计算机服务和软件业	76.96	3
交通运输及仓储业	77.21	4	交通运输及仓储业	75.25	4
金融保险业	74.72	5	批发和零售贸易业	62.76	5
综合技术服务业	73.84	6	邮政业	61.35	6
住宿和餐饮业	57.41	7	住宿和餐饮业	47.19	7
信息传输、计算机服务和软件业	54.99	8	综合技术服务业	44.75	8
文化、体育和娱乐业	52.5	9	文化、体育和娱乐业	37.96	9
批发和零售业	51.03	10	其他社会服务业	33.92	10
居民服务和其他服务业	49.55	11	房地产业	28.23	11
水利、环境和公共设施管理业	31.23	12	科学研究事业	21.69	12
房地产业	24.90	13	旅游业	21.22	13
教育	9.88	14	卫生社会保障和社会福利事业	7.76	14
卫生社会保障和社会福利事业	9.53	15	教育事业	7.05	15
公共管理和社会组织	0.86	16	公共管理和社会组织	0	16

续 表

1997 年行业	中间需求率	排序	1987 年行业	中间需求率	排序
货物运输及仓储业	85.00	1	金融保险业	97.87	1
邮电业	80.35	2	商业	83.36	2
金融保险业	74.94	3	货运邮电业	63.86	3
商业	66.07	4	旅客运输业	46.32	4
社会服务业	62.32	5	公用事业及居民服务业	23.21	5
旅客运输业	61.33	6	文教卫生科研事业	21.01	6
饮食业	52.92	7	饮食业	0	7
综合技术服务业	50.27	8	行政机关	0	8
房地产业	30.25	9			
科学研究事业	25.02	10			
教育文化艺术及广播电视业	13.76	11			
卫生体育和社会福利业	4.20	12			
行政机关及其他行业	0	13			

资料来源：根据 2007 年、2002 年、1997 年、1987 年中国投入产出表计算。

（一）我国生产性服务业的有效需求分析

从下面的投入产出分析可以看出，三次产业对生产性服务业的有效需求仍比较有限，不仅总量不足，而且结构落后，层次较低。不仅外部需求不足，更主要的是国内市场有效需求不足。主要用生产性服务投入率指标说明，其计算公式为：

$$生产性服务业\ i\ 的投入率 = \frac{某产业\ j\ 对生产性服务业\ i\ 的总投入}{产业\ j\ 的总投入量}$$

1. 三次产业主要依靠物质产品投入，对生产性服务的中间消耗较小我国生产性服务业虽然一半以上投入到第二产业中，但在中国三次产业的总体中间消耗量中，对生产性服务的中间消耗比重较小，中国三次产业的生产性服务投入率比较低（见表3-2）。其中，第一产业的生产性服务投入率在3.7%~7.3%之间，虽有明显增大趋势，但远低于1967年美国（15.4%）、1980年日本（8.9%）、1963年英国（12.1%）的水平。第二产业的生产性服务投入率在8.4%~11.5%之间波动徘徊，也基本低于1967年美国（14.4%）、1980年日本（13.4%）的水平，与1963年英国（9.6%）的水平基本持平。较之基本与中国处于同一发展阶段的美国、日本、英国，目前中国第一、二产业对生产性服务的消耗量较低，生产性服务对第一、第二产业的贡献远低于实物产品投入的贡献。第三产业对生产性服务的消耗量与美国、英国同期的水平相比，也有很大的差距。这反映了我国国民经济结构仍然是实物型经济结构，三次产业对原材料、设备等实物投入较多，对服务、知识、信息的投入和依赖较小，我们现阶段的经济结构主要是要素驱动型，远未发展到效率驱动型、创新驱动型阶段。

表3-2　中国与英、美、日三国三次产业的生产性服务投入率比较　　　单位：%

	第一产业	第二产业	第三产业		第一产业	第二产业	第三产业
中国1987年	3.7	8.4	14.2	日本1980年	8.9	13.4	18.5
中国1992年	5.7	10.5	17.4	美国1967年	15.4	14.4	20.8
中国1997年	4.7	7.8	11.3	英国1963年	12.1	9.6	8.6
中国2002年	7.3	11.5	14.3	美国2002年	19.5	22.2	28.6
中国2007年	5.2	7.9	13.1	英国2002年	13.6	12.8	32.5

资料来源：根据上述国家相应年份10个重组的8×8基本流量表计算。

2. 有效需求60%多来自于第二产业，来自于第三产业的比例较低

我国生产性服务业近60%投入到第二产业，服务业自身大约占1/3，第一产业占用的份额呈现不断下降的趋势，这与其他国家生产性服务对第一产业的投入比重发展趋势相一致。

在整个生产性服务业投入结构中，与发达国家一样，第二产业与第三产业所占比重合计为90%以上，体现了二、三产业共同带动经济增长的格局。与发达国家情

况存在明显差别的是，我国第二产业与第三产业所占比重大约是 2∶1 的水平，第二
产业占比偏高，投入到服务业的比重明显偏低，正好与发达国家 20 世纪 90 年代中
期的水平相反，发达国家生产性服务业约 60% 以上都投入到服务业，第一、二产业
的占有份额都很小。

这一状况主要反映了各自所处的经济发展阶段和生产性服务投入结构变动的特
性，发达国家已经走过了工业化阶段并进入到服务经济时代，服务经济空前繁荣，
生产性服务业、消费性服务业和公共服务业大规模发展，所以为服务业服务的生产
性服务业占比大幅提高，生产性服务投入重点有从第二产业向第三产业转移的趋势，
这也正反映了我们所处的经济发展阶段和产业结构高度方面的差距。未来随着服务
经济的发展，我国生产性服务投入结构也会发生这样的变化。目前工业是我国生产
性服务的需求主体，服务业中投入的生产性服务还很低（见表 3-3），与发达国家存
在阶段性差距。工业虽然是生产性服务的需求主体，但目前工业的发展状况对生产
性服务的有效需求拉动不够。

表 3-3　中国与部分发达国家生产性服务投入结构比较　　　　单位：%

| | 法国 | 德国 | 日本 | 英国 | 美国 | 中　国 | | |
	1995	1995	1995–1997	1998	1997	1997	2002	2007
第一产业	1.9	1.8	1.4	1.4	3.1	7.1	5.6	3.5
第二产业	34.4	30.9	43.1	21.5	28.7	63.6	59.0	62.1
第三产业	63.6	67.3	55.5	77.1	68.2	29.3	35.4	34.4

资料来源：根据上述国家相应年份重组的 4×4 合并投入产出流量表计算。

3. 各产业使用较多的生产性服务业仍然是商业、运输等传统产业，对高附加值
的商务、信息服务使用较少，需求层次较低

这里，可以用其他产业提供的中间需求占某一生产性服务业总中间需求的比重
来揭示我国生产性服务业的分配去向和需求层次。

为了突出现阶段生产性服务的服务重点，主要还是以第二产业特别是制造业需
求为基础，所以将所有产业划分为制造业、非制造和非服务产业、消费与政府服务
业、生产性服务业四类，并计算了 1987 年、2002 年和 2007 年的相关指标数据，计
算结果见表 3-4、表 3-5 和表 3-6。从三个表的数据可以看出，批发和零售贸易始终
是制造业购买比重最高的生产性服务业。对比相同年份的不同产业数据可以发现，

在 1987 年，制造业对商业和货运邮电业的中间需求占它们总体需求的比重都超过了 54%，对整个生产性服务业合计占比为 58.1%。而在 2002 年和 2007 年这种比重结构得到稍许改变，2002 年制造业购买比重最高的为批发零售贸易业和租赁商务服务业，2007 年同样列示的指标仍为批发零售贸易业和交通运输仓储业，由此可见，制造业对生产性服务内部行业的中间需求结构变动较小，需求主体就是两大传统行业，批发零售贸易业和交通运输仓储业。虽然由于服务业的不断发展其统计口径有所差别，同样的行业随着历史的演进内容更为丰富，但其代表的演变趋势足可以说明问题。当然，从非制造和非服务产业、消费与政府服务业以及生产性服务也可以得出类似的结论。

现阶段，我国各类产业使用较多的服务主要是批发零售贸易、交通运输仓储邮电等传统型生产性服务和常规的金融保险业，对知识含量较高的商务、研发技术服务需求较少，在发达国家附加值高、成长性好的商务、信息、研发设计服务在我国缺乏需求拉动和成长动力，使得长期以来我国生产性服务业结构升级缓慢，发展层次较低。

表 3-4　中国 2007 年各类产业对生产性服务业中间需求的比重　　　　　　单位：%

需求服务的部门	投入服务的部门						
	交通运输及仓储业	邮政业	信息传输、计算机服务及软件业	批发和零售贸易业	金融保险业	租赁和商务服务业	生产性服务合计
制造业合计	40.27	31.71	32.04	62.29	37.25	39.26	54.65
非制造、非服务产业合计	29.11	8.74	24.69	18.97	17.98	5.375	21.85
消费与政府服务合计	24.80	22.14	27.55	8.48	32.41	40.04	13.23
生产性服务业合计	5.83	37.41	15.71	10.26	12.36	15.33	10.26

资料来源：根据作者重组的中国 2007 年 11×11 投入产出基本流量表计算。

表3-5　中国2002年各类产业对生产性服务业中间需求的比重　　　　单位：%

需求服务的部门	投入服务的部门						
	交通运输及仓储业	邮政业	信息传输、计算机服务及软件业	批发和零售贸易业	金融保险业	租赁和商务服务业	生产性服务合计
制造业合计	42.16	22.60	29.08	55.54	25.49	44.26	41.75
非制造、非服务产业合计	24.50	6.89	31.18	23.79	17.09	14.18	22.52
消费与政府服务合计	9.93	44.27	16.34	10.87	19.42	16.11	13.58
生产性服务业合计	23.41	26.24	23.40	9.8	38.00	25.45	22.15

资料来源：根据作者重组的中国2002年11×11投入产出基本流量表计算。

表3-6　中国1987年各类产业对生产性服务业中间需求的比重　　　　单位：%

需求服务的部门	投入服务的部门			
	货运邮电业	商业	金融保险业	生产性服务合计
制造业合计	54.86	67.34	44.13	58.11
非制造、非服务产业合计	27.54	19.56	10.01	19.01
消费与政府服务合计	14.10	8.87	2.01	8.35
生产性服务业合计	3.50	4.23	43.85	14.53

资料来源：根据作者重组的中国1987年8×8投入产出基本流量表计算。

　　需要说明的是，表3-6中因科研技术服务在1987年不容易剥离且数量较小，为了比较，没有包括在生产性服务业之中。根据作者重组的中国2002年、2007年11×11投入产出基本流量表计算得出，2002~2007年间，科研技术服务的需求结构发生了重要变化，制造业对研发服务的需求比重进一步增加，比重从42%跃升至72%；制造业对综合技术服务的需求比重从20.58%上升至40.31%，而非制造、非服务产业则从57.52%下降到43.38%，可见，第二产业是综合技术服务的主体，大约占总需求的80%左右。尽管在2002~2007年间，制造业对科研技术服务的需求出现了较大提升，但因为基数小，作用并不明显，不影响上述结论的成立。

（二）影响有效需求的直接因素分析

潜在需求要转化为有效需求，涉及需求扩大和需求实现两方面的问题，需要同时满足三方面的条件，第一，企业对生产性服务有意愿外包并实施了外包，或者外部具有对企业外包服务足够的激励；第二，外包出去还要有供给跟得上，就是说，供给有能力跟上需求；第三，市场实现机制不存在障碍。具体如下：

1. 制度因素影响服务外包

从理论上讲，生产性服务业中每一个行业和部门的出现，都是生产技术专业化和分工深化的产物。劳动分工带来的收益是企业决定生产性服务外包的核心激励，因此，三次产业服务外包的数量和层次决定了生产性服务业需求的规模和结构。从工业对生产性服务的需求看，工业企业生产活动外置逐步深化，对生产性服务需求呈现扩大趋势，但是受自身素质、观念、体制和竞争环境等制度因素影响，特别是体制转轨与观念因素引发的路径依赖使得企业外包服务成本较高，企业服务外包意识不强，许多服务需求还是通过内设部门或下属子公司提供，还有相当数量的工业企业仍在采用传统"大而全"和"小而全"的生产模式。总体来说，由于服务外包带来的企业运行系统性成本超过了外包带来的收益，或者是企业缺乏足够的外包激励，这在根本上导致目前我国大多数企业还处于自我服务状态。

目前，我国企业外包项目主要还是以产品生产为主，服务外包不多且涉及面较窄，与产品生产相关的研发设计、专业服务、信息服务、金融、市场销售、人力培训等占全部支出的比重偏小，工业企业的潜在需求还未得到较好释放。以工业企业使用较多的物流服务为例，根据国务院发展研究中心的一项调查，目前我国工业企业中，36%和46%的原材料物流由企业自身和供应商承担，而由专业物流企业承担的仅有18%；产品销售物流部分有24%由企业自理、60%是企业与第三方共同承担，第三方物流供应商仅承担16%。53%的生产企业拥有车队，59%的生产企业拥有仓库。不仅外包比例小，外包的层次也较低，大多数工业企业只是把运输仓储等传统业务外包，涉及报关结算、系统设计、管理软件等高级供应链管理的业务外包还非常有限。这种以自我服务为主的物流活动模式限制和延迟了专业化、社会化物流服务需求的产生和发展。同样，农业也存在这个问题。长期以来，我国农业生产一直处于分散经营靠天吃饭的状态，农业个体家庭经营和分散化的生产模式使得自我服务的机会成本很低，低效率的农业生产使得农业生产性服务投入难以开展，弱化了对生产性服务的规模化需求。

从区域看，以生产性服务业资源和优势比较明显的北京市为例，据相关调研，在京中央企业总部的服务需求开始释放，但市属国有大型企业服务外包意识不强，许多服务需求还是通过内设部门或下属子公司提供，对生产性服务的需求不足。政府采购的范围主要局限于硬件设施、咨询、软件设计等许多国际上通行的服务外包业务，基本上都是通过事业单位或下属机构完成。大型企业更为愿意自建自用写字楼，而不愿意采用成本效益比价更为合理的租赁方式。①

综上分析，由于客户业务量不足，致使不少中小生产性服务企业利润低，规模小，存在生存困难。

2. 服务商服务能力和满足需求的能力薄弱，抑制了需求增加

由于服务商服务能力和满足需求的能力不足，被迫自己解决或到外地寻找水平更高的服务提供商，抑制了实际需求的增加，影响了当地生产性服务业的发展。也就是说，市场上确实存在高质量、差别化、个性化的需求，而低质的服务供给不能满足需求，使得潜在需求难以转化为实际需求。目前这种现象在物流、商务服务、信息服务中很普遍。浙江省发改委对产业集群服务体系的调研显示，生产性服务供给质量不稳定或质量标准模糊，是导致企业服务不外包的重要原因，徐学军等在东北装备制造业对技术服务和物流服务的需求调查中也印证了这一点。②以物流业为例，浙江产业集群呈现出对物流服务较大的引致需求，物流服务外置的趋势初露端倪。但物流服务的规模和质量还不适应需求，能够提供全国性、一体化物流服务的企业还不多，一些高端需求、特殊需求还无法得到满足，50%以上的企业认为物流外包的服务质量差、外包费用高、无法满足企业的特殊需求是导致企业不选择外包的主要原因。被调查的 139 家物流企业中，营业收入超过亿元物流企业的只有 13家，44 家物流企业无稳定的业务网点。

另外，商务服务也存在同样问题。随着我国经济国际化程度的提高，国内市场经济的逐步规范，以及企业各种商务活动的大量增加，工业企业对商务服务的需求较为迫切，外包比例较大，在被调查的 264 家企业中，对于企业迫切需要的会计税务审计、管理咨询和法律咨询，只有 1/3 的商务服务机构认为企业提供商务服务是他们的主营业务。商务服务规模偏小，业务范围狭窄，供给服务质量和水平难以满足

---

① 刘绍坚：《生产性服务业发展趋势及北京的发展路径选择》，载《科技与现代服务业》，2008(5)。

② 具体参见国家自然科学基金应急项目系列丛书，徐学军主编：《助推新世纪的经济腾飞：中国生产性服务业巡礼》，北京，科学出版社，2008 年 2 月版，其中对广东、东北地区技术服务、物流服务的相关调研。

企业需求。

对北京及中关村创意设计产业的调研也显示，设计企业服务能力不强、设计水平不高是当前设计市场的主要问题，也是影响设计需求的重要方面。市场缺乏"高端产品"，难以满足客户高标准、高质量的需求，造成"有效需求不足"。[①]

3. 市场无序竞争、交易成本高，引起有效需求不足

生产性服务外包的一个重要原因就是基于成本—效率原则考虑，外包交易成本必须要小于内部管理成本，如果外包交易费用高，必然会导致服务内部化，这样就降低了生产性服务的需求。

目前，我国生产性服务主体行业，比如物流、商务服务存在严重的无序竞争、信用缺失等市场机制问题，行业标准和准则尚不健全，行业自律能力差，行业内相互压价、相互拆台，价格竞争成为主要手段，比如工业设计服务中，对同一产品的报价从 5000 元到 15 万元不等，差价高达 30 多倍。物流行业中，因为市场无序竞争，存在明显的"逆向淘汰"问题，服务好、正规化的企业反而干不过那些管理粗放、服务原始、靠价格血拼的企业。除了依靠低价竞争外，不少生产性服务企业依赖政府某些政策的恩惠，依托政府部门生存，非经济竞争因素严重，优质优价的公平竞争机制难以形成，无形中抬高了市场交易成本，限制和降低了正常的生产性服务需求增长。

(三) 影响有效需求的深层次因素分析

我国生产性服务业有效需求不足，但需求制约只是具体表象，背后真正的制约因素是经济发展模式制约、体制障碍、市场机制和政策限制问题。

1. 现有经济发展模式对生产性服务业拉动不够

(1) 工业低度化、资源消耗型和要素驱动型发展模式大大压缩了生产性服务业的需求空间。

低度化的工业结构对生产性服务需求有限。目前，我国工业结构以劳动密集型和资本密集型产业为主，低度化的工业结构对生产性服务业需求有限。根据表 3-3 所示，我国生产性服务业中有 60% 多投入到第二产业，工业特别是制造业是生产性

---

① 参考刘绍坚：《生产性服务业发展趋势及北京的发展路径选择》，载《科技与现代服务业》，2008 (5)。

服务业的需求主体。分析表 3-7、表 3-8 和表 3-9 的数据，从同一类制造业向不同类型生产性服务业购买服务的情况来看，我国劳动密集型、资本密集型、技术密集型三类制造业目前使用较多的仍然都主要是批发零售贸易、交通运输仓储邮电等传统型生产性服务，对知识含量较高的商务、研发技术服务需求较少，从投入产出分析结果看，我国生产性服务业受工业需求的制约程度较大。

笔者根据制造业的要素密集度和技术集约度两个标准对我国制造业进行划分。

一是技术集约度标准。参考 OECD 和联合国工业发展组织的《工业发展报告 2002/2003》关于工业行业高技术、中技术、低技术的划分标准，结合我国制造业的技术进步实际情况，按照要素集约度划分。

二是要素密集度标准。根据我国 2007 年投入产出表中增加值的四个组成部分，分别计算劳动报酬、固定资产折旧占增加值的比重，作为划分劳动密集型、资本密集型产业的参考标准。

综合上述两个标准，本书将纺织、纺织服装、鞋帽、皮革、羽绒及其制品、食品制造及家具制造、造纸印刷及文体用品制造、金属制品、工艺品及其他制造以及废品废料划分为劳动密集型制造业；将石油加工、炼焦及核燃料加工、化学工业、非金属矿物制品、金属冶炼及压延加工、通用设备制造、专用设备制造划分为资本密集型制造业；将交通运输设备制造业、电气机械及器材制造、通信设备、计算机及其他电子设备制造、仪器仪表及文化办公用机械制造划分为技术密集型制造业。

表 3-7　中国 2007 年各类产业对生产性服务业中间需求的比重　　　　单位：%

需求服务的部门	投入服务的部门						
	交通运输及仓储业	邮政业	信息传输、计算机服务及软件业	批发和零售贸易业	金融保险业	租赁和商务服务业	生产性服务合计
劳动密集型制造业	12.51	11.43	5.95	18.03	9.9	13.19	16.81
资本密集型制造业	20.87	14.42	17.66	24.91	17.85	13.44	25.05
技术密集型制造业	6.89	5.86	8.43	19.35	9.5	12.63	12.79
制造业合计	40.27	31.71	32.04	62.29	37.25	39.26	54.65

资料来源：根据作者重组的中国 2007 年 11×11 投入产出基本流量表计算。

表 3-8　中国 2002 年各类产业对生产性服务业中间需求的比重　　　　单位：%

需求服务的部门	投入服务的部门						
	交通运输及仓储业	邮政业	信息传输、计算机服务及软件业	批发和零售贸易业	金融保险业	租赁和商务服务业	生产性服务合计
劳动密集型制造业	13.18	8.98	9.80	22.14	7.52		13.18
资本密集型制造业	22.38	9.20	11.59	21.84	12.76	13.76	22.38
技术密集型制造业	6.60	4.42	7.68	11.56	5.22	12.70	6.60
制造业合计	42.16	22.60	29.08	55.54	25.49	44.26	41.75

资料来源：根据作者重组的中国 2002 年 11×11 投入产出基本流量表计算。

表 3-9　中国 1987 年各类产业对生产性服务业中间需求的比重　　　　单位：%

需求服务的部门	投入服务的部门			
	货运邮电业	商业	金融保险业	生产性服务合计
劳动密集型制造业	29.51	33.37	18.73	28.54
资本密集型制造业	11.0	19.34	6.11	8.90
技术密集型制造业	14.33	24.62	19.29	20.67
制造业合计	54.86	67.34	44.13	58.11

资料来源：根据作者重组的中国 1987 年 8×8 投入产出基本流量表计算。

　　理论上，生产性服务业与制造业的互动过程是一种具有累积性相互影响、相互决定的内生性过程。目前我国低度化的工业结构对生产性服务需求的影响可以用一个理论模型来深化说明。在劳动和资本密集型为主的工业体系下，生产性服务业的发展在很大程度上被局限于商贸、交通运输仓储等常规服务业，而在技术密集型的工业体系下，信息、商务、科技研发等知识密集型服务业得到更多的发展，如图 3-1 所示。

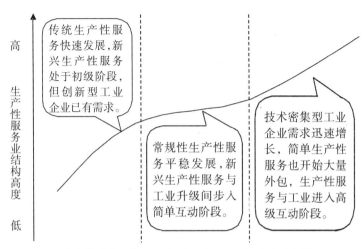

图 3-1 生产性服务业与不同类型制造业之间的动态升级关系

在劳动密集型制造发展阶段，金融、贸易、流通分销、交通仓储等这些常规的服务业从无到有得到了快速发展。随着制造业从劳动密集型阶段向资本密集型阶段转换，体积大、资本密集的重化工业继续推动金融、交通运输仓储、批发贸易等生产性服务业不断发展。但是，由于这类生产性服务业经过前一阶段的补偿式发展后，基数已经变大，所以，在该阶段，从数量上看，表现为平稳发展或者略有下降，发展的含义主要体现在服务品种的增多和服务质量的提升上。与此同时，研发、设计、技术咨询、会计、法律、工程和建筑服务、广告、市场调查等现代新兴的生产性服务业（Advanced Producer Services，APS）从工业中分化出来，开始以知识要素投入生产过程，生产性服务业与制造业升级间开始步入简单互动阶段，在该阶段，制造业是生产性服务业的需求主体，但制造业对生产性服务业拉动不够，制造业的需求制约，使得生产性服务企业规模小，服务成本相对较高，生产性服务业的低度低效、低质供给又成为制造企业获得竞争优势的瓶颈，反过来，竞争力不强的制造业又弱化了对生产性服务的需求。二者形成了一种不良的锁定（Lock-in）状况，这种有限、低效的需求与低效、低质供给处于一种低层次均衡状态，使得生产性服务业发展处于困境之中。①

---

① 该观点来源于郭怀英承担的宏观院 2007 年基础课题"我国生产性服务业发展的思路与对策研究"的研究成果。清华大学 CIDEG2006-2007 年度重大项目研究报告：《中国生产性服务业发展与工业升级的关系研究》中李江帆教授从生产性服务业与制造业互动的角度，提出二者存在坏的路径依赖，从一个侧面印证了这一观点。

　　这一理论模型可以较好地解释中国生产性服务业与制造业发展的双重困境，特别是生产性服务业长期缓慢发展的原因。当然，这里主要讨论现阶段制造业低度化、消耗型的发展模式对生产性服务需求的影响，并不忽视生产性服务业从供给角度进行创新，激发出制造业内部的大量需求，进而实现二者真正的互动升级，这种状态正是我们努力争取的理想状态。

　　其次，工业过多依赖资源消耗和低成本要素投入的发展模式缺乏创新动力和压力，也缺乏对高端生产性服务的需求。表3-2显示，2007年中国第二产业全部中间投入中生产性服务只占7.9%左右，工业增长更多地来源于实物和投资驱动，主要依靠大量资源消耗、土地占用和低成本劳动力的投入带动，产业链过于侧重实体产品的生产，服务、信息、技术知识含量低，这种高消耗、高投入、低附加值的增长模式，在长期的经济高速增长特别是2003年以来新一轮重化工业高速增长下得到进一步的强化，不少地方政府和企业在这种大氛围中也得到了引导和激励：靠大力发展资源加工型和中低技术加工型产业仍然能轻松获取利润。加之长期粗放的经济增长方式，大部分工业企业不承担资源消耗、环境污染等负外部性成本，使得大部分工业企业缺乏创新，"搞研发创新找死，不搞研发创新等死"是大部分工业企业发展困境的写照。在这种情况下，低素质企业长期生存，通过分工促进专业化降低成本的动力受到削弱，缺乏主动的内在创新动力，创新主动性和自觉性不够。好企业更没有在外部市场激烈竞争下进行内部挖潜、技术更新和寻求技术服务的压力，也缺乏创新的激励机制，这两种情况都从一定程度上抑制了企业对高端生产性服务业的需求。与这种增长模式相伴而生的还有大规模的加工贸易和分散化的工业布局的矛盾，大规模的加工贸易导致了大量生产性服务留在了跨国公司，外商投资企业对本地金融服务、研发或技术服务需求有限；分散化的工业布局，工业企业聚集程度低，弱化了对生产性服务业的需求。

　　(2) 服务业粗放型和低度化发展状态对生产性服务需求有限。表3-3显示，服务业本身提供的市场需求大约占到生产性服务总需求的1/3左右，生产性服务业还主要处于第二产业带动的阶段。从表3-4、表3-5的数据看，政府与消费性服务业对生产性服务的消耗占13.6%左右，从2002年到2007年几乎没有变化；2002年生产性服务本身的消耗占22.15%左右，到2007年这一比例下降到10.26%。总体上说，目前我国服务业不仅总量不足，占GDP的比重仅为40%左右，消费性服务业由于收入水平限制和分配体制制约等原因还没有实现大规模的持续增长，政府服务部门由于管理体制问题大部分生产性服务需求还没有得到充分释放，生产性服务自身的中间投入也比较小。从现阶段我国服务业的发展方式看，长期以来存在粗放式发展的弊端，重视产业数量式扩张，忽视产业质量提高和产业素质提升，重视硬件投入，忽视软件建设，服务功能残缺不全，产业发展层次较低，对生产性服务的消耗还处于较低水平。

(3) 农业小规模分散经营模式减弱了对生产性服务的需求。从表3-3可以看出，农业对生产性服务的中间需求少，而且还处于不断下降过程中，农业提供的生产性服务需求占生产性服务业总中间需求的比重从1997年的7.1%一路下滑到2007年的3.5%。这种下降态势与全球农业产值中服务比重不断提高的趋势是相违背的。主要原因在于农业自身分工协作落后，组织化程度低，生产方式落后。现行农村基本经营制度是农户家庭经营"小而全"、"小而散"，农户经营规模小，几乎要独立完成农业生产经营的全过程，农户生产专业化程度低，对农产品和服务的消费主要依靠自给。农户家庭经营和小规模经营与农户经营分散、相互之间缺乏协作结合起来，导致农户之间和农业的分工协作严重滞后，制约了农业分工分业的深化，导致农业对生产性服务不得不转向抑制性需求和自我服务，削弱了对农业生产性服务的需求。

2. 体制性障碍制约生产性服务需求扩大

体制性障碍是目前制约生产性服务需求扩大的主要原因。所谓体制性问题，主要指宏观上的所有权和资源分配等政府管理体制问题，主要包括垄断、多头管理、行政分割、政企不分、政事不分这些体制性问题。目前，经济学家已经基本赞同"制度是经济发展的根本因素"，只有制度和体制障碍得到解除，生产性服务需求才能有效释放、供给才会有效跟进，相应的市场主体才会得到有效发展。

目前，影响需求的体制性障碍广泛存在于三次产业中，比如农业生产性服务有效需求不足背后真正的体制性障碍，涉及社保体制和土地流转制度不健全，农业"七站八所"等非营利服务政府财政体制限制投资缺位等体制性问题，其他产业也都有各自的体制性障碍，总结起来，影响生产性服务外包或抑制需求发展的体制性障碍主要包括以下三方面。

(1) 落后观念和认识制约需求市场成长。当前，制约我国生产性服务业需求成长的一个重要障碍在于观念和认识，重视工业和忽视服务业的观念根深蒂固，服务业不创造价值的论点依然在主宰着部分政府和企业领导的思维和行动。物质短缺时期形成的观念认识，使得政府和社会有意无意地形成了重硬轻软的价值观念，只有硬性的商品应该付费，对于软性的服务是被附着在商品上应该免费消费，这种观念深刻影响着中国生产性服务特别是中介服务需求市场的发育。这里涉及一个重要的观念问题，就是如何认识市场中介的作用。从理论上讲，市场中介包括行业协会组织是产业分工深化的产物和市场发育成熟的标志，大部分属于商务服务业的范畴，另外，还广泛存在于金融保险、物流、科技服务、信息服务等各行各业中，是生产性服务业中成长性非常强的领域，在经济运行中起着降低交易成本、提高经济效率的作用。但是，现实中，由于长期以来人们对中介服务存在观念上的偏差，不少行业和企业对中介咨询服务认知度低，比如对保险营销人员以及其他经纪人员，认为他们仅仅是掮客，对经济发展没有什么贡献，甚至对其服务的作用和地位持怀疑态度，不愿意为咨询服务支付高额费用，影响了这些服务行业需求的扩大。但是，这种价值观念从根源上说与现行政府政绩考核体制和长期经济发展战略导向密切相关，观念引导体制，体制进一步强化了部分政府和企业领导的观念，制约了相关生产性服务业需求的增长。

(2) 企业服务外包存在体制性障碍。按照专业化分工和企业归核化理论，企业将非核心服务活动外包，既节省开支、人力，减少劳务管理上的困难，又可以得到内部无法提供的及时、高质量、专业化的服务，从而起到降低成本，提高竞争力和市场迅速反应能力的作用。但是现实经验显示，企业服务外包数量少、层次低使得试图市场化的服务厂商缺少需求支撑，市场化的服务企业因现实市场需求不足难以成长。企业服务外包难以扩大的原因很多，比如企业自身素质、市场竞争环境等，但体制、制度性原因是最重要的影响因素。其一，旧体制导致的观念影响很严重。企业外包程度不高一个重要原因是传统经济体制下企业"办社会"的思想意识和实践观念仍然残留至今，自给自足的思想浓厚，外包意识不强，导致市场化和外部化服务严重不足，有效需求受到制约。其二，现有体制促进分工和服务外包的动力受到抑制。企业产权改革和管理体制改革不到位，垄断和地区保护，使得企业组织规模小，保持"大而全、小而全"的组织结构激励机制依然存在，缺乏追求自身利益的动力，追求高效率的压力不足，抑制了社会分工的深化，引发了对生产性服务的需求不足。

(3) 垄断抑制了需求增长。垄断特征主要体现在生产性服务领域中。一是金融保险、电信、邮政、城市供电、铁路、民航、港口、公用事业、广播电视等垄断性服务业，一方面存在政企不分、行政限制准入、行政审批过多等问题，另一方面又出现了国家利益固化为部门和企业利益，形成了新的行政性垄断。自然垄断和行政垄断相互交织强化了这些国有企业的垄断地位，使得一方面行政垄断外包意识差，许多潜在生产性服务需求难以释放。另一方面垄断导致服务产品价格的形成机制作用难以发挥，服务质次价高的问题抑制了潜在的服务需求增长。二是商务服务特别是咨询服务行业收费高且不透明抑制了需求增长。尽管从商务服务业的机构收费定价标准看，目前只对检验、鉴证、公证等少数具有行业和技术垄断的专业服务收费实行政府定价，但在实际操作中，不少服务部门特别是具有垄断性的生产性服务机构并没有严格执行收费标准，要价偏高且不确定，严重侵害需求方权益，造成需求方对专业服务的不信任，由此便降低了对中介服务的需求。再次，科教文卫等事业单位和公共服务性垄断行业服务外包意识不强，释放咨询、保险、后勤服务需求不足，制约了软件、信息服务、管理咨询等相关服务领域的需求增长。如许多医院的管理软件滞后，医疗费用还使用现金支付，医疗信息封锁严重，使得医疗保险等业务难以展开。

3. 市场机制障碍影响潜在需求向实际需求转化

当前我国生产性服务潜在需求向现实需求转化存在问题，市场自身发育不足，缺乏规范和标准，诚信机制缺乏，市场无序竞争，交易成本较高，直接制约了生产性服务业需求的增长。

市场机制存在障碍、交易成本偏高是造成潜在需求向现实需求转化不畅的主因。我们对杭州的一项调研发现，生产性服务业特别是物流、商务服务业自律不足，竞争秩序和信用环境不佳，许多会计、法律、广告等商务服务企业希望通过发布行政规定或指令增加业务量，政府对市场介入过多，干扰了正常的竞争秩序，服务市场优胜劣汰的机制难以形成。此外，市场运行障碍还表现为恶性竞争，低价过度竞争，个别失信行为使得需求方对整个专业市场服务形成了不信任，由此便抑制了需求形成和供需转换。

公平的市场竞争秩序，诚信的交易主体是生产性服务业有效需求实现的重要条件。现实生活中，贩卖假种子、假农药等坑农害农的商业行为，是农业交易成本高的典型案例。不但影响了农民当年的生产和收成，更重要的是农民对再次使用生产性服务构成不信任，挫伤了农民使用生产性服务的积极性。某些地区一些物流企业在接受贵重物品运输委托后，卷款逃跑，这种个别案例引发了其他工商企业对使用物流服务的不信任，因为产生了很高的监督、搜寻、违约、代理成本，必然相应降低对整个物流市场的需求量。徐学军（2008）通过对广东和东北工业与生产性服务业共生的实证和案例研究，得出结论，当前我国工业使用外部生产性服务种类少、外包程度低的一个重要原因是恶性竞争、市场交易不规范、社会信用文化缺失。[①]

上述分析表明，由于个别案例引起的市场交易成本偏高，产生了对整个服务市场的信任问题，由此便降低了生产性服务业整体市场的需求。从这个意义上说，生产性服务业对信用等制度环境要求很高，市场信用缺失是导致交易成本偏高的重要原因。当前我国电子商务网站很多，但大部分网站活动内容限于信息发布和商品展示，网上交易、促销、广告等在线推广活动的比重较低，造成这一状况的一个重要原因就是信用体系不健全，相关调研显示，客户在进行电子商务交易时最担心的问题是信用问题。因为社会信用体系建设支撑不够，信用评估缺乏，市场行为缺乏社会监督，影响了电子商务市场的扩大。还有，由于市场无序竞争，市场信用缺失，市场主体不以质量和水平取胜，形成了劣币驱逐良币的现象，导致行业整体服务质量下降，市场缺乏"高端产品"，高质量服务难以得到满足，造成"有效需求不足"。再加上由于相关服务标准规范建设的滞后，服务企业不能按照标准规范运作，服务质量达不到需求方要求，也使得服务需求受到制约，供需难以转换。

4. 现行政策法规对服务外包和需求激发不够

（1）某些现行财税政策阻碍服务外包发展。现行的税收制度是基于工业经济背景下按照工业的成本结构来设计的，适应的是以工业为主的经济结构，起到了鼓励低附加值企业发展的作用。生产性服务业是高人力资本密集型产业，行政开支、管理费用、员工培训费用占的比例较高，实际处理中行政开支和管理费不能在税前列支，所得税征税基数高，研发设计、评估等技术服务业不能享受高新科技税收优惠政策，在合伙制中介服务企业中营业税计税方法存在重复征税，导致分工越细，税负越重，阻碍了服务外包的发展。另外，物流业与运输业营业税税收不公平，税率较高，物流业务外包中存在重复纳税问题，没有起到鼓励企业整合利用社会资源，扶持物流业务与主业剥离，充分挖掘物流需求的作用。

（2）相关产业政策对生产性服务需求引导和激发不够。我国现行服务业产业政策主要集中在供给端，需求端的产业政策比较缺乏。表现在，一是优化产业链、支持产业聚集区发展、激发凝聚生产性服务需求的系统化政策仍较缺乏。二是缺乏目标明确、措施具体的政府采购服务扶持政策。目前各级各类政府采购主要是公共工

---

① 参考国家自然科学基金应急项目系列丛书，徐学军主编：《助推新世纪的经济腾飞：中国生产性服务业巡礼》，北京，科学出版社，2008 年 2 月版。

程的招投标和办公用品的采购，服务类的采购比重畸轻，而且服务类中的公务消费采购大多由预算单位自己采购，纳入政府集中采购的范围很小。例如，北京市政府采购的范围主要局限于硬件设施，咨询、软件设计等许多国际上通行的服务外包业务，基本上都是通过事业单位或下属机构完成。三是服务标准规范建设滞后。服务标准规范建设是培育品牌和领军服务企业，规范市场，克服生产性服务业无序竞争的有效途径。通过标准规范约束、淘汰传统落后企业和业态，为服务优质的品牌企业和新业态腾出更大的市场空间。四是需求培育试点示范工作比较薄弱，对服务业品牌和领军企业支持不够，缺乏对服务业品牌建设的引导与支持。

二、影响供给扩大的因素分析

从产业供需角度分析，潜在需求不能转换为市场有效需求，可能有四方面的原因：一是对需求引导、凝聚不够。二是供给创新不够，既导致有效供给不足，也影响有效需求形成。三是供需转化不好，市场机制不畅。四是体制机制政策制约供需及其转化。在强调扩大有效需求的同时，也要重视扩大有效供给，加大供给创新的力度。从供给角度看，我国生产性服务业总体上总量不足，质量不高，成本较高，有效供给明显不足。究其原因，主要是生产性服务企业服务能力不强，服务创新的压力和动力不足，而在这背后大都与体制机制方面的因素有关。行业垄断使服务创新的动力和压力不足，服务质次价高，企业生产性服务外部化意愿不足，不仅严重降低了有效供给，还影响了有效需求的形成。从经济学角度分析，供给要素投入主要是劳动力、资本和技术，还包括制度体制环境等公共政策的供给。在劳动力、资本一定的条件下，技术进步和体制制度环境是最重要的供给影响因素。下面主要从生产性服务业服务能力、体制机制、服务创新三方面分析影响服务供给扩大的因素。

（一）服务企业服务能力不强，难以满足潜在需求

我国生产性服务业以传统的批发零售业、交通运输业为主，两大行业增加值占生产性服务业增加值的60%以上，与提高产品附加值联系紧密、技术含量高的知识密集型生产性服务业发展缓慢。我国科研技术服务业增加值占服务业增加值的比重多年停留在3.2%以下，信息、金融、商务、科技、文化创意等高附加值生产性服务业发展不足，与发达国家相同时期的水平相比，差距很大。多数服务企业处于散、小、弱的状态，服务能力较低，不能满足企业事业单位高质量的服务要求。例如，

计算机软件信息服务业系统软件开发能力较弱，核心技术发展不足，不得不向国外支付大量的专利费。公共信息平台建设滞后，信息资源分散在政府部门和企业内部，信息资源难以共享，制约了产业的发展。还有，科技服务业，一些在计划体制下建立的机构撤并后，新的符合市场经济要求的服务机构和服务体系还没有很好地发展起来，研究开发的内容与产业发展实际需要相脱节，科技服务业难以形成充足的有效供给，还不能满足产业创新发展的需要。

(二) 体制机制方面的影响

体制机制性障碍其实既影响供给，也影响需求，在一定程度上还抑制了服务业供给和需求的良性互动，阻碍需求引导供给、供给创造需求，上述逻辑关系可以用图 3-2 来表示。体制机制性障碍对需求的影响在前一部分已有充分论述，这里重点分析体制机制性障碍对供给及供需转换的影响。

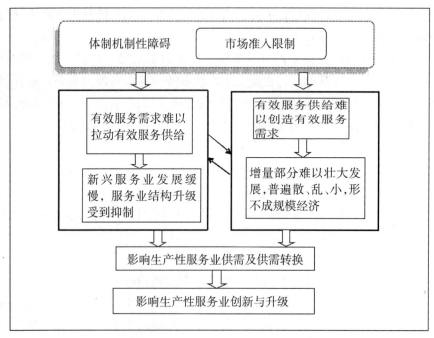

图 3-2 体制机制性障碍影响生产性服务供需逻辑关系图

一方面，服务需求受到抑制，使得服务需求难以拉动服务供给。本来机关、事业单位、企业都蕴含了管理咨询、市场信息服务、人力资源管理、后勤等不少生产性服务需求，在垄断、政企不分、政事不分等体制性障碍影响下，市场机制（供求、价格和竞争机制）的发育和完善受到阻碍，市场配置资源的基础性作用难以发挥，市场竞争程度不深，市场中企业的服务水平较低，削弱了这些企事业、政府等单位服务外包的动力，因此，进入市场的服务产品种类少、行业少、业态少，直接影响了生产性服务市场规模的扩大。加上这类服务需求弹性较大，一旦企业业务波动或受到外界危机干扰，这类需求往往首先受到抑制。体制性障碍减少了各级政府、机关和事业单位以及垄断性国有企业的服务需求，影响了服务创新、体制机制创新对专业化分工和服务外部化的推动，削弱了通过提高服务质量、增加服务品种来扩大服务需求的动力。

另一方面，抑制了服务供给，造成服务供给不能创造服务需求。体制机制性障碍抑制了生产性服务业的成长。表现在两方面：一是垄断限制资源流入，影响供给扩大。各种形式的垄断，将绝大多数潜在投资者拒之门外，造成服务业部门资源流入不足，抑制了服务供给能力的扩张。大一统体制下，交通运输、邮电通信、金融保险等这些垄断性行业对社会资本和外资限制很多，科教文卫等事业单位，社会资本也很难介入。许多本来作为产业可以大力发展的部分也受到抑制，该市场化的部分没有发展起来，结果造成了目前我国生产性服务业领域狭小，局限于第二产业，局限于传统服务内容，新兴生产性服务业发展缓慢，结构变化受到体制因素的制约。比如农业信息和科技服务，乡镇其他"六站"，市县"七站八所"，在没有转为自主经营、自负盈亏的服务中心或中介服务机构之前，都被视为事业单位，因为仅有的财政拨款只用于"养人"，难以"养事"，使得这些机构往往是处于"死又死不了，活又活不好"的窘迫状况，真正的农业服务市场主体发育受到限制。

二是体制机制性束缚使得优质服务缺位。表现在市场上，就是在有支付能力的前提下，一般服务容易购买到，但难以购买到优质服务。背后的原因是竞争不足或垄断，缺乏提供优质服务的内在动力和外在压力，同时也是市场分割和行业分割的体现，难以按照综合性需求对各项服务进行整合。体制机制性束缚抑制了供给，使得有效供给严重不足，难以满足日益增强的服务需求。由于有效服务供给不足，使相当一部分潜在服务需求难以转变为现实需求。

（四）服务创新薄弱影响有效供给、阻碍产业规模发展

生产性服务业是典型的技术、知识密集型产业，服务创新是生产性服务业发展

的重要推动力。服务创新分为技术创新与非技术创新，非技术创新主要包括许多功能创新、服务组织创新、服务模式创新。

现阶段我国生产性服务业正处于平稳发展阶段，该阶段的中心任务是规模扩张、结构升级。具体看来就是拓展服务领域和增加服务品种，提高服务质量，提升产业素质，通过服务创新带动规模扩张，在结构升级中加快发展。信息化，是指由信息产业的发展和信息技术在各行业以及经济社会生活中的广泛应用与渗透而引起的经济社会变革的过程。服务业中的信息化只有在技术应用引起服务组织创新、服务模式创新的情况下才算真正的信息化，而不是仅仅搞个平台、开发个软件，更不是买一堆计算机硬件设备。服务业的信息化需要真正在行业应用和相应的流程再造、组织管理上下工夫。信息化是生产性服务业实现结构升级的重要手段。由于信息网络技术在服务业中的广泛应用和渗透，使得信息网络技术的角色发生了变化，从原先仅仅提供技术支持转换成产业在技术驱动下得到快速发展，由此信息化便成为服务企业发展战略的重要组成部分，这个时候，传统服务企业转变为现代服务企业，可以说，信息化大大提高了服务业的现代化水准。同时，信息化还提高了服务质量，降低了服务价格和交易成本，提高了与信息相关的服务业的劳动生产率；信息化促进了服务业与制造业的融合渗透，创造了新需求，产生了新产业；信息化扩大了服务业的国际转移规模，推动了服务贸易的快速发展。[①]

我国生产性服务业发展缓慢其实就是升级缓慢，具体表现在生产性服务业中本应增长快、带动作用大的商务服务、金融、科技、文化创意、物流等高附加值产业发展滞后，其中一个重要原因就是这些产业的现代化和信息化程度低。以物流业为例，我国物流业目前缺乏有效的现代物流技术，与物流业发达的美国、德国、日本相比，物流技术装备自动化、物流运作管理的信息化、物流运作流程的智能化及多种技术和软硬平台的集成化水平尚处于起步阶段，技术、装备应用和流程管理的落后制约了我国物流业的进一步发展。

我国生产性服务企业在提高正常管理水平、进行风险控制、跨国开展业务、开拓国际市场过程中，往往会出现发展中的一些难题，都迫切需要运用现代技术、管理手段来解决。然而，长久以来，由于种种原因，大多数生产性服务企业对知识、技术密集型的服务创新存在误解，认为服务业信息化建设就是购买大量看得见、摸

---

① 参见郭怀英：《注重以信息化促进服务业现代化》，载《宏观经济管理》，2006(2)。

得着的设备，而没有在管理和服务应用上下工夫，没有真正为产业创造价值。发达国家金融创新已成为金融企业核心竞争力的重要组成部分，而95％的金融创新都极度依赖信息技术，在利用信息技术手段保障和改进金融服务方面，我国还存在很大差距。①许多生产性服务业信息技术应用落后，已成为提高竞争力和进一步发展的瓶颈。涉及行业众多、在生产性服务业中占有重要地位的金融租赁业就是一个很好的例证。在西方发达国家，金融租赁业已成为仅次于银行信贷的第二大金融工具。而在中国，金融租赁业经历20多年的发展，依旧惨淡经营，处于"小、弱、散、乱"的困境，租赁业固有的资源调配、商品流通等功能远未得到发挥。除了观念落后、环境不利、管理水平低等原因以外，信息技术应用的严重滞后是制约中国租赁业健康发展的重要瓶颈。信息技术应用落后使中国租赁业凸现四大薄弱环节：一是传统的人工风险防范模式导致对项目进程的风险判断存在主观上的偏差和疏忽。二是由于没有引进软件管理，租赁业普遍缺乏规范的操作程序。三是人工操作效率低下，业务过程繁琐，数据准确性无法保障。四是租赁业电子商务应用还很落后，资源得不到高效合理的调配，租赁公司业务拓展遭遇瓶颈。

在跨国公司服务业加速向我国转移的大背景下，承接服务业国际转移成为我国生产性服务业发展与升级的一项重要内容。而要成功承接国际服务外包，从发包方跨国公司的角度看，在选择服务业承接方时，以承接方的服务技术吸收能力、竞争力因素为主要考虑标准，具体表现为服务市场的规模和质量、服务人才的成本和质量、服务业的信息化程度、服务企业的流程管理能力等方面。对于软件、流程外包、专业服务等人力资本密集型的服务外包来说，下述两方面的软实力很重要。一是人力资源水平和质量。目前，有不少服务外包企业由于落实项目实施和保证软件质量的中层项目经理配套不足，影响了接包能力。二是流程组织管理能力。对于信息技术和咨询服务企业而言，流程组织管理是一项具有战略价值的技术，假如流程组织管理落后，会直接阻碍服务企业提供优质服务、实现规模经营。而目前我国在这方面恰恰是薄弱环节，由于重"硬"轻"软"的习惯，数据库、供应链之类的IT技术不像制造业的尖端硬件设备那样看得见摸得着，大多数服务企业信息技术投资不足，组织流程管理落后。中国虽然在吸引国际制造业方面远比印度成功，但在吸引信息服务业方面却不如印度，信息技术投资不足、流程组织管理等软实力薄弱是其中一

---

① 参考《中国邮电报》2005年5月刊发的《我国金融业信息化调查报告》。

个很重要的原因。

三、有效扩大需求和供给的对策建议

我国生产性服务业总体发展滞后，有效需求不足与有效供给不足的矛盾并存，但最关键的还是有效需求不足的问题。从经济学角度分析，需求的不断产生和需求规模的不断扩大，是拉动生产性服务业发展的根本动力。需求引导不足、激发不足、释放不够，本质上是体制机制、市场环境以及政策方面存在障碍的体现。仅靠加大供给扶持不能解决生产性服务业发展动力不足的问题，如果服务供给没有市场需求，供给端的任何创新都没有实际意义。因此，要重视不断扩大生产性服务的有效需求，高度重视需求端政策措施的制定和实施，同时加大服务供给创新的力度，从需求和供给两方面释放发展动力，实现供需有效转换，促进产业快速发展与升级。

（一）制定系统化政策，建设聚集服务需求的载体

鼓励通过优化产业链，围绕产业集群发展生产性服务业，发展生产性服务业功能聚集区来聚集各类企业的服务需求。地方要根据实际情况发展各类生产性服务聚集区，强化聚集区对生产性服务企业的吸引整合，推动具有共同区位指向、产业关联度强的服务企业向聚集区集中，引导和鼓励生产企业剥离生产性服务业，推进服务外包，推动园区服务企业需求增长。

通过调动集群服务体系内各创新主体的积极性，面向需求，集成各方资源，通过制度创新、组织创新和服务模式创新，营造良好环境，建设各类技术服务和信息服务平台，努力激发和凝聚现实需求。比如地方政府可以通过灵活性的管理，借助财政贴息、地方返税、所得税减免、三项基金、专项基金等这些转移支付的杠杆作用，对集群内一些具备一定实力的龙头企业进行重点扶持，通过各种优惠政策鼓励他们加大科研投入，建立技术开发中心，利用社会力量兴办科技机构和搭建技术服务平台。

（二）去除阻碍分工深化和服务外包的体制性障碍

推进铁路、电力、电信、民航、港口等垄断行业的管理体制改革，加快政企分开、政事分开、政资分开步伐。适当放宽金融业市场准入、经营、投资限制，扩大市场对内对外开放程度。研究制定可市场化领域，比如从企业、政府分离出来的后

勤服务、咨询服务市场的准入制度。推进生产性服务领域中行业协会等各类民间组织的组织化进程。引导制造企业改变大而全、小而全的现有组织框架，促进企业将生产性服务活动外部化、社会化。增强生产性服务企业的技术创新能力，加大知识产权的保护力度，加大工业企业和生产性服务企业的创新压力，提高服务外包的意愿程度。对于不属于机密的政府数据要及时公开，为保险、咨询行业的发展创造条件。

消除体制性障碍是扩大农业生产性服务需求的主要途径。深化以土地制度改革为基本内容的产权制度改革，加快建立土地承包经营权流转市场。中央政府和地方政府要尽早建立农村社会保障制度，建立相应的中介服务机构。政府财政支农资金设立专项资金，鼓励农户使用生产性服务，从政策上促进农业产业分工和专业化，扩大农业生产性服务的需求空间。

(三) 加强信用体系和标准规范建设，去除市场机制障碍

改善信用环境，降低交易成本，促进供需转换。加快信用体系建设，强化失信惩戒，切实完善社会信用体系。通过政策和资金引导、价格监管、规范竞争行为和市场秩序等手段，推动市场信用平台建设。倡导规范服务和诚信服务，建立健全信用记录与失信惩戒机制，改善产业发展的信用环境。另外，从中介平台看，还要通过大力发展行业协会、同业组织，来引导和监督服务企业进行自我约束和自我管理，为产业发展创造良好市场环境。

建立健全相关服务领域标准体系，加快制定市场准入标准、技术服务标准和信用评价制度，扩大服务标准覆盖范围，鼓励龙头企业、政府和行业协会先行制定服务标准，鼓励行业协会等中介组织在制定有关标准规范方面发挥重要作用，推进服务业标准化与规范化，降低因信息不对称带来的交易成本。

(四) 研究制定鼓励服务外包和扩大服务需求的政策

一是要调整相关税收政策，先行在较为成熟地区进行试点，为推进各类企业服务外包进行探索。首先，研究实行更加有利于物流业发展的税收政策，可以考虑对物流总代理商实行类似于增值税方式的税收制度，扣除转包部分，仅对增值服务的部分增税，实行一个利润中心统一核算统一纳税，解决物流业务外包中的重复纳税问题；研究设立适应物流业务需要的专用发票；实行低税率政策扶持物流业务外包，建议对物流企业的营业税参照运输业的税率按实际营业额的3%征收。其次，加大培训费、管理费等在税前列支的比例，研发设计企业可以认定为高技术企业，享受

15%的所得税优惠。再次，通过政策引导和税收激励，鼓励工业企业与生产性服务企业有效合作，共同参与合作服务项目，或鼓励工业企业加强技术、设计创新，提升工业企业的研发意识，为生产性服务企业营造市场空间。对鼓励发展的生产性服务行业，工业企业分离生产性服务业，探索实施房产税、土地使用税、水利建设基金、教育附加等地方税的优惠倾斜。

二是要研究并制定促进政府部门采购生产性服务的专项政策，加大政府对服务产品的采购力度，增强政府采购对生产性服务业的需求诱导。重新审视政府采购办法，加大政府对服务产品的采购力度，对于不涉及机密的咨询、软件设计等服务，提倡向社会采购。进一步扩大政府采购范围，把管理咨询、信息咨询、会展服务、职业培训以及后勤服务等生产性服务领域纳入其中。革新采购服务项目，拓宽服务类采购的规模和领域。

三是选择具有发展优势、基础，成绩突出的城市作为国家和省级试点，进行生产性服务需求鼓励试点。通过加大政府采购力度为信息服务、科技创新平台、咨询服务等领域的创新服务产品创造一个先期市场，并产生示范效应，向各行各业宣传推广聚集区试点、重点项目、著名服务品牌和领军企业。通过示范区试点为解决一些体制机制性问题找到突破口，并借此提升地方政府发展生产性服务业的积极性。

（五）加大服务创新力度

生产性服务业创新的关键是抓住信息化这个根本，推进生产性服务业技术创新、管理体制、企业机制、组织形式以及服务品种的创新。

一是鼓励生产性服务业应用信息技术。加快制定和完善信息化建设、信息资源、信息安全、信息服务以及网络环境下知识产权保护等方面的法规，建立统一、权威、规范的信息技术标准，提高信息化质量。鼓励通过应用信息网络技术，创造新的信息服务和电子商务服务模式。

二是实行分类指导，对于资本密集型的金融、物流、信息服务、批发、交通等生产性服务业，要鼓励多应用信息技术手段提高劳动生产率；对于人力资本密集型的研发、设计、技术咨询、专业服务等生产性服务多注重人才战略实施，要加大人力资本的培训和投入。

三是建立激励机制，培育应用技术服务的市场主体。政府通过搭建公共信息服务平台，在那些市场化程度较高、能快速发展的、行业中又蕴含大量中小企业的服务领域，鼓励其应用并不断提高其信息化应用水平。

本章小结

产业发展首先取决于市场对它的需求，仅靠加大供给扶持不能解决生产性服务业发展动力不足的问题。现阶段我国生产性服务业潜在需求巨大，但有效需求不足。受制度因素影响工业企业服务外包不足，生产性服务商服务能力和满足需求的能力薄弱，市场无序竞争、交易成本高是造成生产性服务有效需求不足的直接原因。有效需求受到制约只是具体表象背后真正的制约因素是经济发展模式、体制、市场机制和政策四方面：现有经济发展模式对生产性服务业拉动不够，体制性障碍制约生产性服务需求扩大，市场实现机制存在障碍制约潜在需求向实际需求转化，现行政策法规对服务外包和需求激发不够。本书强调，在国家战略层面要重视需求端政策的制定与实施，将需求鼓励政策纳入服务领域产业政策体系，消除服务外包障碍，制定系统化政策培育有效需求载体，建立健全政府部门采购生产性服务的专项政策，加大政府对服务产品的采购力度，推进生产性服务需求鼓励政策试点，调整相关税收政策引导服务外包，制定服务标准为品牌、领军企业腾出市场空间等政策措施，克服生产性服务有效需求不足的矛盾。

第四章　制造业服务化：创新与升级路径

从全球来看，服务化已成为制造业发展与升级的重要趋势，服务在制造企业价值链中所占比重不断提高，越来越多的制造企业向服务企业转型。从产业联动发展的角度看，制造业服务化就是制造业与生产性服务业联动发展的过程，加速制造业服务化进程，能够有效地促进二者互动升级。从价值链视角看，制造业服务化就是制造业价值链条从中低端生产环节向中高端服务环节攀升的过程。近年来，制造业资源环境约束趋紧，成本上升，外部市场约束日益显现，传统的劳动密集型和资源密集型产业出现了发展困境，制造业转型升级的要求日益迫切。促进制造业服务化发展，有助于改变我国制造业大而不强，长期处于全球产业链中低端的状况，是生产性服务业创新发展与升级的源泉和动力。从战略角度看，对于未来整体经济转变发展方式和推进结构调整升级意义重大。

制造业服务化提供了从微观和中观、从价值链视角分析制造业与生产性服务业联动发展的新的分析工具。

需要说明的是，在不影响分析内容和观点的前提下，在机制、模式、路径理论分析中可能将制造业服务化和制造企业服务化两个概念视同一致，这一点在下面的具体分析中不再说明。

一、内涵与国际趋势

（一）制造业服务化的内涵与实质

随着服务经济全球化的不断发展，制造业与服务业融合互动的趋势日益明显，服务业向制造业渗透，很多企业从销售产品发展成为提供服务和成套解决方案，部分制造企业还实现了向服务型企业的转型，出现了通常所说的制造企业服务化。美国将制造服务化称为基于服务的制造（Service-based manufacturing），日本称为服务导向型制造（Service-oriented manufacturing）。

外国学者用"制造业服务化(servicizing)"来描述服务在制造企业中产出和投入比重不断提高的现象，比如 White（1999）等指出，服务化就是制造商的角色由产品提供者向服务提供者转变，它是一种动态的变化过程；Reiskin（2000）等将服务化定义为企业从以生产产品为中心向以提供服务为中心的转变。MIT 的 Burger 和 Lester（2000）提出了服务增强型制造业，从内涵看，他其实讲的就是制造业服务化。

总的看，制造业服务化是国内外制造业中投入、产出中服务比重不断提高以及向服务转型以获取新的价值来源的现象。

从全球价值链的价值分布来看，生产性服务已形成完整的产业链，渗透到制造业生产活动的上、中、下游。

从价值链角度看，制造业服务化就是将传统制造环节向"微笑曲线"的两端延伸，产品附加值不断提高的动态变化过程，涵盖了围绕制造业产业链上的所有服务活动，包括产业链前端的产品研发设计、市场研究、咨询服务等；围绕制造过程的下料配送、维修、检测、备件配件供应、生产线的上线物流、供应链管理、设备改造等；产业链后端的零部件定制服务、集成服务提供商、整体解决方案、设备成套、工程总包、交钥匙工程、再制造、第三方物流、供应链管理优化等，还包括从产品全生命周期着眼的废旧产品回收等服务活动。

随着国际分工的不断深化，国际分工的边界由产业层次转化为价值链层次，产业升级的内涵发生了新变化，产业升级表现为全球价值链中所处地位以及增值能力的提升。

因此，从这个意义上说，制造业服务化过程就是价值链环节从生产环节向服务环节的提升过程，以及生产性服务业与制造业联动发展的过程。

（二）制造业服务化的国际趋势及其成因

1. 制造业服务化已成为全球产业发展的重要趋势

随着服务业与制造业在全球范围内的融合发展，制造业中间投入中服务的投入不断增加，加上信息网络技术的应用，制造业部门的功能日趋服务化。服务引领制造业部门的技术变革和产品创新，通过不断的服务创新来获取竞争优势。

从产出看，产品中服务含量不断提高，越来越多的制造企业把服务作为差异化竞争的重要手段，甚至有形产品本身成为提供服务的媒介，制造业的产出正由单一产品转变为产品服务包或整套解决方案，制造企业提供的服务从传统的维修和售后服务，延伸到全产业链，从简单服务到更为复杂的延期付款和租赁服务、培训、咨询服务等，制造业成为同时对物质、信息和知识进行处理的制造与服务相融合的产业。

从就业看，发达国家制造业中 65%～76%的从业人员正在从事服务工作，如研发、维修、设计、销售等。制造业正在转变为服务业，全球制造业呈现服务化的趋势。

制造业服务化表现为企业、产业和城市三个层面的服务化。

企业层面的服务化主要表现为制造型企业向服务型企业转型，发达国家著名制造业企业出现了明显的服务化趋势，一些企业通过提供服务增加了产品的价值，并依靠服务取得了明显的竞争优势。如国际商业机器公司（IBM）、通用电气公司（GE）、耐克（NIKE）、罗尔斯—罗伊斯航空发动机公司（ROLLS–ROYCE）、米其林轮胎等，都已成功转型。

产业层面的服务化主要表现为制造业向服务业的转型，国内外家电、汽车、通讯设备制造、IT业、机械制造业都存在不同程度的服务化。

城市层面的服务化表现为制造型城市向服务型城市转型，比如纽约、东京都是从世界级的制造业中心转换成为世界级的金融中心、服务业中心。

2. 制造业服务化国际趋势形成的原因

一是价值链日趋网络化增加了对生产性服务的需求。20世纪90年代以来，国际分工出现了由产业间分工到产业内分工、再到产品内分工不断深化的趋势。产品内分工表现为产业价值链分工的细化和深化，价值链中的生产环节被分解为不同的生产阶段，而每一生产阶段都具有一定的独立性，都会形成从研发到营销品牌的二级价值链，由此形成了网络状的扩展价值链，这种价值链布局使得在横向和纵向上都需要完善的生产性服务，使得生产性服务在制造业链条上获得了更多的发展空间，见图4-1。

从企业角度看，就是越来越多的制造企业开始重视服务在产品生产制造中的作用，并将服务作为差异化竞争的有效手段。

从产业角度看，就是服务在制造业链条上的地位和作用越来越重要，服务创造的价值越来越多并成为产业利润的主要来源，全球制造业呈现出愈加明显的服务化趋势。

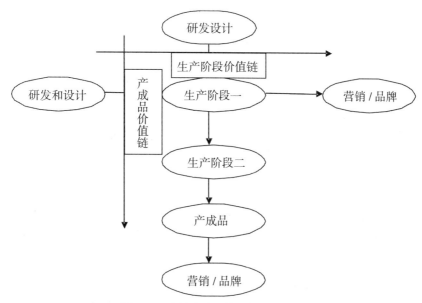

图4-1　产品内分工的网络状价值链

　　二是服务化企业内外因共同作用的结果。服务化成为全球制造业发展的基本趋势，其实是制造业外部发展环境和内部发展动力共同作用的结果。首先，从外部市场环境看，在知识经济和全球化竞争时代，制造业生产复杂性加大，产品生命周期缩短、快速反应要求提高等因素促使企业对生产性服务业的需求不断增强。在发达国家和多数发展中国家，比如像中国，制造业发展相对较为成熟，有些行业出现了严重的产能过剩，市场竞争非常激烈，单纯制造环节利润渐趋微薄。同时，全球产业链价值重心出现转移，高价值环节从制造环节为主向服务环节为主转变。在这种情况下，制造企业走服务化之路是面对产业竞争加剧、适应外部市场需求变化的理性选择。这方面比较有代表性的要算消费电子类行业、家电业、手机业。2007年12月，占据全球手机市场份额40%的诺基亚在多年面临利润率持续下滑、增产不增收的状况下，开始寻求服务转型，通过让手机更具有服务价值，向移动终端服务高利润区域转移。其次，从行业和企业内部看，采取服务化策略可以获得高附加值、高利润等好处，主要原因在于提供以技术、知识为基础的服务，不可模仿、难以复制、不可完全转移，服务化成为企业差异化竞争、提升客户满意度的重要途径，可以说，服务化帮助传统制造企业寻找到了自己的"蓝海"。

　　此外，是行业本身高新技术特性的要求。目前比较容易服务化和服务化已经取得成绩的制造业或产品，一般来说都是技术含量很高、操作复杂的产业或产品，例如用于企业生产作业的大型机床、医疗器械、重型运输设备和重型建筑设备以及航天飞行、海上运输、精密半导体等行业。对于这类行业而言，仅出售产品显然是不够的，为保证产品的使用性和安全性，制造商还必须在整个产品生命周期内向客户提供专业性服务，这样，不仅发挥了制造商的技术优势，也满足了顾客需求，还获得了竞争优势。

二、创新特性与基本模式

(一) 制造业服务化的创新特性

服务化之所以成为制造业的重要发展趋势，主要是由于向服务化转型中蕴含着巨大而丰富的创新特性。

1. 创新运用了服务创造价值这一工具

正像 riddle 讲得那样，产品形态是有限的，服务的内容是无法穷尽的，服务内容千差万别，服务谁都需求，所以服务无所不在。基于服务的竞争是企业形成差异化竞争优势的重要途径。服务之所以能创造价值，是因为它能解决客户的现实问题，满足客户的个性化需要。在这个意义上说，制造业向服务化转型其实是一种商业模式的创新，是以价值链延伸为基础，对价值链上各种活动加以整合的流程创新，因此可以为客户提供全程服务、随时随地的服务、贴心服务、一站式服务、交钥匙工程和一揽子解决方案等客户需要的所有增值服务。

2. 以客户需求为导向

与产品制造以注重供给不同，制造业服务化首要的一条是以市场需求为导向，突出了客户的核心地位，客户需求成为制造商产品与服务设计、生产与经营组织的出发点与立足点，资源投入向客户满足需求倾斜。IBM 在向服务转型的过程中，确立了以客户为中心的导向，倡导"随需应变" (e-business on demand) 的转型理念，进一步改变商业流程，外包其核心业务以外的功能部门，对全球服务部门进行机构调整，为客户提供服务和成套解决方案。从理论上讲，市场需求是决定产业发展的首要也是根本性的动力。正因为以需求为导向，服务化才成为一种产业创新的潮流，才有巨大的发展空间。所以，制造业服务化要求产品和服务提供商把需求放在首位，充分挖掘顾客需求，要与客户建立长期联盟或连续性的共生关系，建立有效的供需对接和联动发展机制。

3. 创新驱动

制造业服务化从单纯制造向服务形态的转型，不仅是产业形态的创新，更要依靠不断的服务创新，包括服务内容不断增加，服务手段不断创新，从提供基本的送货和安装保修，到主要提供专业的技术支持等增值服务。

从企业角度看，制造企业服务化是制造商与上下游结合起来商业模式的全新变革，需要企业提高整合各类资源的能力，并结合制度创新、技术创新、流程创新等来共同推动。例如，IBM 为了将产业重点从硬件制造转向软件和服务，不断在全球并购重组服务、咨询、软件等业务部门，先后收购了普华永道咨询公司、Rational 软件、莲花公司、Informix、马士基数据，以增强自身在全球战略咨询、软件服务方面的实力，形成了覆盖商业咨询、战略外包、集成技术服务和维护 4 个层次的全球服务体系。

（二）服务化发展的基本模式

1. 服务化发展阶段的层级模型

Kotler（2003）区分了服务化发展中产品演进的 5 个阶段，即有形商品→带有服务的有形商品→混合品→带有少许商品的服务→纯服务。制造业服务化其实就是制造企业业务中服务创造的价值逐步增加，制造企业逐步转型为服务企业的过程。随着制造业内外部环境的变化，制造业中服务的重要性也随之发生动态变化，服务活动量在制造企业生产经营中的份额不断上升。从动态关联的角度看，服务活动在制造企业的地位和作用经历了 4 个阶段的演变，分别是附属阶段、提升阶段、深化阶段和主体阶段[①]（见图 4-2）。

在附属阶段，制造企业的重点是生产高质量产品，服务被视为产品的附属，服务部门是成本中心。在提升阶段，企业除生产高质量产品外，还提供必要的顾客服务，如物品安装、维修、保养等以提高顾客满意度。在深化阶段，服务与产品密切融合，制造企业向顾客提供的是产品—服务包，服务成为企业产品战略的重要组成部分，实现了对产品品牌的内嵌，成为制造企业一种重要的竞争手段。在主体阶段，服务成为独立的业务和品牌，转变为制造企业的利润和价值的主要来源，服务占据主导地位，企业以制造为主转变为以服务为主。

---

① 参考阑雷、吴桂生：《制造业发展与服务创新——机理、模式与战略》，北京，科学出版社，2008。

图4-2 服务逐步增强及服务化发展阶段的层级模型

2. 基本模式

依据上述服务化发展阶段的层级模型，综合分析国内外服务化发展的趋势和案例，根据服务化转型的难易程度以及向客户提供的潜在服务价值的高低，可把制造企业服务化的模式分为 4 种，如图 4-3。

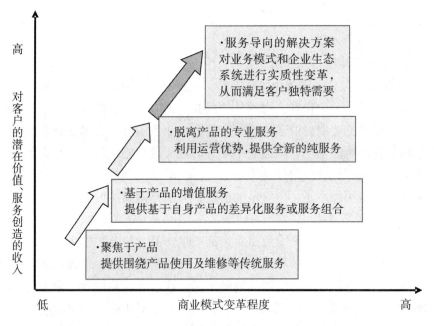

图4-3 制造企业服务化转型的模式与路径演进

一是"聚焦产品、附加服务"模式。与层级模型中的第一阶段相对应，这一模式企业以提供高质量产品为主，服务是附加性质的，大多只提供围绕产品使用及维修等传统的同质化服务，是制造企业服务化的初级形式，大多数发展中国家制造企业目前的状态基本属于这种模式。

二是"增值服务"模式。简单说，就是依托产品卖服务，产品依托服务提高附加值，有形产品和一系列无形服务捆绑在一起，为客户提供"服务增强型的产品"，与第一种模式比，开始提供差异化服务，服务开始脱离原来对产品的依附状态，成为产品增值和价值创新的重要手段。比如著名电梯生产企业奥的斯（OTIS）、日立、三菱在电梯维修、保养服务方面的收入占其总收入的近2/3。虽然电梯销售也许并不赚钱，但是售后服务却可以带来源源不断的利润。即使是一些普通的产品也可以采用这种服务模式。根据最近中央人民广播电台的一则报道，国内联想、阿尔卑斯和万达等几家民营企业利用品牌、团队、资金优势联合投资，在长白山建立水源保护地，瞄准高端消费群对高品质水的巨大需求，学习法国品牌，从单纯卖水到卖文化和服务。

三是"脱离产品的专业服务"模式。制造商不再将服务与自身原有产品绑定，而是将制造企业领先于市场的研发、供应链、销售等运营能力向外延展为服务，利用其在价值链上的运营优势，提供不依托产品的专业服务。如NIKE通过产业链重组，采取虚拟化生产策略，所有生产制造外包给世界各地，主要集中人才、物力、财力开展产品设计、市场营销和品牌维护。如果将这种模式进一步细分，还有一种叫战略转型发展服务业，亦即主营业务多元化，向其他服务领域投资，也属于这种模式。可以是围绕主业的业务延伸，也可以是在服务领域的多种经营，如GE，原有的电器电子业务逐渐减少，医疗、金融等新兴高增长业务成为主业。汽车制造商通用、福特、丰田都在集团旗下设立了金融服务公司，在服务汽车制造的同时，开展其他金融创新业务。国内一些大型企业集团多采用这种模式，瞄准产业前沿，培育和发展新的增长点，原有主营业务有的还是主要支撑，有的则逐渐萎缩并退出。中国航天科技集团公司、中国航天工业集团公司进军金融、物流等服务领域，就是主营业务多元化的体现。

四是"服务导向的解决方案"模式。即核心技术服务化。这可算得上是制造业服务化的最高级别的模式。一般这类企业在业内居于数一数二的领导地位，掌握业内核心技术，很高的全球资源配置能力和服务提供能力。制造企业不仅给用户销售产品，而且提供应用此产品的一整套解决方案，将产品和服务结合成一个系统，在从概念和设计开始的整个产品生命周期内持续地向客户提供解决客户问题的一整套服务。如IBM、ROLLS-ROYCE等，利用其在制造领域的领导地位不断拓展服务化领域，依托制造提供集成化的产品服务和系统集成解决方案。IBM剥离非核心制造业务，加强服务投入，创新服务模式，整合全球资源，为客户提供一体化解决方作为全球最大的航空发动机制造商 ROLLS-ROYCE 公司，通过在租用发动机协议期内提供一切保养、维修服务，来绑定服务合同，大幅增加服务型收入。

三、国内基本情况及问题

（一）国内制造企业服务化的基本情况

由于产品市场竞争日趋激烈，消费者个性化需求越来越强烈，随着分工深化和市场细分的发展，制造企业开始运用服务来增强自身产品竞争力及向服务转型，目前，我国制造业服务化已呈现良好的起步态势。清华大学技术创新研究中心 2006～2008 年通过对国内电器机械、通信设备、交通运输设备等 10 个典型制造业服务化的大样本调查，对来自辽宁省、江苏省、浙江省、山东省、四川省等九省市的 52 名公司高层管理人员进行问卷调查，同时构建了服务差异化实证模型和要素替代实证模型，研究表明，国内制造业企业已经在一定程度上运用服务来增强企业竞争力，服务质量的差异化确实对企业绩效产生了显著影响。但服务化经常是行业中领先的大企业的行为，服务化还没有成为国内制造业企业中一种较为普遍的现象。[1]受技术能力、生产要素条件和市场成熟度等因素的影响，国内制造业企业的服务竞争尚未进入成熟和高级阶段。国外制造业正处于图 4-2 层级模型的第三和第四阶段，国内制造业企业正由第一阶段向第二、三阶段演进，目前已有一部分领先企业开始从以生产和制造为中心向以服务为中心转变。2010 年，海尔提出将逐渐淡出制造业向服务业转型，主要做好研发和渠道服务。陕西鼓风机集团已发展成为为冶金、石化、煤化工、电力、环保等行业提供大型动力装备系统问题解决方案的集成商和系统服务商，是我国装备制造业服务化发展的一个标杆，2007 年通过技术 + 管理 + 服务完成的产值占到全部产值的 68%。

此外，一些省市在制造企业剥离服务环节方面积极探索。剥离服务环节其实就是生产性服务外包的一种，也是制造业服务化的重要表现。2008 年以来，天津、江苏、浙江等省市出台了鼓励制造业企业剥离生产性服务的优惠政策，引导企业进一步拓展思路，延伸产业链，将研发设计、物流配送、技术服务、安装维护等内部服务功能剥离出来，形成一批围绕主业服务社会的独立核算的法人实体。通过分离创造服务需求，做大服务业供给，繁荣服务业市场。有些地方比照制造业，出台服务

---

① 具体见阚雷、吴贵生：《我国制造企业"服务增强"的实证研究及政策建议》，载《技术经济》，2009（2）。

业重点企业和重大项目的奖励、补助、贴息等政策。这项试点在浙江、江苏等省市取得了较好的成效。截至 2009 年 8 月，浙江省已有 1584 家企业分离发展服务业，新增营业收入 460 多亿元，地税收入 20 多亿元。目前大量的生产性服务活动内化在制造企业内部，随着这种服务剥离或外包活动的大范围、深度推开，在岸服务外包将会形成较大规模，有可能形成对生产性服务业的重要推动。

（二）向服务化转型中的困难与问题

尽管目前我国制造业服务化转型起步良好，但服务化水平与发达国家相比，还有很大的差距。目前，发达国家服务创造的价值已经占到制造业产出的 50%以上，国内，大多数制造业公司的服务收入只占全部收入的 5%~15%，只有极个别的企业能占到 20%~30%，[1]即使是在服务化已经起步的装备制造领域，价值链延伸、提供集成服务和整体解决方案、零部件定制服务等方面仍不足，能为行业提供集成解决方案和系统服务的企业还不多。大型企业集团进入房地产短期攫利的较多，向医疗健康、金融等新兴产业领域拓展和转型的力度仍不足。[2]IBM 服务工程研究机构也有过相同的研究，中国制造企业总收入中服务比重低，与其他发达国家差距很大，研究结论见图 4-4。说明目前我国制造企业服务化发展还存在较多的困难和问题，总结起来，主要表现在以下几方面。

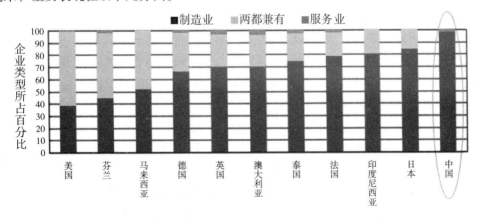

图 4-4　目前各国制造业企业的业务重点

资料来源：IBV 分析。

---

① 安筱鹏：《服务型制造：制造业崛起的必由之路》，中国电子信息产业发展研究院。
② 具体见唐茂华：《制造业服务化：产业链上"争上游"》，载《中国改革报》，2011 年 5 月。

1. 从企业内部看，转型存在不少障碍

首先是原有制造部门与服务部门之间的利益冲突、顾客对服务化产品的接受程度、顾客缺乏成本结构的知识和缺乏政府采购需求。第二是制造企业为顾客提供服务，进入服务领域，必然会增加生产和经营成本。第三，企业对从销售物品获得短期利润向提供服务获得中长期利润转变，对能否带来现金流存有担忧。在许多销售物品与提供服务并存的企业中，会出现业务模式之间的冲突，企业内部组织机构对由销售物品向提供服务转变可能有所抵制。第四，应当说，企业都有积极谋求转型升级的愿望，但企业转型必须有足够的资金实力和抗风险能力，而且对创新能力、整合能力、学习能力有较高要求，转型企业一般需要较好地整合外部资源，以较低的成本和风险实现企业服务能力提升。多数制造企业服务化之路，一方面是制造企业选择自我转型，甚至完全转向服务业，另一方面通过收购或者联盟的方式与服务行业链接，通过异业整合的方式进入服务领域，比如IBM。

正因为服务化转型对制造企业的能力要求较高，而且还要面对服务化战略的潜在风险，所以，多数制造商的服务化活动主要还是集中在提供产品的采购管理、库存管理、维修保证等传统服务领域。制造企业对服务化多数还是心存忧虑，服务化的动力并不足。

2. 从外部环境看，产业转型也面临较多困难

目前一些试点地区的制造业主辅分离改革虽然取得了一定的成绩，但同时也暴露出了一些问题，某些试点地区服务环节剥离效果有待进一步提高。一般来说，企业实施归核化战略，必然要将辅助业务外包，专注做好核心业务。关于外包，目前在国内有两种发展路径，一种是跨国公司制造—服务演变路径。跨国公司开始主要实施生产制造外包，将研发设计、销售品牌等高附加值环节自己控制，随着产业链环节的日益细分，从分离制造环节到对标准化程度较高的辅助服务业务，进行离岸外包。另一种是我国目前在一些省市试点的制造业主辅分离改革，与跨国公司制造业外包的路子不同，我们是在制造业还没有发展成熟的情况下，政府引导制造业企业剥离服务环节，例如将原先隶属集团公司的服务部门独立出来，成立专门的服务企业，面向集团和社会开展服务。我们在一些地方的调研发现，因为税收上的收益，地方政府积极性较高，服务业主体税种营业税的80%可留成地方。但是关键是剥离后的主体企业和专门服务企业是否实现了双赢，这是实施改革的关键所在。在调研中我们了解到，一些地区和企业仅仅是简单地为完成分离任务而促成企业分离，分离后服务业企业的整合培育与服务业企业的引进提升，加快生产性服务业集聚和融

合发展，分离后主体企业进一步做专做强得到逐步壮大，分离设立的服务业企业又能整合发展，这些后续的关键性问题并没有解决好。另外，主辅分离改革存在问题也是正常的，也与相关扶持政策不到位有关。一些地方因为针对企业分离发展服务业的相关扶持政策还不系统，各部门共同支持企业分离发展的工作机制还未建立，对企业分离发展服务业的保障力度不够强。部分有条件分离的企业存在着对分离后会因税收、经营和管理成本的增加而得不偿失的顾虑。

总之，长期以来，我国多数制造企业习惯于以生产和产品为中心，即使搞产品开发也主要是为了提高产品质量，没有以市场和顾客为中心，忽略生产之外的利润，过分拘泥于供给层面，对需求层面和交易层面的服务价值问题往往容易忽视。但是当向服务转型、以服务赚取利润的时候，就会面临以往未有的现实困难，因为对服务的意义重视不够，所以首先面临的是需求和成本方面的考验。

海尔自提出"星级服务"后，对售后服务进行了标准化、程序化设计，并以科学严格的监督考核体系为保证，但是企业在服务上的努力顾客并不满意，反而支付了更高的成本。看来，即使在一些转型的行业领军企业中，也有部分企业还没有形成有效的服务模式，仅把服务当作弥补产品不足的手段，这样的服务化转型确实还任重而道远。

四、案例研究：向高附加值服务环节攀升的路径与模式

制造业服务化的过程就是制造业价值链上从生产环节向两端高附加值服务环节攀升的过程。

在对制造业服务化的内涵与国际趋势、创新特点与基本模式、国内发展的基本情况和困难进行研究基础上，第四、五部分主要结合案例研究，探讨我国制造业服务化在全球化条件下、国际产业分工不断深化的形势下，我国制造企业从生产环节向高附加值服务环节攀升的路径与模式。

（一）价值链逐步从中低端向中高端攀升的路径与模式分析

相关理论和实践证明，在全球化背景下，发展中国家不可能通过国际分工实现自然的产业升级。

根据杨小凯的专业化分工理论，发展中国家可以通过专业化分工、人力资本的积累获得内生的动态比较优势，实现产业升级。但是这种专业化必须选择一定的方

向，不是所有的企业都能够实现价值链升级所需要的技术跳跃，企业需要根据实际情况，选择适合自己的技术创新路径和模式。发展中经济体如何通过知识积累和能力培育，实现低附加值环节向高附加值环节的升级？现实的选择是从低端切入，挺进中端，向高端攀升。现阶段我国大部分制造行业迫切需要具备整合产业链的能力，自主研发中间产品和关键零部件技术。在积极参与国际分工与竞争的基础上，立足于低端的现实优势，通过资本积累和技术进步逐步向中间产品、关键零部件产品的生产以及销售等中端环节延伸，提高核心零部件的研发生产水平，强化生产环节与技术研发的相关性，并适时向产业链条的研发设计和品牌营销环节延展，从而逐步提升在国际分工中的地位。

服务化理论强调的四层次层级模型和演进路径图（见图4-2、图4-3），可作为制造业升级的重要分析工具。提升价值链与推进以知识、技术、信息等服务要素在制造业链条上的有效应用是一致的，都是一个实现产业知识积累和能力提升的过程。虽然我国大部分制造企业处于模型的第一、二级别，比如海尔的星级服务，华为OEM产品的国际化服务，它们都是基础性服务增强的典型代表。从1994年开始，海尔几乎每年都要推出一种星级服务，从最初的无搬动服务，到无尘安装服务，再到全程管家服务，特别是集成海尔集团家电、部品、室内装修、智能化等生产及研发资源，不失时机地推出了家居集成服务模式，满足了消费者对家居功能与美化的一体化需求。制造业企业逐步转型为服务业企业，是服务增强程度很高的一种形态，我们国内也有，比如，陕西鼓风机集团和国内物流设备企业大型企业集团天奇股份就是这方面的典范。

（二）陕鼓集团案例分析

陕鼓集团是设计制造以透平机械为主的大型成套设备企业。陕鼓在70年代通过引进瑞士苏尔寿的轴流压缩机主机技术及一些简单的机组成套技术，并经过多年的消化吸收，基本具备了自主设计制造主机的能力和进行系统集成的技术基础。2001年，国内风机行业大多数企业主要提供单一产品，盈利模式处于价值链的低端，陕鼓瞄准企业成套化需求，开始提供成套化解决方案，较早进入服务市场，确立了服务转型的主导地位。

为适应新的盈利模式，在组织结构、管理体系、外部合作等关键环节进行了相应的调整和改革。现在已经实现了从制造向服务的战略转型，从出售单一风机产品向出售个性化的透平成套机组问题完整解决方案和系统服务转变，从产品经营向品牌转变，占据价值链的高端，经济效益发生根本性转变，产值中服务业创造的价值比重持续上升，2005年陕鼓25亿元产值中通过技术＋管理＋服务完成的产值占到56%，企业品牌价值快速提升，2006年被授予中国驰名商标，品牌价值达到23.03亿元，与国外一流企业的差距明显缩小。

（三）天奇股份案例分析

天奇股份所在的行业是物流设备系统集成行业，是一个集产品与服务，硬件＋软件（控制系统）的知识密集型行业，整个行业的技术研发重点和核心竞争力来源于核心零部件技术和系统集成技术。

目前在欧美、日本等先进国家已经形成了能够提供从咨询、规划、物流设备定制生产、安装到维护的一条龙服务的物流系统综合供应商。行业技术特性决定了企业通过简单的模仿和跟踪难以获取核心技术，企业自身技术研发水平和长时间的技术积累非常重要，这是实现服务增强的基础。

从行业价值分布看，整个行业的价值来源分解为三部分（见图4-5、图4-6）。图4-5显示了天奇在物流设备系统集成行业从价值链的低端，再到行业价值链的中端，目前，天奇试图向价值链的高端迈进。

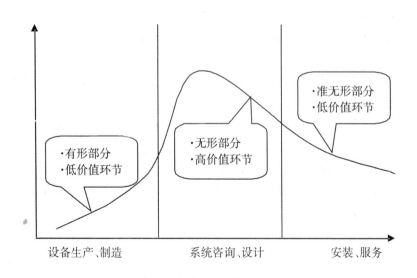

图4-5 物流设备系统集成行业的价值链

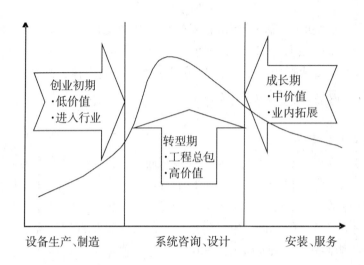

图 4-6　天奇在行业价值链中的定位与移动

资料来源：阚雷、吴桂生.制造业发展与服务创新——机理、模式与战略 [M]．北京，科学出版社，2008，P137。

以价值链升级为主线，天奇的服务增强战略分三步走，第一步，形成单一行业的物流设备生产能力，完成基本技术能力和相关资源的获取和积累，成功切入行业价值链的低端；第二步，形成跨行业的物流设备系统集成能力，实现基本技术能力的升级，弥补和整合网络资源，由行业低端向中端演进；第三步，形成具备高附加值的工程总承包能力，实现全球范围内的资源配置，进入行业价值链的高端，完成向跨国型服务企业的转型。

天奇的技术创新战略同时借助自主创新和模仿创新两条腿。借助江苏省物流自动化装备工程技术研究中心，开展自主创新；为尽快进入机场物流行业并形成核心技术能力，选择与业内的国际领先企业形成战略联盟进行合作研发；与国内相关研究机构和高校建立良好的产学研合作关系，保证其在基础研发、应用研发和获取前沿技术信息、资源方面处于行业领先地位。

由价值链低端到高端，是天奇整个竞争战略的目标。要实现这一目标，除了要具备较强的技术创新能力外，还要求拥有将各种经验、知识和能力整合起来满足顾客需求的能力、知识管理与学习能力、组织架构重建和流程再造能力等。

五、实现途径与推进重点

制造业服务化、提升价值链服务环节，都是大力发展生产性服务业的源泉和重要途径。大力发展生产性服务业，一方面要扩大存量，即已经市场化、产业化和社会化的部分，另一方面要更加注重嵌入到生产链条上的服务活动和服务环节，这些潜在部分将转化为未来生产性服务业的快速发展。

（一）中国制造业服务化的路径与模式选择

金融危机后我国经济进入到新一轮的经济调整和转型之中，制造业面临着综合要素成本上升、环境资源约束和增长空间受限的挑战，面对外部市场竞争环境的巨大变化，制造业开始从过去片面注重生产环节向生产与服务环节相结合的方向转变。从总体形势看，部分领先大中制造业企业开始尝试从"卖产品"到"卖服务"，中国制造逐步向中国服务转型的苗头开始出现。制造业服务化意味着从产品为中心向以服务为中心转型，而这种转型是一场根本性的变革，因为两种商业模式有根本性的差别，见图4-7，要求企业进行商业模式、组织流程、文化人才等全方位的转型，特别是国内企业向服务转型时，需要在客户价值呈现方面实现基础性变革。由此可以看出，向服务化转型需要制造企业有较强的实力，转型还需要企业付出较多的努力。

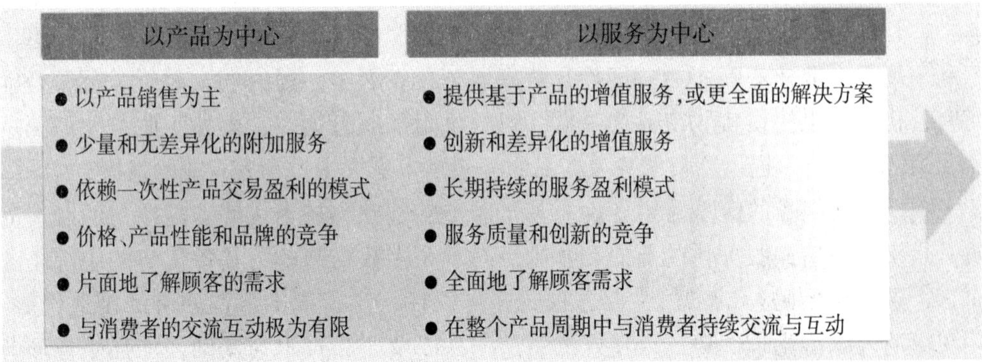

以产品为中心	以服务为中心
● 以产品销售为主	● 提供基于产品的增值服务，或更全面的解决方案
● 少量和无差异化的附加服务	● 创新和差异化的增值服务
● 依赖一次性产品交易盈利的模式	● 长期持续的服务盈利模式
● 价格、产品性能和品牌的竞争	● 服务质量和创新的竞争
● 片面地了解顾客的需求	● 全面地了解顾客需求
● 与消费者的交流互动极为有限	● 在整个产品周期中与消费者持续交流与互动

资料来源：IBV分析。

图4-7　两种商业模式的差别

中国制造业企业结构像个金字塔，相应地制造企业也分为三类，第一类处于塔尖的是行业领军企业，如华为、联想、海尔等，已经具备占领全球市场、进行海外并购的实力，国际化战略部署是其考虑的主要战略任务。第二类处于塔中间的是行业领先企业，它们的规模在几十亿元到100亿元，主要任务就是通过快速发展、扩张，包括并购，进一步巩固自己的定位。谋求进一步升级是这两类企业的要求，服务化是升级的方向和途径。处于塔底的广大中小企业，创业、生存和发展是它们的任务。①它们更多谋求的是转型，服务化对于它们来说还很遥远。因此，从制造业的企业结构看，服务化的重点对象是两类企业：大中型企业即行业领先企业和行业领军企业。

制造企业向服务转型的过程是渐进的，根据向客户提供潜在价值的大小和商业模式的转变程度，制造企业从聚焦产品的初始阶段出发，可以选择两种转型模式：提供基于产品的增值服务和脱离产品的专业服务。如企业致力于以服务为核心竞争力，将最终过渡到提供服务导向的解决方案的成熟阶段。从图 4-2 和图 4-3 可以看出，制造企业向服务转型的路线图。

目前从整体看，我国制造业服务化才刚刚起步，服务化水平还不高，除少数有条件的行业领军企业可以进军国际市场，转型为服务提供商外，对于多数行业领先企业而言，还不具备提供成熟的一揽子解决方案和纯专业化服务的条件。从对服务化基本模式的阐述也可以看出，第四种模式相对过于成熟，对企业的要求很高，大部分企业不具备 IBM 那样整合资源和抗风险的实力和能力。第三种纯服务型的专业化模式，目前国内制造企业对于这种模式的应用还很不成熟，新兴服务领域拓展不够，往往以进军房地产进行短期攫利代替长期的服务领域发展，这种状况从长远看不利于增强企业核心竞争力。即使是将来服务化发展了一段时间，对于大部分企业而言，仍只能以提供实物产品为基础、以提供附加服务为主，即属于服务化的第一种和第二种模式，提供增值服务或产品服务包是未来大中型领先企业的发展方向。

制造业向服务的转型需要先确立基于制造的基础和技术优势。高质量的制造品质，是实现制造业服务化的前提和基础。对于大多数制造能力具备优势的中国企业而言，选择简便易行的增值性服务模式，可以在相当程度上保留原有的制造优势，并在短期内赢得竞争优势。以良好的制造产品以及产品技术为基础，加强服务环节在制造业各个流程中的渗透，重点推进质量提高型和服务渗透型发展，是将来多数中国优秀企业服务化的理性选择，换句话说，就是服务增强型、服务增值型模式将

---

① 参考黄培：《制造业转型趋势下的 IT 创新之道》，2010 年 6 月 8 日。

来更适合多数中国优秀企业。从提供优质的实物产品、附加服务做起，进而向提供增值服务或产品服务包发展，推进制造业服务化向更高级的形态发展，形成差异化竞争优势，逐步把企业发展重心从制造产品向提供附加服务以及产品服务包和解决方案转变，进一步提高产品附加值，延伸产业价值链，加速服务化进程，不断提高服务化水平。

在这个意义上说，制造业服务化的路径和模式选择，对于中国大多数行业领先企业而言，不是制造企业向服务企业转型，而是制造环节与服务环节的重构与联动，是基于制造的服务增强型和加强服务对制造生产环节的渗透，提升传统制造的服务含量和附加值，增强制造产品的品牌效益，只有少数领军企业能够实现从以产品为中心向服务为中心的转型。综上分析，与金字塔形的制造业企业结构相对应，中国制造业服务化的路径与模式选择，应该是一种多层次的服务化战略，少数行业领军企业处于第三种或第四种模式，能够提供专业化的服务和服务导向的一揽子解决方案，一些行业领先企业属于第二种模式，提供基于产品的增值服务或产品服务包，而多数企业只能处于以实物产品为主、附加服务为辅的初级模式。

（二）实现途径：分层次、大力推进服务化战略，以制造业需求为导向加快生产性服务业发展

实施分层次推进服务化战略，构建生产性服务业与制造业互动发展机制，以制造业需求为导向加快生产性服务业发展。

1. 增强制造业总体的服务含量，创新服务模式

鼓励制造业企业采取上下游整合模式，在生产流程的上游、下游将各类有形产品和服务进行整合提供给顾客，制造商提供信息管理服务软件作为一种嵌入式服务，为顾客购买产品提供融资服务作为伴随性服务，在为顾客销售产品时，根据顾客需要提供运输、安装、设计、维护等一整套解决方案等。

2. 以制造业需求为导向大力培育服务市场

制造业服务化是需求导向型的产业形态和发展模式。只有以价值创新为主导来推进制造业服务化，以市场需求为基点来延伸和发展制造业的价值链，才能提高制造业服务化的水平。制造企业客户的需求是多层次的结构：表面是被感知的需求，即客户表达的要购买某产品或服务的意愿；下层是实际需求，也就是客户购买产品的实际原因；最底层是隐蔽需求，就连客户也没意识到问题的根本原因和真正驱动力。要充分重视需求在制造业服务化中的重要地位，以需求为导向，制定促进生产

性服务业的规划和政策措施。有条件的地方要因地制宜地研究制定相应的政策，鼓励有条件的制造业企业实施"主辅分离"，建立服务业与制造业的联动机制，通过分离创造服务业的需求，做大服务业的供给，繁荣服务业市场，建立服务业与制造业的联动机制，促进生产性服务业发展。"十二五"期间，我国将进入工业化中后期，将逐步形成以精深加工化、集约化为主导的产业结构，要抓住制造业结构升级释放出的生产性服务需求，以制造业需求为导向加快生产性服务业发展。比如鼓励制造业企业实施供应链管理，将企业内部物流与企业上、下游及社会物流连接起来，实现精益生产与精益物流以及制造业与物流业对接、联动。

3. 推进全国性的行业领军企业直接向服务企业转型

制造业企业服务增强和价值链服务环节提升的高级形态是具有较强行业影响力的制造业企业直接向服务企业转型。国外 IT 制造、汽车、钢铁、机床、生产线制造等行业都采用这种模式进行服务增强，国内物流设备企业天奇股份、大型国有企业集团陕西鼓风机集团，国内程控交换机行业的领头企业华为都是这方面的典型代表。华为通过实施 OEM 产品的国际化服务战略，在全国建立了 33 个办事处和技术支持中心，在全球建立了 55 个技术服务中心，销售及服务网络遍及全球 70 多个国家。华为由最初的销售部门独立，从设备的设计、运输、安装、调试，以及后期的解决方案，已成长为向电信运营商提供固网、移动网、数据通信网和增值业务领域的网络解决方案供应商。海尔为确保家电业中的领头位置，走出中国家电业低利润的局限，自发地实施从"制造"向"服务"转型的战略，通过整合海尔集团家电、室内装修、智能化等生产及研发资源，集成家居设计师，推出了 50 个整套专属服务车，逐步成为整体家居集成服务提供商。

要坚定不移地依靠具有国际竞争力的领军企业推进服务转型，塑造高端的生产性服务活动，在全球价值链中获取更多的份额。选择具有自主知识产权的优势品牌企业，建设和完善设计创意中心、技术研发中心、品牌推广中心，支持优势品牌企业跨地区兼并重组，有重点地支持企业建立全球经营体系。

（三）推进重点

1. 行业和企业推进重点

行业方面重点推进装备制造业的服务化。根据前面分析的制造业服务化创新特点和基本模式，以及我国可行的制造业服务化路径选择分析，在行业推进重点上，根据我国制造业的结构特征，可以选择制造业的龙头和国民经济的脊梁，技术含量高、关联度大、带动作用强的装备制造业。根据笔者有关中国、韩国制造业对生产性服务投入的研究，不同要素密集度的制造业对生产性服务以及生产性服务内部行业的投入是不同的，技术密集型制造业对生产性服务特别是对技术咨询、研发等服务有较高的需求。由于装备制造业本身技术密集的特性，对相关配套服务的需求不断增加。鉴于此，把装备制造业作为制造业服务化的推进重点，大力发展与装备制造相关的配套服务，形成完整的产业链，是发展生产性服务业的有效途径。随着国家重大工程项目的实施，大型核电关键设备、石油天然气长输管线成套装备、大型乙烯成套设备、大型煤化工成套设备等一大批重大技术装备逐步实现国产化，为提高竞争力和市场快速反应能力，装备制造的配套产业、配套服务的市场需求会大幅上升，形成咨询、规划、研发、设计、制造、检验、调试、监测、维修、保养，直到产品报废、解体或回收等一体化的产业链。我们要通过发展装备制造业配套服务和整个产业链服务环节，提升制造业服务化水平，进而促进生产性服务业快速发展。

企业方面重点推进中国大型科技集团企业的服务化。由国家计划经济发展起来的大型制造业集团企业，比如中国航天工业集团、中国航天科技集团等，是国家的大型科技企业集团，在国防、航空航天领域也是国家队型的技术服务型企业。在这类有条件、有能力服务化发展的大型集团企业中，培养一批基于核心技术和产品的强大服务能力的大企业集团，以此为突破口，可以顺利推进中国制造业服务化的进程。这类企业的服务化可能面临两方面任务，每一方面都有利于生产性服务业的发展。首先，在服务化过程中，集团企业不可能在所有的服务环节都能确立竞争优势，一些服务环节、服务项目必须分离外包出去，由更专业化的服务机构来完成。据调研，国内一些大型集团企业往往把非核心的、牵扯精力、牵扯资源分配的领域剥离，或增值较少的环节进行功能外包，比如物流、采购、加工、融资等环节。其次，在剥离非增值环节的同时，要在系统集成、核心技术创新方面走在国际前沿，加强核心竞争力，让关键环节实现增值、提高价值，在横向上服务更多企业，形成以核心技术为主的服务外包，利用技术优势形成更大的服务能力，这种发展模式通常叫做核心技术的服务化。

2. 价值链环节提升重点：实现价值链逐步从中低端向中高端攀升，着力提升和突破研发设计、品牌渠道两大关键环节

制造业服务化就是向两端高附加值服务环节延伸价值链，在制造环节的上端加大研发、设计投入，在下游主要是加大品牌的建设，通过这个线路加速制造业的转型升级。Gereffi（1994，2003）把全球价值链运行分为生产者驱动和采购者驱动两种

模式，生产者驱动型价值链的典型产业部门是工程机械，还有计算机和航空器等，核心能力是研发和生产能力，以投资为主作为产业联系；采购者驱动的价值链适用于发展中国家的服装、鞋帽、家电等消费终端产业，核心能力是设计和市场营销能力，以营销和贸易为基础。因此，两种类型的价值链提升战略也有较大差异，生产者驱动型价值链需要重点突破研发创新制约，以工程机械行业为例来分析。采购者驱动型价值链需要重点突破品牌和渠道环节制约，以家电、汽车等终端消费行业为例来说明。

一是提升和突破研发创新环节——以工程机械行业为例。

自主创新能力薄弱是我国许多技术密集型制造业发展的软肋。汽车产业过去实施以市场换技术战略，后来发现核心技术没拿到手，市场也大多被跨国巨头分割占领。彩电制造业也是缺少自主开发这一关键环节，导致了产业的整体战略判断失误，丧失了技术升级的最好时机。未来服务化进程中，要突破研发设计这一关键环节制约，需要借助研发设计产业，发展高附加值的高端产品，提高制造业的科技含量和附加值。鼓励企业在动态网络化制造环境下，包括生产制造商、制造服务商等自主决策的企业在研发、采购、储存、销售、维护等价值链各环节以外包或联合外包的方式结成专家结合体，协作完成集成制造过程。建立一整套促进企业研发设计投资的政策措施，鼓励民营企业附设技术研究所和增加技术开发投资，加强对核心元件的理解和开发能力，在对产业链上的核心元件等关键环节进行突破的基础上，向复杂产品的自主开发突破。韩国 80 年代以来的成功经验充分说明了这一点。鼓励企业通过产品设备购买、购买技术许可、聘请专业技术顾问（包括咨询服务）、各类研发合同外包、合作研发等多种方式，提高核心技术创新水平。

与汽车业、家电业等终端消费品行业不同，中国工程机械行业走的是一条完全市场化，引进、消化、吸收、创新的道路，是自主创新的典范。该行业拥有徐工集团、柳工集团、中联重科、三一集团、山河智能、厦工集团、合力叉车集团、山推股份公司等一批拥有自主知识产权和自有品牌的大型企业，这些企业近几年每年都以百分之三四十甚至更高的速度发展。2007 年中国工程机械行业的销售收入突破了2100 亿元，在世界工程机械行业中，销售收入仅次于美国，位列第二，市场总量已占世界市场的近 1/6。这些企业已经初步具备了较强的研发能力和制造能力，三一重工于 2007 年 10 月开发了代表国际先进技术水平的 66 米臂架泵车，问鼎吉尼斯世界纪录，在 2011 年日本 3·11 特大地震中大显神威。这些企业利用自身技术优势，有的已经走上了产品＋增值服务的道路。徐工集团从工程机械产品提供商向工程机械方案提供商转型，还通过呼叫中心、售后服务和备品备件管理、远程服务、电子商务平台建设等，延长了产品价值链，逐步实现企业从产品制造向产品增值服务转型。中联重科利用自身的行业、资源、技术和信息的优势，与配套零部件生产厂合作为用户提供设备选型、安装、调试、保养、维修、改造和调剂等全方位服务。

在技术创新能力方面，我们与世界同行业强国相比还有较大的差距，特别是在零部件耐久性、可靠性和产品性能上差距较大，每年约70%的行业利润被进口零部件吃掉。日本小松、美国卡特彼勒等世界级工程机械企业都是自己生产发动机、液压元器件、控制元器件等基础零部件。进一步提高自主创新水平，提高国内基础零部件的生产制造水平成为国内工程机械行业发展的关键因素。根据我们对工程机械行业的相关调研，目前我国工程机械基础零部件生产企业以中小企业为主，企业本身的科研开发力量薄弱。在这种关键时候，政府要发挥引导、组织、激励和推动作用。需要政府出面联合高校等科研力量，整合资源，同时对基础零部件技术研究给予减息贷款等经费支持，通过政府主导、联合研发来重点突破中高端液压元器件、发动机等研制难题。目前像工程机械等行业中的核心技术，比如上下游产业链核心的供应部件、核心的零部件的研发投入以及人才的储备，单靠一个企业是很难做到的，需要政府层面整合各方力量，组织联合攻关。中国台湾政府通过台湾工业技术研究院引导大学或科研机构就重大共用技术进行研究，韩国也很重视在研发服务活动中发挥政府的主导和引导作用。

二是提升、突破品牌和渠道建设环节——以消费终端行业为例。

在品牌培育和渠道建设方面，我国总体上存在营销渠道建设薄弱、国际品牌少、品牌价值低的问题，海尔是唯一一个入选世界100个最具影响力品牌的企业，建设营销渠道、发展自主品牌是我国提升全球价值链战略的长期任务。品牌战略已成为世界各国参与全球竞争的国家战略，许多国家都有完整的品牌战略思路和扶持政策体系，尤其是美国、日本、韩国（见专栏4-1、4-2、4-3）。我国许多制造业企业长期以来只重视生产，不注重形象、品牌和战略性营销网络建设，大部分企业只是为外资做零配件加工和OEM，缺乏自主品牌、销售渠道和供应网络，更忽视培育自主国际性品牌。国际知名品牌的培育，是技术能力问题，同时更与营销能力、管理能力和组织创新能力密切相关。品牌的培育与产品、质量、价格、消费者、竞争对手、宣传、渠道等众多因素有关。

家电产业链分为5个环节：标准、材料、制造、渠道、品牌，渠道建设和品牌推广蕴涵更高的附加值，对家电企业更为重要。海尔已经意识到白色家电行业的竞争已不再由技术革命推动，竞争力将展现在商业模式中。所以，凭借其强大的渠道和品牌优势，着力打造新的商业模式：一方面是产品创新，能为用户提供解决问题的方案；更为重要的是，商业模式创新，实施零库存下的即需即供，同时走生产外包的路子，将大部分生产业务外包，着重做好研发和品牌渠道环节。

2010 年中国已经成为汽车产销第一规模大国。从世界汽车制造业的发展趋势看，汽车制造业的利润正在从制造业向服务业转移。汽车产业从单纯的生产制造向采购、营销、物流、金融、租赁、销售、维修、养护、二手车交易、回收拆解等服务环节渗透。企业通过遍布全球各地的销售中心为客户提供一系列优质服务，这也成为汽车制造企业利润的重要来源。从利润分布看，中国汽车产业链中汽车销售、二手车销售、汽车金融、汽车保险、维修与配件、长短期租赁等汽车服务业利润占到了总利润的 60%，见图 4-8。中国汽车后市场潜力巨大。根据调查测算，居民购买一辆10 万元的家用轿车，有 50%的款项被分别给了设计、广告、策划、保险、律师、股东、销售商等服务业领域。汽车每年使用的燃油、维修、保养、保险等项消费，平均在万元以上，未来 10 年是城镇居民家用汽车基本普及的时代，汽车后市场前景广阔。要向汽车后市场扩张，做后市场的品牌建设、品牌延伸，做汽车美容、油品、自驾游品牌，人民生活水平提高了，越来越需要好的汽车和汽车服务。

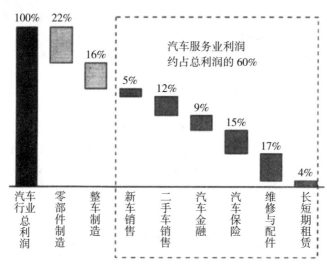

图 4-8　中国汽车产业链利润分布

资料来源　胡茂元：《服务经济时代的中国汽车行业——上汽集团的实践与探索》，载《汽车工程》，2009（2）。

所以，加强渠道和品牌建设需要从两方面着手。首先，对于多数行业领先企业而言，应更加注重构建营销网络。在国内外努力构建自主营销网络，从制造环节向终端销售、配送环节延伸，真正实现由做订单向做市场转变，开发提供一系列售后服务、配套服务、增值服务，不断拓展制造业服务化新领域。

通过做强销售环节和通道，构筑需求导向型的产业链。在产业链实物形态运作过程中，接单环节获利润20%，品牌获利润30%，网络获利润40%，亦即大量利润（除研发、创新、设计外）被销售环节所汲取，所以，做强销售、做活通道是OEM提升竞争力的必由之路。通过建立通道，直接控制产业链终端，强化服务功能，是产业链构筑的关键环节。在逐步拥有自己的营销网络基础上，再培育中国的自有品牌。

其次，要通过与外资合作等多种方式，建立营销网络和培育自主品牌。品牌是行业技术创新能力、市场拓展能力等核心竞争力的集中体现。推动本土民营企业与外资开展资本、营销、品牌和技术等多种形式的合作，促进民营企业进入外资企业的采购、生产和销售网络，在逐步拥有自己营销网络基础上，培育中国的自有品牌。鼓励贴牌加工企业与国际著名品牌合资合作，参与设计，参与研发，积极推行多品牌国际化，持之以恒地实施品牌战略。地方政府要采取相应政策鼓励企业进行品牌运营模式的创新。鼓励企业采取由专业厂家负责生产，外贸公司负责企业管理和市场销售，在海外建立销售渠道和树立品牌的做法。可以借鉴广东加工贸易升级示范区的做法，提高自主出口品牌的竞争力，建立国内外营销网络，鼓励现有加工贸易企业注册自主品牌，加大政府对自主品牌企业的采购力度，进一步推动全国制造企业自主品牌建设。

专栏4-1：日本持续开展品牌育成事业

日本政府将品牌战略上升到国家战略，以品牌"树立日本的新形象"，将融入世界市场作为一种使命。日本企业用了30多年时间来创立品牌；用了10年时间从为欧美代工中脱离出来，创立独立的品牌，又用了10年的时间投资品牌建设，每年耗费上千万美元，人们所熟知的国际化品牌，如松下、索尼、东芝、丰田、本田、尼桑等品牌均成功打入美国市场并享誉全球。

日本政府除举办各类评优活动外，还通过综合政策促进企业开展技术创新、提高产品质量、加强海外市场开拓。通过提供出口信贷、出口信用保险、出口退税免税、促进对外投资优惠税收制度等，帮助企业走出国门。需要引起重视的是，日本政府在保护企业品牌方面还采取了更为直接的政策，将品牌作为知识产权的一个重要组成部分，从保护知识产权的高度在法律、政策部门、执法部门、民间支持等多方面构筑了支撑体系。从 2004 年开始实行"日本品牌发展育成事业"，政府面向中小企业，募集和挑选具有日本文化特色和地域特色的品牌，为其承担 2/3 的研发、宣传和推广资金，帮助其开拓市场。

日本在创建品牌方面取得了显著成就，但依然重视品牌的保护和发展，这就启发我们要使已具有全国名牌的产品走向国际，已经国际化的品牌要持续提升品牌价值。

——笔者根据 2008 年深圳调研时获得的相关资料整理。

专栏 4-2：韩国以制造业设计推动品牌自主创新

韩国是 20 世纪 70 年代才发展起来的新兴工业化国家。韩国采取国家政策鼓励出口，扶持国内大企业集团，国外品牌很难进入国内。此外，韩国政府扶持品牌的一项重要策略就是重视设计。2000 年曾提出"设计韩国"的战略口号，认为设计就是创新，设计强国就是经济强国。为此，韩国政府重视培育设计产业的大环境，在小学阶段开设设计方面的课程；根据企业的市场需求为企业定向培养设计人才；对设计企业并购给予支持；每年的 12 月定为"设计月"等。韩国拥有设计师比率很高，并且每年都有 3.6 万名设计专业的毕业生进入各设计服务机构。

韩国的主要公司，如三星公司、LG 公司、现代汽车公司，很注重在设计管理方面的投资。三星电子是利用设计提升产品品牌价值和扩大市场份额的典范。90 年代后韩国品牌开始融入世界，三星、LG、大宇、现代都成为世界名牌，韩国制造也成了高质量产品的代表。

——笔者根据 2008 年深圳调研时获得的相关资料整理。

专栏 4-3：美国以建规立制保护支持本土品牌

在全球 250 个价值最高的品牌中，美国占了 112 个，创立品牌、保护品牌、发展品牌已成为美国企业称雄国际市场、参与国际竞争的最重要的战略手段。

在美国这个倡导自由放任的市场经济国家，似乎并没有具体长远的政府主导品牌发展战略，但美国人以其特有的，依靠包括立法、建立经济秩序等在内的制定游戏规则的方式，给了美国品牌以巨大的保障与发展空间。在美国品牌与国外品牌交锋过程中，美国政府多次扮演了重要角色。

品牌的创立和维护是以企业为主体的，但政府对于本土品牌的支持与保护可以有多种方式。美国经验启示，除了采取资金、政策等方面的扶持外，还要为企业创造有利于品牌发展的制度和法律保障。政府可以通过制定法律、建立经济秩序以及利用国际形象和文化来进行品牌跨国营销。

——笔者根据 2008 年深圳调研时获得的相关资料整理。

六、政策建议

当前，推进制造业服务化，只是少数企业的自发行为，行业的服务化发展才刚刚起步。未来要将制造业服务化作为大力发展生产性服务业的源泉和途径，加强政府的引导作用，整合经济、科技、政策等各项资源，发挥企业的主体作用，加速制造业服务化进程。

(一) 发挥政府的引导、组织、激励作用，加强政策推动

在全面落实产业自主创新政策基础上，支持各地制定出台制造业服务化扶持政策及发展导向目录，设立制造业服务化扶持资金，引导企业加快制造业服务化改造，实行非制造环节重组和业务流程再造，实现企业研发、营销、品牌及物流等服务环节的转型升级，加快由制造商向服务提供商的转变，努力打造一批特色优势的制造业服务化企业。

政府引导大学或科研机构就重大共用技术进行研究，政府引导产学研的合作，在民间企业尚不具备相应的资金、技术、信息和人才来将科研成果转化为生产力时，政府主导建立相关的企业，利用政府研究机构的人才、技术所建立的衍生公司，有效地将技术转变为生产力。企业发展初期、关键转折时期、困难时期，政府给予了关键性的支持。在大型联合攻关中，政府进行全程周密的组织、协调和管理。随着这些大公司实力的强大，政府及时把政策导向从政府主导向政府引导转变，激发企业自主创新的积极性。

(二) 营造公平竞争的市场环境，培育竞争性的领军企业

中国制造业竞争力的核心是完全市场竞争条件下具备技术开发和市场化能力的竞争性企业，要坚定不移地打破垄断，放宽准入，创造公平竞争的市场环境；坚定不移地依靠并发挥这些领军企业的作用，依靠其推进战略性技术和产品能力开发，

重塑高端的生产性服务活动，在全球价值链中获取更多的份额；坚定不移地培育一批具有国际竞争力的跨国经营大企业、一批参与国际分工的"专、精、特"专业化零部件企业。其实，这些竞争性企业已经在中国工业越来越多的领域出现，比如电信设备行业的华为和中兴，机械行业的振华港机、三一重工。选择具有自主知识产权的优势品牌企业，加强技术创新，提高质量水平，建设和完善设计创意中心、技术研发中心、品牌推广中心，支持优势品牌企业跨地区兼并重组，增强品牌企业的市场控制力；加大对企业"走出去"的支持力度，有重点地支持企业建立全球经营体系。

（三）着力搭建制造业服务化的支撑平台

在国家层面，推进制造业共性与关键技术平台的建设，政府通过直接投资及项目、财政、税收等优惠，承担起启动、引导、激励和推动制造业服务化的重要作用。在地方政府层面，通过政府推动、企业化运作等方式为中小企业产业集群提供支撑条件和公共服务，建设包括技术服务、信息服务、教育培训、质量检测、诊断咨询等功能多样的综合性服务机构，为企业营造覆盖全社会、开放式、网络化的技术创新服务网络。在中小企业共性技术服务平台建设方面，重视奖励，轻视扶持，还不能很好地解决企业实际问题。要创新工作思路，改变平台运作、管理中重评审、轻扶持、轻运作的做法，既要重视事前的政策制定，更要加强事中的宣传落实、检查，以及事后的跟踪评估。

（四）构建生产性服务业与制造业联动机制

创新政府服务方式，提高行政服务效率，加强诚信建设，降低服务外包的合作风险，推动制造企业生产性服务环节外包。鼓励制造企业"主辅分离"，推进企业内置服务外部化。进一步完善劳动用工制度，强化企业内部资源、业务整合的自主性，引导和推动企业通过管理创新和业务流程再造，逐步将发展重点集中于技术研发、市场拓展和品牌运作，将一些非核心的生产性服务环节剥离为社会化的专业服务，以核心竞争优势整合配套企业的服务供给能力，大力发展产业内部的专业化分工体系。鼓励规模大、信誉高、服务质量好的企业，实施跨地区、跨行业的兼并重组，促进生产性服务业的集中化、大型化、组织化。建立信息共享平台，健全中介体系，推动相关企业间合作，实现社会化服务与制造环节的"无缝式对接"。

本章小结

制造业服务化是制造业与生产性服务业联动发展的过程，也是制造业价值链条从中低端生产环节向中高端服务环节攀升的过程；是现阶段我国制造业结构升级的出路，也是生产性服务业创新的源泉。制造业服务化之所以能在全球形成重要趋势，就在于其创新运用了服务创造价值这一工具、以客户需求为导向、创新驱动三大特征。服务化发展是一个逐步增强的过程，国内制造企业服务化初显积极态势，但服务化经常是行业中领先的大企业的行为，还没有成为国内制造业企业中一种较为普遍的现象。向服务化转型还面临转型企业内外部方面的困难与问题。陕鼓集团、天奇股份的案例研究显示，我国价值链逐步从中低端向中高端攀升，要通过知识积累和能力培育，不断培育产业的动态比较优势。中国制造业服务化的路径与模式选择，对于中国大多数行业领先企业而言，不是制造企业向服务企业转型，而是制造环节与服务环节的重构与联动，是加强服务对制造生产环节的渗透，提升传统制造的服务含量和附加值，增强制造产品的品牌效益。从实现途径看，要分层次、大力推进服务化战略，以制造业需求为导向加快生产性服务业发展，推进全国性的行业领军企业直接向服务企业转型。行业方面重点推进装备制造业的服务化。企业方面重点推进中国大型科技集团企业的服务化。价值链环节着力提升和突破研发设计、品牌渠道两大关键环节。

第五章　体制机制创新研究

——以市场准入改革为分析重点①

体制机制创新是生产性服务业创新与升级的有效途径。所谓体制机制性问题，主要指宏观上的所有权和资源分配等政府管理体制问题，以及规范、标准、诚信机制不健全、无序竞争等微观上的市场机制问题。从前面第三章因素分析看，体制机制性障碍从供给与需求两方面制约了生产性服务业的快速发展，抑制了生产性服务业供需扩大、供需转化和巨大发展潜能的释放。林兆木、杨伟民、陈文玲（2008）认为，进入管制严重束缚了我国生产性服务业的发展。吕政、刘勇、王钦（2006）认为，生产性服务业市场化程度较低，将绝大多数潜在投资者拒之门外，造成服务业部门资源流入不足，抑制了服务供给能力的扩张和削弱了工业企业外包生产性服务的内在动力。发达国家服务业管制改革的实践证明，放松管制有利于形成以服务经济为主体的服务结构。美国是服务业最早开放也是开放程度最高的国家，同时也是世界上服务业最发达的国家，最早进入服务经济，日本是发达国家中开放服务业最晚的国家，同时也是最晚进入服务经济的发达国家。现阶段，我国已到了不解决这些问题生产性服务业就难以加快发展的阶段。而在阻碍生产性服务业的各类体制机制性障碍中，市场准入集中反映了各类矛盾的焦点，市场准入改革应该成为体制性障碍的重要突破口。

因此，本章主要从体制机制和制度②方面切入，以市场准入改革为分析重点，集

---

① 市场准入部分内容源于郭怀英撰写的《我国生产性服务业市场准入条件研究》专题报告（2007年国家发改委产业协调司委托的"我国生产性服务业市场准入条件研究"课题），收入本书时进行了修改完善。同时参考学习了王晓红撰写的总报告，在此致谢。

② 笔者浅见，政策、体制、制度、法律是不同而又相互交叉的范畴，政策、法律是解决体制、制度问题的手段。服务业直接规制领域的缩小与市场机制领域的扩大这种微观层次的体制变革，使得宏观层次的体制(所有制与分配)变革势在必行。

中探讨如何通过体制机制创新激发生产性服务业发展的动力和活力。需要说明的是,限于篇幅,本章主要探讨生产性服务业的体制机制创新问题,基本不涉及制约生产性服务外部化的制造业方面的体制性问题。另外,财税政策调整与创新安排在第十二章战略思路与对策中探讨,相关财政体制改革在本章会有涉及。

一、服务业市场化改革演进历程

服务业发展是市场化改革的产物。探讨生产性服务业的体制机制创新问题,首先有必要把其放入服务业体制演化的大背景中来考察,把握服务业市场化改革的脉络、主旨和主要突破口。30多年来,围绕深化市场准入改革、拓展服务业供需空间、建立规范的现代企业制度和完善的市场服务体系,服务业市场化改革大致经历了三个阶段。

(一) 准备与起步阶段

大体上从1978年到1991年,在这个阶段,伴随着改革开放,商贸餐饮、交通运输、居民服务等传统服务业开始从无到有,从单一计划体制向多种经济成分开放,服务业市场空间得到广泛、快速的拓展。1985年中共中央《关于教育体制改革的决定》发布,高等学校后勤社会化改革开始起步。1988年《国务院关于深化科技体制改革的若干问题的决定》发布,科研机构开始进入科技咨询服务领域,80年代末至90年代初大量咨询服务机构成立。在该阶段,服务业突破了计划经济的框框,改革方向逐渐明确,但该阶段服务业的市场开放还是比较混乱、初级的市场化。

(二) 全面推进阶段

大体上从1992年到2005年,中共中央、国务院于1992年发布了《关于加快发展第三产业的决定》,强调要放手让城乡集体、私营企业、个人兴办劳动密集、直接为生产和生活服务的企业,以此为标志,服务业市场化改革在生活性服务、生产性服务领域全面推进,进入一个新阶段。高校后勤管理体制改革全面推进,80%以上的高校后勤部门从学校行政事业体中相对分离。1992年以后,国家推动建立现代企业制度,作为市场体系重要组成部分的行业协会和中介服务企业应运而生。1997年后,相当数量的广告活动从国有企业或政府机构的广告部门中分离出来,形成独立的广告公司;1999年4月,我国正式开始将会计师事务所与各级政府分离;进入21

世纪，非国有咨询机构的数量已经远远超过国有咨询机构，国外咨询机构纷纷进入中国开展业务。

2001 年 12 月，国务院办公厅转发了国家计委《关于"十五"期间加快发展服务业若干政策措施的意见》，明确提出市场化、产业化、社会化的改革思路，强调在金融、电信、媒体以及在文化、体育、教育、医疗等服务领域要放宽市场准入。党的十六届三中全会通过《中共中央关于完善社会主义市场经济体制若干问题的决定》，为服务业体制改革指明了总体方向。2004 年年初国务院决定向中国银行、中国建设银行注入 450 亿美元外汇储备，四大国有商业银行股份制改革开始试点。2004 年，国家颁布《行政许可法》，以法律形式规范行政审批行为，地方政府加大行政审批制度改革力度。总之，在上述政策措施的引导下，服务领域市场化改革全面推进。

（三）深化与突破阶段

2005 年至今，进入服务业改革的深化与突破阶段。2005 年，《国务院关于鼓励支持和引导个体私营等非公有制经济发展的若干意见》，即著名的"非公经济 36 条"正式出台，允许非公有资本进入法律法规未禁入的垄断行业、公用事业和基础设施、社会事业、金融业等几乎所有的服务领域。从 2005 年开始，电信、邮政、民航体制改革方案获得通过，一些多年酝酿的与服务业密切相关的重点领域和关键环节的改革开始取得突破。2006 年 12 月 11 日起，我国对外资承诺全面开放服务贸易业务。2007 年年初，国务院发布了《关于加快发展服务业的若干意见》（即 2007 年 7 号文），强调要继续深化垄断性服务行业、社会事业的改革，继续推进政府机关和企事业单位的后勤服务、配套服务改革，建立服务业宏观统筹管理制度。2008 年 3 月国务院又发布了《关于加快发展服务业若干政策措施的实施意见》，作为 7 号文的配套实施意见，从统筹、协调多部门工作的职能出发，在市场准入等方面提出了更为具体的改革措施。一些地方响应国家政策，出台了符合当地实际的服务业改革与创新的政策文件，在放宽市场准入等方面尝试突破。

综上所述，从上述演化历程中可以看出，改革开放催生了我国科技咨询、信息咨询等生产性服务业，使得生产性服务业由小变大、由弱变强。金融保险业在体制改革中扩展了增长空间，知识密集的法律、会计、技术咨询、设计、广告等科技和商务服务产业规模不断扩大，生产性服务业市场化改革取得了重要成绩。然而，与工业、农业相比，服务业领域政企不分、政事不分、行政垄断、多头管理的状况仍非常突出，特别是市场准入限制，严重阻碍了生产性服务业的发展与升级。

二、现阶段生产性服务业体制机制性问题分析

(一) 市场化程度低制约生产性服务业发展与升级

生产性服务业市场化改革是大家常谈常新的一个话题，至少蕴含两方面的意思：一是生产性服务内部化向外部化转化，自我服务向市场交易转变，这可理解为是一个市场化扩大的过程；二是体制因素下对市场化程度的影响，比如放松管制、服务门槛降低、价格和投资限制降低等方面，从培育市场主体来看，这反映的是市场竞争程度的提高引致的企业发展环境的优化。这两条是相互联系的，后一条如果解决得好，将会大大增强前一条的效果。体制因素影响下的市场化水平的提高会增强人均收入水平、社会分工水平与服务业增长之间的正相关关系。[1]生产性服务内部化、专业化分工不足，其实反映的是市场化程度不够。生产性服务供给不足、不能满足需求，是市场竞争不充分造成的，背后是行业垄断、进入壁垒、价格等方面的管制，特别是在市场准入方面存在诸多歧视性限制，比如对非公有制经济的开放度低，造成竞争不足，行政性垄断使服务价格居高不下，服务专业化水平不高，导致高水平、差异化服务有效供给不足。因此，迫切需要通过体制机制创新，促进专业化分工，带动生产性服务外部化，从需求和供给两方面激活生产性服务业发展的活力和动力。

目前，我国服务业市场化程度低还突出表现在市场经济制度不完善方面。除了具有无形性、多样性和信息不对称性等服务活动的共性特征外，生产性服务业自身还有两个特性，一是产业发展依赖知识等高级要素投入，二是创新驱动发展的特征明显。因此，它更加依赖于市场化、法治化、诚信化和国际化的制度环境。完善的现代市场经济制度环境是生产性服务业发展的基础。

服务业发展实践证明，市场化程度越高，服务业的发展水平也相对越高。所谓现代市场经济制度，要求其能够做到保证经济运行中市场主体之间合作和交易高效规范，促进不同市场主体公平竞争，保证创新者的收益预期，降低创新风险，对创新的激励更加完善，保护本国或本地区的知识产权以及严格的商业规则和服务标准。日本通过行业标准从制度上保证了商务服务人员的业务水平、服务运作的规范化进程以及契约签订的严谨程度，促进了东京、大阪等城市商务服务和金融服务的聚集发展。现阶段，我国这方面的建设还存在很多不完善的地方，特别是市场准入不公

---

[1] 周振华：《现代服务业发展：基础条件及其构建》，载《上海经济研究》，2005(9)。

平、市场准入混乱，服务标准体系建设落后，市场交易成本难以降低，严重束缚了生产性服务业创新驱动发展的活力和动力。

（二）突破体制性障碍迫切需要进行市场准入改革

服务业30多年改革的实践证明，构建有效竞争的市场结构，培育有竞争力的市场主体，构筑服务业加快发展和提高竞争力的微观基础是服务业改革的最终目标。目前，不少服务业国有企业是由行政部门或事业单位改制过来的，还没有完全脱离行政性行为，靠垄断吃饭，长期依附于政府，自主经营的能力较弱，这些企业迫切需要体制转换和机制创新。

生产性服务业要加快发展，必须要注重服务市场主体的培育，建立充满活力的自我发展机制。根据近些年笔者的调研、总结，我国生产性服务业发展的体制机制性障碍主要包括进入和成长壮大两方面的障碍，具体包括垄断、多头管理、市场分割等原因造成了对民营经济进入的障碍，政企不分、政事不分导致服务市场主体培育不足，信用缺失、市场规则不健全、管理不规范，导致市场无序竞争，抬高交易成本。总体而言，这些体制机制性问题都与市场准入改革有密切关系，集中体现为市场准入障碍，上述思路见图5-1。

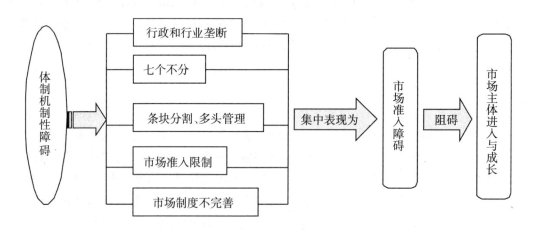

图5-1 生产性服务业的体制机制性障碍：内容及表现形式

具体看，主要包括下面几方面的问题：

1. 垄断阻碍潜在投资主体进入

金融保险、电信、邮政、城市供电、铁路、民航、港口等垄断性服务业的市场化改革虽然取得了积极进展，但深层次的体制改革任务仍相当繁重，政企不分、行政准入限制、行政审批过多等问题没有从根本上解决，特别是，自然垄断、行政垄断和行业垄断相互交织，国有企业占据绝对地位，阻碍市场主体进入，不少产业还未形成有效的市场环境和规范的准入制度，我国民间资本还不能平等地参与这些领域的市场竞争。虽然民航、电力、通信等行业进行了一定程度的分拆和重组，但基本上没有触及深层的产权制度改革，尚未形成规范的准入制度，铁路政企分开、清晰产权、完善的监管体系尚未建立。近些年，又出现了国家利益固化为部门和企业利益的倾向，形成了新的行政性垄断。虽然国家对这些产业领域从未明文规定不准民营投资经营，但"名义开放，实际不开放"的现象比较突出，在现实中存在部分市场准入，特别是观念上的市场禁入，即所谓的"玻璃门"、"弹簧门"现象，即使进去了，民营经济在新进入的领域内能否活得了、活得好还是个问题。①

2. "七个不分"影响真正的服务市场主体形成

"七个不分"即政企不分、政事不分、事企不分、管办不分、营利性机构与非营利性机构不分、公共品与准公共品和私人产品不分、政资不分，其中，主要是四大不分，包括政企不分、营利性机构与非营利性机构不分、政资不分、管办不分，教育科研等事业单位以及公用事业改革滞后，政府职能转换不到位，尚未形成真正的生产性服务市场主体，影响了生产性服务业市场服务功能的扩展。以会展业为例，会展业计划经济体系下的利益格局尚未解除，政企关系尚未理顺，在地方财政和投资权力逐渐加大的情况下，真正按效率原则和成本原则行事的服务业投资主体并未完全建立起来。下一步服务业改革要继续推进这方面的市场化改革，在可市场化的部分，构筑适应市场经济要求的现代企业制度，建立和完善现代公司治理的基本架构，提高企业的整体竞争力和运营能力。

3. 多头管理、资源分割影响产业做大做强

中国政府的经济管理部门许多是条块分割的，大家对行业的发展都有一定的资源分配权，所以，大多数服务领域都存在多头管理、资源分割问题，这个问题一直

---

① 郭怀英：《垄断性服务业市场化改革：国际比较及其启示》，载《宏观经济研究》，2004(12)。

是服务业发展中的老大难问题，也是服务业改革的难点。多头管理造成部门条块分割、资源不能整合，市场培育存在较大困难。比如，我国物流、软件业、电子商务、科技服务等领域的公共技术服务平台、公共信息平台，这些平台的基础设施、区域性信息网络以及公共信息资源开发利用，就存在大而全、小而全的条块分割现象。部门行政壁垒、条块分割，使得这些专业化服务平台难以建立有偿消费机制。资源和市场条块分割、行政限制，必然会出现多头管理。根据我们的调研，由于体制没有理顺，物流、批发、旅游、社区服务、农业综合服务、港口供应管理、会计审计、资产评估等服务领域都存在严重的多头管理、条块分割问题，区域行政限制造成经营主体规模过小，资质参差不齐，低水平重复，经营模式落后，影响了企业规模化、网络化、集约化发展。再比如，对一些地方的调研显示，在各类运输行业中，水运业由于其价格较低、运量较大，有较大的市场需求，水运的货运量应该逐年上升。但现在看，水运的货运量增长慢于全社会货运量增长，货运增长跟不上需求。其中一个重要原因就是，内河航运体制各自为政，水系互不沟通，运输难以成网，导致港口岸线投资不足，运输线路长度缩短，从而限制了供给扩大。区域分割形成的管理体制和投资体制问题影响了水运业发展壮大。

4. 市场准入限制多多

市场准入更多反映的是政府管理体制方面的问题。由于政府行政审批太多，造成效率低下，市场进入成本高。市场准入限制分布广泛，准入限制形式多种多样，规定市场准入限制的法规文件非常庞杂，既有法律、有关政府部门颁布的法规，也有临时性的通知。比如，准入门槛高，限制多，研发、技术咨询、专业服务企业和物流企业，其注册资本要求有些高。政府行政审批太多，乱收费，多头收费严重，市场进入成本高。政府在办理企业注册登记、营业执照和履行审批手续方面限制多。这方面的问题将在下一部分详细分析。

5. 市场制度建设滞后抬高交易成本

市场制度建设滞后主要表现为信用缺失和标准规范不完善，导致市场无序竞争，交易成本高。服务经济其实就是信用经济，要求征信体系更加统一和成熟，征信监管更加有力，信用奖惩机制更加完善，在鼓励创新、保护知识产权方面有更完善的法律体系来支撑，这些制度现阶段是我国服务业发展的薄弱环节。交易成本高，造成工业企业生产性服务过度内部化，造成"有效需求不足"；由于市场信用缺失，缺乏市场规范，难以培育著名"品牌"的服务产品；由于市场信用缺失，营销模式缺乏创新，服务能力低下，影响生产性服务产品供给。

这几年对各地服务业的跟踪调研发现，服务业供需方面的问题与市场机制问题有很大的关系。由于服务标准规范不健全，市场信用缺失，服务诚信机制尚未建立，加大了生产性服务业的交易成本。程大中（2008）认为市场交易成本较高，社会诚信不足，扰乱了市场竞争秩序，生产性服务业缺乏良好的社会信用环境，服务业不能标准化与规范化运作，行业协会在市场规范、行业自律、企业与政府沟通等方面的作用发挥不够，是我国生产性服务业发展水平低下的重要原因。[①]徐学军等（2008）通过对广东和东北制造业与生产性服务业共生的实证和案例研究，得出结论，当前我国制造业使用外部生产性服务种类少，外包程度低，其原因一是制造企业与生产性服务企业之间的互信机制、沟通机制、利益共享机制和共同学习机制还有待完善；二是服务供求信息透明度低，社会信用文化缺失，市场交易不规范，造成恶性竞争，影响生产性服务业与制造业联动发展。

综上分析，要突破现行的体制性障碍，迫切需要围绕深化市场准入改革，拓展生产性服务业供需空间；迫切需要建立公平开放、管理规范、全行业统一的市场准入规则，创造良好的产业发展环境。可以说，市场准入改革是生产性服务业体制机制创新的重要突破口。

三、生产性服务业市场准入问题分析

市场准入规则决定了市场竞争的公平与效率。行政垄断抑制民营经济进入服务领域，阻碍公平竞争。同时，由于我国生产性服务业起步较晚，与欧美、日本等发达国家相比还存在较大差距，市场准入的法律法规不健全，规则不完善，许多新兴服务业刚刚起步，基本没有建立市场准入规制，已经严重影响了产业健康发展。因此，建立公平开放、全行业统一的市场准入制度，规范市场秩序，增强市场活力，已经成为产业发展的迫切需要。目前，我国生产性服务业市场准入方面存在的主要问题有：

（一）准入门槛过高将多数潜在投资者拒之门外

国内许多学者认为，大部分服务行业需要降低进入门槛。"进不来"和"不对

---

① 王子先主编：《中国生产性服务业发展报告（2007）》，北京，经济管理出版社，2008。

等"导致生产性服务业市场化程度较低，造成服务业部门资源流入不足，抑制了服务供给能力的扩张。

主要表现在以下方面。第一，注册资本要求过高。据统计，目前我国对创建新公司要求的最低注册资本高居世界第 8 位。较高的进入门槛和狭窄的市场准入范围将许多投资者拒之门外。从事研发、咨询、专业服务和物流等服务企业都存在这一问题。如，某省对科技服务业的准入条件定为，注册资金 20 万元以上或年营业收入 100 万元以上。第二，规模要求过高。目前，会计师事务所对于注册会计师数、注册资金规模和营业收入等要求都较高，尤其是期货证券的审计资格取得，必须具备 40 名以上的注册会计师，其中还必须有 20 名取得期货证券特许的注册会计师。过高的准入门槛使得大量有能力、讲信用的会计师事务所被挡在市场之外。第三，个人执业者受到限制。如，工程咨询业市场准入以企业资质和注册资金的限制为前提，明确规定所有执业人士必须隶属于企业，不得独立执业，因此个人执业资质必须依附于企业资质。在企业资质方面多数为分级制，对于资质单位注册资金金额、办公场地、技术力量、技术装备等进行了诸多要求，限制了该行业的市场竞争活力。

(二) 行业垄断和地区市场壁垒限制了企业公平准入

目前，我国生产性服务业中有很多领域属于垄断性行业，比如金融保险、电信、邮政、电力、铁路、民航、港口等领域，由于自然垄断或是行政垄断，国有企业占据绝对地位，非国有经济通常难以进入并公平地参与竞争，同时，进入的壁垒也导致服务业内部专业化分工程度降低。由于银行业的进入审批存在对民营的限制，以及国有和民营待遇差别等问题，造成民营金融机构发展缓慢。按照常修泽（2008）的研究，主要垄断行业国有控股、集体控股、私人控股的比重分别为：电信和其他信息服务传输服务业（68.4%、7.5%、1.8%），电力、热力生产和供应业（78.6%、5.8%、11%），航空运输业（86.1%、0.6%、2.5%），铁路运输业（97.5%、1.8%、0.6%），邮政业（84.6%、2.9%、11.4%），水的生产和供应业（80%、6.9%、11.4%），城市公共交通业（92.1%、1.9%、4.4%）。虽然民航、电力、通信等行业进行了一定程度的分拆和重组，但本质上没有解决行业垄断问题。

此外，由于地方保护主义导致许多行业进入不同地区形成障碍。这些地区壁垒影响了国内生产性服务业统一、开放市场的形成，影响了资源配置效率和生产性服务业的聚集发展，造成重复建设、资源浪费等问题。例如，许多物流企业在跨地区经营中遇到的工商登记、办理证照、统一纳税、交通管制等方面的困难。有的地方规定，物流企业设立分支机构要在当地找"挂靠单位"，必须进入指定经营地点；一些地方要求物流连锁经营单位在当地重新登记注册，不允许注册非独立核算的分支机构等，严重影响了物流业的网络化、规模化发展。与发达国家相比，我国城市化进程相对滞后，工业布局较为分散，生产性服务业资源集聚效应低下的问题较为突出。由于行政分割的地区封锁，造成要素流动性差，一些制造业中所需要的会计、法律咨询、培训、物流等服务，本应通过外包方式完成却形成企业内置，导致了企业低效率和高成本，同时也影响了生产性服务业的专业化发展。

(三) 不少服务领域民营资本仍难以进入

目前非国有服务企业主要分布在批发零售、餐饮等传统的劳动密集型服务领域，除垄断性服务业进入门槛较高外，其他多数服务领域也存在对民营资本的限制，如专业服务（公证、资产评估、产权交易、会计、审计、税务、拍卖、招投标）、对外服务、科研等领域，特别是在投资进入方面存在名义上的平等和事实上的不平等。长期处于部门垄断的行业，使用行政审批制授权行业垄断企业担任项目业主，有些行业和领域虽然名义上允许民间资本介入，但许多项目没有向社会公开招标，有资质的民企被排斥在外，即使民间资本可以参与项目，但其股份比例必须由特许公司决定，造成事实上的隐性壁垒。此外，一些行业政企不分、管办不分、营利性机构与非营利性机构不分也助长了行业垄断，使民营企业处于不利的竞争环境。在外贸政策上，非国有服务企业同样存在不公平待遇。民营涉外企业管理过多，出口手续复杂，在获得进出口自营权方面，目前国有、集体及控股企业的最低注册资本要求500万元，但私营企业注册资本至少要850万元，在享受进出口退税政策上两者也存在差别。

(四) 政府多头管理提高了企业市场准入成本

一是政府行政审批过多，在办理企业注册登记、营业执照和履行审批手续方面限制多，多头收费严重。二是资质管理部门多，难以统一。根据上海市发改委2008年的一项调研，法律、会计、咨询等综合性专业服务的行业管理与市场准入的资质条件较多，仅律师行业的资质就包括企业代理、专利代理、商标代理等。在会计审计领域，每年都将面临主管部门、行业协会等7~8个部门的检查。专业咨询资质的设置已达20余项，一个咨询企业要完全进入市场必须得到十几个政府部门的准入许可，其中资产评估行业审批部门达11个。在县市一级，负责种植业服务的政府部门有 10 多个。三是政出多门造成目前一些行业法律法规数量繁多。如物流业，现有《合同法》、《公路法》、《铁路法》、《民用航空法》、《海商法》、《邮政法》等都对各种运输合同、各种运输责任及赔偿等作出了规定。同时，交通部、铁道部等部门也颁布了不少单行法规或行政规章，如《汽车货物运输规则》等也对各种运输行为都作出了具体规定。这种多部门管理情况，不但没有很好地规范市场运作，而且严重阻碍着行业发展。四是条块分割形成了部门独立的市场准入制度。我国对工程咨询业的管理一直沿袭了计划经济体制下多头管理的局面，如勘察设计由建设部勘察设计司管理，工程监理由建设部建筑市场管理司管理，工程咨询（前期的可行性研究和评估等）由国家发改委管理，工程造价咨询由建设部标准定额司管理等。这种多头管理造成各部门争相推行资质证书管理。目前工程咨询企业资质证书有工程勘查、设计、咨询、监理、造价咨询、招标代理；相应的执业人员资质证书有注册土木工程师、结构工程师、建筑师、规划师、造价工程师、监理工程师、咨询工程师等。这些证书的设置种类多，自成体系，相互没有衔接，服务内容重叠，难以与WTO 规定的行业标准分类（CPC）衔接。此外，这种体制障碍造成了市场准入混乱。由于工程咨询行业归发改委主管，勘察设计、招标、监理等行业归建设部门主管，发改委颁发的相应等级资格还需要到建设部门重新申报相应资质。客观上形成了现行法规及部门政策各自独立、相互制约、相互封闭的事实，难以发挥总体优势。

（五）外资准入"超国民待遇"造成内外资不公平竞争

我国关于外资银行准入的最低资本和营运资本规定使外资银行享有"超国民待遇"。《外资金融机构管理条例》规定，独资银行、合资银行的注册资本最低限额为3 亿元人民币等值的自由兑换货币，外国银行分行应当由其总行无偿拨给不少于 1 亿元人民币等值的自由兑换货币的营运资金。这显然与《商业银行法》规定的"设立全国性商业银行的注册资本最低限额为十亿元人民币"最低资本金要求相距甚远。物流企业内外资的审批制度不同，也存在不公平竞争现象。许多省市出于引进外资的考虑，放宽对外资企业的准入限制，土地、税收等给予"超国民待遇"，加上外资企业自身资金雄厚，在中国发展迅猛。而本土的物流企业，尤其是许多民营物流企业自身实力较弱，不仅得不到政府有效的政策扶持，而且面对较苛刻的市场审批制度，"次国民待遇"让他们在竞争中处于劣势，难以适应市场的发展。在咨询机构的税收上，外资咨询机构通常享受15%的所得税，内资为33%，税收差别加大了本土咨询业运营成本，降低了其竞争力。

（六）新兴生产性服务业准入标准缺位

由于许多新兴服务业没有部门进行统一管理，尚没有制定行业标准，市场准入无章可循。如工业设计、休闲渔业等。工商部门在登记核准时只能按照类似部门标准，如按照餐饮、旅店业核准休闲渔业的实际经营项目。其次，缺乏资格认证制度和职业标准。如技术中介、经纪机构和技术经纪人等技术服务企业。2004年《行政许可法》实施后，取消了《技术交易许可证》，技术经营机构的成立按照《中华人民共和国公司法》进行设立，实际上将技术经营机构视同一般性的市场准入，而忽略了其作为高技术高智力的特性，造成目前行业发展良莠不齐。此外，综合性专业服务的法律法规都是90年代制定的，有许多内容已不符合现状，多数管理制度主要是依据一些行政条例和行政规定，在交易、代理、评估、咨询等业务领域尤为明显。

（七）准入门槛太低造成市场无序竞争

市场准入条件是宽还是严，有两个判断标准：一是根据产业发展阶段和产业需求情况，同一行业在不同的发展阶段，对准入条件的要求不同，有的阶段需要降低准入条件，有的阶段需要提高准入条件。二是依据政府法制规则健全情况和监管能力而定。现阶段，物流、仓储、水运等行业存在准入门槛太低问题，需要建立新的准入标准规范市场。内河水运市场的准入制度尚不健全，准入关口把守不严，盲目地批准运力投放，运力远远超出市场实际需求，个体船户迅猛发展，牵制了大交通格局的形成和综合运输的发展，导致全行业大面积亏损。在资产评估行业，我国对于资产评估机构的审批设立，在注册资产评估师人数、注册资本要求上都较低，资产评估机构的设立较为容易，资产评估师资格考试在报名条件、考试内容、考试科目、考试形式等方面标准都低于发达国家行业水平。行业准入门槛过低将带来服务质量差、经营混乱等问题。

四、生产性服务业体制机制创新的目标与思路

（一）总体改革目标与思路

1.改革目标

在明确行业要求和经营资质的前提下放松进入管制，扩大非公有制经济比重，促进服务企业数量和规模的增大，形成多元经济主体参与的充分竞争的格局，扩大服务企业经营范围。2020年前，基本完成生产性服务业市场化改革的任务。建立和

完善与市场经济发展相适应的服务业宏观管理体制，服务企业国际竞争力接近发达国家水平。服务业市场化程度大大提高，新设企业或已有企业进入新的行业或经营领域，省际壁垒基本消除；按照市场主体资质和服务标准，逐步形成公开透明、管理规范和全行业统一的市场准入制度。

2.改革思路

按照转变政府职能，政企分开、政事分开、政资分开、管办分开原则，加快政府职能转变，以政府管理体制为重点，分类推进改革，改革不适合服务业发展的行政管理体制和财税体制，把服务业从垄断性行业和领域中解放出来，从官办社会事业领域中剥离出来，把服务业从政府现在的一部分扭曲的行政管理活动中剥离出来，形成促进服务业高效运行的宏观体制环境。具体看：

一是改革要与政府职能转变并行推进。转变政府职能是消除服务业体制机制性障碍的前提。服务体制改革的各方面矛盾，大都与政府的职能定位有关。如服务资源条块分割，信息资源垄断；多头监管，政出多门，市场秩序混乱；地方保护、市场分割等都与政府直接相关。"七个不分"（政企不分、政事不分、企事不分、营利性机构与非营利性机构不分，公共品、准公共品与私人产品不分，政资不分、管办不分）都与政府职能转变不到位密切相关。服务业体制改革的重点应是政府本身的定位与职能问题。加快服务业体制改革的根本办法，是加快政府职能转变和机构改革的进程，建立与市场经济要求相适应的管理体制和运营体制，解决政府职能越位、缺位、错位的问题。

加快政府职能转变，推进服务业市场化改革，核心是真正实现"八个分开"，在加强监管和控制风险的前提下，废除各种行政性的市场准入壁垒。第一，有效确立公益性与经营性服务业的合理界限及其不同的管理方式，理顺政企、政事、事企、政资关系，加快推进适宜市场化领域由"政府办"向"社会办"的转变。第二，实现管办分离，完善服务留管措施，进一步促进由管制型政府向服务型和依法留管型政府转变。进一步扩大政府服务采购的规模和范围，并通过不同方式引入竞争机制。第三，改革服务行业市场准入的行政审批制度，减少行政性审批，鼓励通过电子政务平台，提高审批效率，改变重审批、轻监管、只审批不监管的现象。第四，政府从营利性服务市场中退出。政府的事业单位、下属机构应当与企业处于公平的环境中竞争。进一步深化投资、财政、税收、金融、工商等领域的体制改革，推动国有资产从一般竞争性领域逐步退出。从管办分离入手，理顺政府与市场的关系，改变部门化的管理方式，消除系统内组织与政府部门之间的"暗道"。

二是推进改革要与配套制度建设并举。改革的推进需要相配套的制度和规范。对现行法律法规和政策中有关地方保护、行业封锁、部门垄断，与国际通行做法相悖的法规、制度、政策规定等方面的做法进行清理，审视在已经颁布的法律法规和政策内有无人为设置的准入障碍。尽快制定并公示服务业中依然含有准入限制的行业、准入条件、审批确认等准入程序以及管理监督办法。

三是深化改革首先要建立完善服务业的宏观统筹协调制度。深化服务业改革的思路已经基本清楚，现在问题的关键是推动和落实，从组织管理上保证改革的顺利推进，当务之急是建立符合服务业产业特性的综合管理体制和机制。打破现行的条块分管的领导模式，确立一个超部门利益的宏观综合机构和强有力的协调和领导力量，协调跨区域和跨行业中的重大问题，整合资源、培育市场，避免多头管理、相互扯皮现象，推动改革攻坚实现突破。建议理顺体制，加强编制，改变源于工业经济时代的政府机构设置，建议国家层面成立隶属于发改委的服务业发展局，在省、市级发改委成立专门的服务业发展处或生产性服务业处。垄断性服务业产业立法和改革方案的制定要体现国家利益，将政策制定职能和管制职能分离，避免改革出现部门利益化和利益部门化。

(二) 市场准入改革的基本思路

从广义来讲，市场准入是指调控或规制市场主体和交易对象进入市场的有关法律规范的总称，市场准入条件是市场准入制度建设的核心内容，它依法对申请人是否具备市场主体资格并有能力从事经营活动进行审查核准，是培育市场主体的关键环节。它既包含一国对其他国家市场准入的内容，也包括国内市场准入的内容。生产性服务业市场准入则是指一国或一个地区允许其他国家或地区的经济要素通过一定渠道，按照一定条件进入本国或本地区生产性服务业市场的程度。

从国际贸易的角度来看，所谓市场准入 (Market Access)，是指一国允许外国的货物、劳务与资本参与国内市场的程度，是两国政府间为了相互开放市场而对各种进出口贸易的限制措施，其中包括关税和非关税壁垒准许放宽程度的承诺。

1. 国内生产性服务业市场准入的基本思路

一是坚持促进产业发展和提高市场运行效率。必须破除一切阻碍市场主体健康发展的体制障碍，鼓励不同所有制形式、不同经营形态的市场主体共同发展，尤其要大力倡导非公有制经济进入生产性服务业领域。将着重提高生产性服务业市场运行效率作为市场准入条件的基本出发点。因此，应确定明确、清晰的市场准入法则，提高管理机构的效率，简化登记程序，简化流程、提高办事效率，降低企业的进入成本。

二是坚持公平、非歧视。在进入相同生产性服务部门时，不同市场主体应该享有相同的待遇和平等的竞争机会。因此，市场准入条件的规定应该做到公平、公正，对待国有、集体等公有经济与民营、私营经济要一视同仁，要允许每个成员自由地进入市场，最大限度地消除地方歧视，使得所有企业都能在良好的环境中发展。

2. 生产性服务市场对外开放的基本思路

市场准入原则最终目的是通过增强各国对外贸易体制的透明度，减少和取消关税和其他各种强制性限制市场进入的非关税壁垒，使各国在一定期限内逐步放宽服务业市场开放的领域。

WTO承诺、《服务贸易总协定》都要求成员分阶段逐步实行贸易自由化，开放本国服务市场，扩大市场准入水平，消除贸易保护主义，促进市场的公平竞争。根据这一总体原则，应积极做到：

一是鼓励外资进入和国民待遇。外资进入我国市场应遵循内外资平等原则，在有关法律、政策上与内资相同待遇。

二是开放与适度保护相结合。所谓适度保护，一是实施有选择的和分阶段的开放战略；二是避免超国民待遇的政策导向（冯雷，2005）。每个国家都利用市场准入这一手段对生产性服务贸易市场准入进行限制，在开放的同时有针对性地保护民族产业。如美国各州自行制定不同服务行业的市场准入法规，造成准入门槛差别。美国政府在工程、技术、法律、会计等领域规定了执业资格考试，目前在执业人员管理上存在500项职业资格认证法。适度保护战略也是我国对外开放长期实践的经验和总结。

三是向服务贸易逐步自由化方向发展。由于我国多数生产性服务部门是新兴产业，缺乏参与国际竞争的能力，应循序渐进、有步骤地开放以减少冲击。对于具备一定国际竞争能力的行业、竞争性领域应加快开放，促进外资竞争；对于具有全局性、战略性的生产性服务业和新兴高新技术服务业，应予以适度的保护，随着产业的不断发育成熟，减弱或者撤销相关的保护措施。

四是坚持产业安全。各国都有明令禁止和限制的服务业领域，我国对于涉及国家安全的生产性服务部门应禁止或限制外资准入。

五、生产性服务业市场准入改革的主要任务

进一步突破传统的体制机制障碍，打破行政垄断，扩大开放，消除各种进入壁垒，促进市场充分竞争，培育多元化的市场主体，构建开放统一开放的市场，是推动我国生产性服务业发展壮大、扩大规模经济，提高国际竞争力，不断适应经济全球化发展需要的重要保证。

(一) 积极推进垄断行业准入条件改革，培育多元化市场主体

积极推进金融保险、通信、铁路等垄断性行业的管理体制改革，加快政企分开、政事分开、政资分开步伐，放宽这些领域的市场准入资质条件，改变市场准入限制过多、透明度低的状况，逐步建立公开透明、管理规范和全行业统一的市场准入制度。要鼓励投资主体多元化，尤其要鼓励民间资本以不同经营方式进入，共同参与投资建设。除涉及国家安全领域外，要鼓励外资以合资、合作等形式进入这些领域，促进国内市场竞争。对现行相关的法律法规，特别是对由部门起草的旨在保护行业权利的旧法应做出修订和调整，重新制定电力、电信、铁路、民航等有关部门的法律规则。应加快制定反垄断法，对市场中的垄断行为进行监督和限制。

(二) 消除地方壁垒，构建全国统一的生产性服务业市场

应逐步取消市场准入地域限制和障碍，允许国内机构、自然人和生产性服务产品最大限度地自由进入各地区市场。促进生产要素在全国范围自由流动，实现资源优化配置。随着我国中心城市对资金、人才、技术、信息等要素聚集能力的提升，建立基于比较优势的区域分工体系越来越具有经济性和现实意义，因此，应在这些区域促进生产性服务业集聚发展，逐步扩大地区间的开放，让具有低成本和创新优势的生产性服务企业进入，不仅有利于提高当地相关企业的经济增长效率，而且有利于提升整个区域经济竞争能力。应积极帮助企业解决在跨地区经营中遇到的工商登记，办理证照，统一纳税，交通管制等问题。通过组建跨行业、跨部门、跨地区的企业集团，提高行业的整体竞争力。此外，应允许地方根据实际情况，制定税收、土地等具体优惠政策。

(三) 科学合理推进外资市场准入

开放程度相对低、参与全球化不足是我国服务业发展滞后的一个重要原因。外

资准入资格、进入形式、股权比例等较多的限制，导致服务业对外开放不足（江小涓 2007；裴长洪、夏杰长 2005）。因此，加快对外开放成为发展生产性服务业的关键问题。从上述国际经验来看，各国都在推动贸易自由化，降低生产性服务业准入门槛。

除个别涉及国家安全和必须由国家垄断经营的领域外，都应加大吸引外资力度，取消地域限制，放宽股权、设立方式、规模等限制，允许外资以独资、合资等各种形式设立企业，鼓励外资通过兼并收购等方式进入不同领域。要放宽信息服务、研发设计、金融、现代物流等领域的外资准入限制。鼓励外商投资城市公共设施建设和交通运输业，扩大外资物流企业进入范围。对于外资金融机构在东北、中西部地区设立机构，以及为中小企业、"三农"提供金融服务可给予更优惠的准入条件。要让更多的外资进入律师、会计等领域，尽快准许国内律师事务所聘用外国律师从事外国法律事务，准许建立合作制律师事务所或合伙制律师事务所。在科技服务业领域，应建立国际执业资格的互认制度，对于持有国外执业资格在我国从业的外籍人员予以相应承认。

同时，还要结合我国生产性服务业处于发展初期的阶段性特点，对于幼稚产业应根据《服务贸易总协定》给予发展中国家市场准入的适度保护政策，以及经济劳动一体化、政府采购、一般例外、安全例外和补贴被排除在市场准入之外等，提出开放的范围、步骤及程度和市场准入的限制条件。并加强对本土企业的产业政策支持。

（四）消除对民营经济进入的政策歧视

要积极修正现有政策的有关条款与规定，消除对民营经济的政策歧视，确保民营经济与国有经济同样享有平等的市场准入权利。在资源开发利用、投融资、税费负担、项目申请、土地使用、进出口经营权等方面享有同等待遇。鼓励民营经济参与国有企业改组，进入国有资本退出的领域；尤其要鼓励民营资本进入银行、保险、外贸、电信、物流，以及科技服务、信息服务等高新技术服务领域，放宽这些领域的市场准入资金限额。

（五）加快制定新兴服务业的市场准入条件

对于一些代理、咨询、会展等新兴生产性服务领域应尽快完善有关法律法规，明确市场准入机制和主办主体的资质条件，建立新的行业标准和准入制度。

一是进一步完善专业人员执业资格。生产性服务业主要依靠智力资源投入，因此，建立执业人员资格制度将是决定行业发展的关键因素。专业人士职业资格认证应该强调学业和专业技术能力。对科技研发、工业设计、技术咨询、技术培训等科技服务机构应进行人员资质的要求，除应具备通常大专以上文化水平外，还应持有该领域专业技能的从业资格，具有业务经验的专业人员应占公司一定比例。对于法律、会计等专业服务，应严格考试制度，完善考试内容和形式，并建立品德、信用考察制度。对于工程咨询服务业，任职资格应由国家强制性地认证和注册管理，以确保专业技术水平逐步与国际接轨，实现资格的对等互认，应改变从业资格划分过细的状况，并强化个人执业资格在行业的作用。

二是放宽注册资金标准、规模、营业场地等限制。软件、计算机服务、研发设计、广告以及会计、法律等咨询服务业主要依靠智力资本投入，以小企业为主，注册资金应按国家规定，最低限 3 万元规定甚至更低，对从业人数、营业额可不做限制，营业场所和业务范围，除国家法律、行政法规有明确规定外，不应设置企业登记的前置条件。

(六) 突破体制障碍，建立行业统一管理体系

针对政府管理条块分割、政出多门的现象，应进行统筹规划，重新划分各部门的职能范围，将原来分散的行业管理权归口集中于行业主管部门，解决多头管理造成的重叠、缺位问题。相关行政主管部门应加快体制改革，减少条条框框，把主要精力放在制定规划、制定产业发展政策、行业指导等宏观调控层面。应加快制定整体物流产业政策，促进不同领域相关行业的协调和配合；对于工程咨询行业，要调整和重新界定工程设计服务范围，将咨询、设计、监理纳入统一部门管理，建立全国统一的市场准入规则；统一资产评估、会计审计等专业咨询资质评估审批要求，引导咨询企业实现经营的规模化和专业化。此外，改革现行由业务主管部门分别认定综合性专业服务组织资格的制度，实行统一归口的资格认定制度。应积极改革行政审批制度，简化审批手续，提高服务效率，多数行业应逐步从审批制过渡到登记制，尤其要坚决杜绝滥用行政权力私设门槛、刁难企业等行为。

(七) 加快制定生产性服务业规范和标准

加强对服务业市场准入的规范化管理，推进服务业的标准化建设。形成以技术标准为主体，管理标准为基础，环境标准为保障的标准体系，积极引进国际通行标准，提高我国服务标准化水平。本着合理分级、突出专业的方针，科学地建立企业

资质体系。

美国运输业经历过从管制到开放的阶段。在市场不成熟的情况下采用较强的市场准入管制，当市场发育到一定阶段采用放松管制的原则。通过制定物流、运输、仓储、水运等行业服务标准，进行市场准入管理。目前，我国物流标准化工作仍然比较薄弱，标准的制定、修订跟不上经济发展的需要，已出台的标准总体质量不高，标准之间缺乏系统和有效衔接、协调配套性差等。通过贯彻执行国家标准，将会有效地提高企业的物流标准化意识，增强企业的社会责任感和行业自律精神，明确企业的发展方向，也会进一步加强全社会对不规范物流行为的防范和约束，从技术标准的层面上引导企业规范经营、做强做大。

应针对行业发展程度制定不同阶段的准入标准。如，现代物流企业运用信息化手段，效率高、效益好，准入条件也应该有一定倾斜，适当放宽条件，增加扶持力度，鼓励企业进入、投资与运营，促进其发展。尤其要加大发展第三方物流企业、第四方物流企业，加大对从事电子商务物流、农产品物流等基础较薄弱企业的政策扶持。对传统物流业应该提高门槛，加强准入限制，避免盲目发展，尤其要限制那些追求"大而全、小而全"的物流企业，引导社会化物流行业的发展。

（八）健全完善相关法律制度建设

加强行业立法，建立具有中国特色又与国际惯例接轨、系统化、规范化和科学化的法律体系，对于规范和限制行政审批行为，防止各行业主管部门滥设进入门槛；对于规范和约束市场主体行为，促进企业依法经营；对于规范和约束外资行为，保证生产性服务业市场公平、有序和开放运行具有重要意义。

应积极健全《律师法》、《仲裁法》、《证券法》、《审计法》、《注册会计师法》等新兴服务业的法律，交易、代理、评估、咨询等大多数综合性专业服务应该从行政法规，如条例、守则、办法、通知等，逐步提升到法律高度，提高执法效果。对市场准入核准程序建立司法监督机制，对接受准入和拒绝准入的程序进行全面监督。积极推行并联审批制度，并使之法制化。在科技服务业的研发设计、技术产权交易、科学技术推广等方面，应加强知识产权保护法制建设，加大司法惩处力度，降低维权成本，提高侵权代价，有效遏制侵权行为。要按照 WTO 承诺，分阶段、分部门、分层次地开放科技服务业、咨询服务业等市场，科学、透明地立法和执法，规范外资经营行为。此外，还应积极解决当前各法规存在的层次不一、内容交错重叠矛盾等问题。

（九）加强行业协会在市场准入方面的作用

随着政府职能转变，一些原来由政府承担的企业管理、监督、服务等职能逐步转移给行业协会，行业协会在企业市场准入、信息咨询、规范市场、协调价格、实施国家和行业标准、维护和保障企业合法权益等方面发挥了重要作用。因此，在制定行业市场准入条件和管理实施上，应坚持行业自律为主，国家宏观管理为辅的原则，充分发挥行业协会职能。

政府部门应建立国家认可的、权威性的行业协会，进行企业准入资格审查和规范管理。目前，在法律、工程咨询等服务业已有明确的法律规范，政府只需制定统一的行业规范，审核咨询业组织的资格，由行业协会负责具体的咨询业人员和机构准入资格认证。在会计服务方面，中国注册会计师协会应依法对全国注册会计师行业实行管理，依法接受财政部的监督、指导，依据《中华人民共和国注册会计师法》和《中国注册会计师协会章程》行使职责，应当充分行使财政部门赋予的各项权力，担负起对注册会计师及会计师事务所的检查监督责任，着重对执行规范、执业标准和职业道德等方面进行管理。

出台《行业协会法》，使行业协会的管理有法可依。要逐步向企业家办会的方向转变，实现政会分开，更好地为企业和会员服务，允许条件成熟的行业内企业根据实际情况自主成立行业协会。取消"一地一会"、"同一行业内不能重复设置"行会等规定限制条件，提高行业协会的市场化程度和有效竞争程度。

（十）建议国家早日出台生产性服务业准入条件的政策文件

在注册资本、服务基础设施、从业人员资质和结构、行业内信用度等方面完善准入规则。我们对浙江的调研发现，对物流、商务服务等行业，建立科学合理的准入标准和条件，避免无序竞争，推动产业从粗放型向集约型、知识型转型。

凡是法律法规没有禁止进入的服务业领域，各类资本均可进入；凡是向外资开放的服务领域，都向内资开放；凡是对本地区开放的服务领域，全部向外地企业开放。工商行政管理部门对一般性服务业企业降低注册资本最低限额，除法律、行政法规和依法设立的行政许可另有规定的外，一律降低到 3 万元人民币；对创新性、示范性强的服务企业，在营业场所、投资人资格、业务范围等方面还应适当放宽条件。除有特殊规定外，服务企业设立连锁经营门店可持总部的连锁经营相关文件和登记材料，直接到门店所在地工商行政管理部门办理登记手续。各地各部门对本地区、本领域能够实行市场化经营的服务，要抓紧研究提出放宽市场准入、鼓励社会力量增加供给的具体措施。

本章小结

体制机制创新是生产性服务业创新与升级的有效途径。通过体制机制创新，促进专业化分工，带动生产性服务外部化，从需求和供给两方面激活生产性服务业发展的活力和动力。现阶段突破体制性障碍迫切需要进行市场准入改革。我国生产性服务业市场准入主要存在 7 个方面的问题：准入门槛过高，将多数潜在投资者拒之门外，行业垄断和地区市场壁垒限制了企业公平准入，不少服务领域民营资本仍难以进入，政府多头管理提高了企业市场准入成本，外资准入"超国民待遇"造成内外资不公平竞争，新兴生产性服务业准入标准缺位、准入门槛太低造成市场无序竞争。为此，要以政府管理体制为重点，分类推进改革，改革不适合服务业发展的行政管理体制和财税体制，2020 年前，建立和完善与市场经济发展相适应的服务业宏观管理体制，服务业市场化程度大大提高，按照市场主体资质和服务标准，逐步形成公开透明、管理规范和全行业统一的市场准入制度。市场准入改革肩负十大任务：积极推进垄断行业准入条件改革，培育多元化市场主体；消除地方壁垒，构建全国统一的生产性服务业市场；科学合理推进外资市场准入；消除对民营经济进入的政策歧视；加快制定新兴服务业的市场准入条件；突破体制障碍，建立行业统一管理体系；加快制定生产性服务业规范和标准；健全完善相关法律制度建设；加强行业协会在市场准入方面的作用；建议国家早日出台生产性服务业准入条件的政策文件。

第二编　典型行业剖析

第六章　物流业与制造业联动发展的机制与制约因素分析

一、联动发展的必要性与重大意义

近年来，物流业与制造业的联动发展日益受到重视和关注，2009 年，国务院将物流业确定为国家十大振兴规划，其中物流业与制造业联动发展成为物流业振兴的九大重点工程之一。从国际经验看，发达国家制造业普遍采用整合自营或整合外包模式与物流业联动，物流业与制造业联动和集聚程度不断加强。现阶段我国正处于工业化中期向后期发展阶段，物流业对制造业中间依赖大。根据 2007 年中国投入产出表计算，中国物流业中间需求占总需求的比例超过 77.5%，比 2005 年上升 2 个百分点，是典型的生产性服务业。近年来，物流业需求总量中 85% 以上来自于制造业，满足制造业的中间需求是物流业的主要途径。物流业的最大市场在制造业。

从理论上讲，交易费用理论、博弈论、组织管理理论和核心竞争力理论皆对物流业与制造业为何联动发展作出了解释。交易费用理论认为，二者建立紧密的战略联盟关系，可以减少搜寻信息的成本、讨价还价的成本和监督执行的成本。博弈论阐明了注重长期关系，积极合作，可以建立相互信任。组织管理理论和核心竞争力理论解释制造业进行流程再造，把辅助的物流业务分离外包，有利于提高自身核心竞争力。

同时，二者有必要联动发展还在于以下三个原因：一是物流服务包含在制造过程中，物流活动是制造活动的重要组成部分。典型的制造过程是将原材料加工成零件，将零件装配成部件，再将部件组装成产成品的过程，这一过程实际上就是将来自陆地、水中和空中的原材料物质实体进行时间、空间、形态变换的过程，而这些时间、空间变换活动就是物流活动，由此可以看出，物流活动是制造活动的重要组成部分。物流本来包含在制造过程中，随着制造规模的不断扩大，制造过程不断专业化，部分物流活动从制造活动中分离出来，形成专门的物流行业，但还有大量的物流活动（比如生产线旁的物料库存、制造厂内部的物料运输等活动）仍然保留在制造过程中。据研究，在政府建设的道路、机场、码头等大型公共物流基础设施之外的其他物流设施中，制造业保有量占到60%左右，流通业占到25%左右，第三方物流企业占有量不超过15%。物流业与制造业联动发展就是要对从制造业中分离出来的第三方物流活动和制造过程中保留的物流活动一起优化整合，保持整体物流与制造过程协同发展。

二是物流服务离不开制造业。离开了制造业，物流业就失去了服务的对象，离开了制造业的苛刻需求，物流业就失去了创新和发展的动力，物流业的发展是建立在制造业发展基础上的，物流业必须与制造业联动发展。近年来，虽然我国物流产业规模不断扩大，物流市场增长较快，贸易量、运输量的规模扩张迅速，但物流效率较低，更多地表现为粗放型发展方式。目前中国物流业产值70%花在运输业上，15%是仓储费用，而世界平均水平是储藏成本高于运输成本。实施物流业与制造业联动将促成物流业与制造业的战略合作，从而促进整个社会物流资源有效整合，提高服务质量，实现物流业集约型增长和结构升级。

三是制造业发展和升级离不开物流服务的支撑。目前，我国制造业仍处于产业价值链的低端，产品附加值和技术含量较低，迫切需要转型升级。推动物流业与制造业联动发展，促使制造企业专注于技术开发、品牌建设等核心业务，整合、分离、外包物流业务，可以以更低廉的物流成本获得更好的物流服务，加快制造业的转型和升级。

综合上述分析，推进物流业与制造业联动发展，能使物流业与制造业实现"双赢"，不仅是促进制造业转型升级和提升核心竞争力的重要手段，也是促进物流业创新与升级的基本途径。因此，本书强调物流业与制造业联动发展，具有重要的现实意义和理论价值。

物流业是资本密集型生产性服务业的代表，综合性较强，劳动生产率较高，较容易进行标准化，呈现集成化、创新性发展特征。本章试图通过剖析典型行业联动发展机制和制约因素，对整体生产性服务业创新发展与升级提供启示与借鉴。

二、联动发展的内涵与机制

（一）联动发展的内涵

所谓联动就是联系和互动，随着对方的变化而有序变化，随着对方的发展跟着匹配发展。

有的学者认为联动是指两个或两个以上的体系或运动形式通过各种相互作用而彼此影响的现象。[1]产业联动是以产业关联为基础，位于产业链同一环节或不同环节的企业之间进行的产业协作活动。[2]物流业与制造业联动（Manufacturing and Logistics Industry Linkage，MLIL）发展，就是在相互关联的基础上，物流企业与制造企业之间进行的协作活动，包括仓储、配送、运输、生产制造等环节中的合作发展。[3]

其实，从产业经济学角度讲，物流业与制造业联动发展就是制造业释放物流需求给物流业，物流业嵌入制造业，高质高效地满足制造业的物流需求，二者相互信任紧密协作，两业协同发展。

联动发展是社会化、专业化分工演进的产物，以二者具有供需关系为前提，以投入产出关系为基础，类似于生态学意义上的产业共生关系，要求物流企业和制造企业深度介入对方企业的管理、组织、计划和控制等过程，共同追求资源集约化经营和企业的整体优化协同。

国外制造业和物流业的互动发展历程表明，物流业和制造业升级相互影响、关系密切，制造业促进了物流业创新发展，物流业推动了制造业结构升级。制造业作为物流的主要需求主体和物流业作为物流服务的供给主体，二者的关系如图6-1所示，制造业为物流业的发展提供了有效需求、相关设施和技术基础；物流业为制造业提供了有效的配套服务，对制造企业的物流资源、物流流程和供应链进行整合，节约了制造企业的物流成本，提升了产业竞争力。因此，物流业与制造业存在着互为生产要素、互为服务对象、互相促进、互动升级的关系。

① 贾海成，秦菲菲：《苏州市物流业与制造业联动发展对策研究》，载《改革与战略》，2011(4)：144~156。
② 肖建辉：《我国汽车制造业与物流业联动发展研究》，载《中国流通经济》，2011(7)。
③ 吕涛，聂锐：《产业联动的内涵理论依据及表现形式》，载《工业技术经济》，2007(5)。

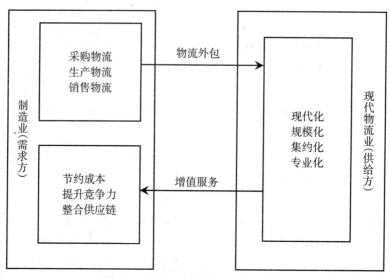

图 6-1　物流业与制造业的联动关系

资料来源　贾海成，秦菲菲：《苏州市制造业与物流业联动发展对策研究》，载《改革与战略》，2011（4）：144~156。

（二）联动发展的机制

从物流业发展的本源看，现代物流是社会化和国际化分工演进的结果。根据新兴古典经济学的斯密—科斯分析框架，由于制度完善大大降低了交易成本，促进了分工的演进，经济由原始的自给自足状态逐渐过渡到相互依赖的复杂专业化分工网络，从而产生规模报酬递增。随着时代演进，我国现代物流发展相当程度上也体现了这一机理。在改革开放前，制造厂商采购和销售物流分散于生产和管理的诸多环节，内部物流呈分散化状态；经济转型初期，厂商内部分工形成，专门成立一个内部物流组织机构，物流自给自足；20世纪90年代以后，市场竞争激烈，社会分工进一步深化，出现了专门化的第三方物流公司，厂商物流开始部分外包，形成外部物流的局部分工；随着经济的发展和交易效率的改进，物流业的分工网络效应开始出现，制造厂商物流开始整体外包，物流完全分工，形成了有领导力量的物流提供商，即第四方物流。由此看出，物流发展有其路径依赖性，随着分工的扩大和深化，制造企业和物流企业在专业化基础上形成规模经济，促进了规模报酬递增。[1]在这个意义上说，物流业与制造业联动发展的主要途径，包括物流环节分离、完全外包形成产业分离、专业化物流市场主体形成、物流业与制造业集聚联动四种途径。具体手段如物流业务管理外包，制造企业整合内部的物流资源，与外方、国内的物流业企业组建股份制物流公司等。

联动发展机制之一：双赢机制。联动发展的实质是通过能力互补从而形成一种持续的依赖关系。所以，强调合作和联系要互惠互利，实现双赢。为应对激烈的市场竞争和环境的不确定性，一些企业在供应链中的各个环节展开深入联合与合作，结成具有共同目标，能够优势互补、风险共担的战略联盟，这是联动的高层次发展。但要达到这样的理想的双赢合作模式，需要双方不断磨合，从短期合作到长期合作，到最终建立战略联盟关系，只有到这一阶段，才可以实现互动双赢。双方企业可以根据合作阶段、合作深度的不同在不同时期采用不同的合作模式，如图 6-2 所示。

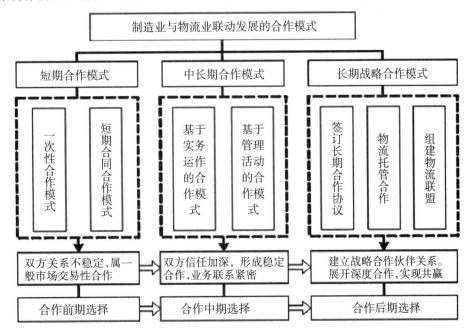

图 6-2 物流业与制造业联动合作模式图示

资料来源 郭淑娟，董千里：《基于物流业与制造业联动发展的合作模式研究》，载《物流技术》，2010（7）。

---

[1] 部分观点参考杨三根，段刚：《现代物流业的发展和全球供应链管理——一个新兴古典经济学分析框架》，载《世界经济研究》，2005(9)。

产业联动行为是一种双向或多项的互利行为，利益不对称的合作往往不稳定、不能持久。

如果制造企业一方面对服务要求苛刻，另一方面又总是一味在外包时压低价格，物流企业处于微利甚至亏本的状态，合作难以持续发展。以压价作为物流合作的基础非常危险，常常导致服务水平的下降和不确定性，处理差错、不准时以及意外事件的成本将大大超过预期。

服务水平下降会影响制造业企业物流外包的意愿，制造企业物流外包意愿的下降会直接导致物流服务市场的萎缩，物流市场的萎缩会进一步导致物流企业的价格竞争。

联动发展机制之二：服务不断创新机制。

在物流外包市场上，制造业企业往往处于相对主动和优势的谈判地位，而物流企业在某种程度上则处于被动和从属的地位。制造业企业物流管理要服从于产品制造的工艺布局和流程设计，服从于原料供应的约束条件和产品运输的市场营销要求。

企业物流管理往往寓于生产运营管理之中。这种状况要求物流企业要把握物流联动的精髓：制造企业的服务要求不断变化，但不变的是物流管理服务的创新。因此，物流企业要深入了解和把握制造企业的需求，创新服务模式，提高服务能力。物流企业要具备基本物流服务能力，为制造企业提供运输、仓储、配送、装卸搬运等一般性物流服务。

除此之外，还可以提供如流通加工、电子支付等在内的个性化、创新的融信息和知识一体化的价值增值物流服务，甚至进行物流资源整合、物流方案设计等更高层次的综合性物流服务。

三、联动发展的现状

从这几年我国物流业与制造业联动发展的情况看，两业联动发展的趋势开始显现。

从增速和规模看，连续5年的统计数据表明，工业品物流总额在社会物流总额所占比重最大并逐年提高，而且增长也最快（见表6-1），这种情况说明，制造业物流分化外包量不断增加，制造业物流规模逐年扩大。

表 6-1   2004 ~ 2008 年全国工业品物流总额与其他社会物流总额比较

年份	工业品物流总额（亿元）	社会物流总额（亿元）	占比（%）	社会物流总额增长率	农产品物流总额增长率	工业品物流总额增长率
2004	324876	383829	84.64	29.4%	6.3%	30.2%
2005	413161	481983	85.72	25.6%	6.5%	27.2%
2006	516864	595976	86.73	23.7%	6.3%	25.1%
2007	660878	752283	87.85	26.2%	17.0%	27.9%
2008	798600	899000	88.83	19.5%	17.6%	20.8%

资料来源：2005 年、2006 年、2009 年《中国物流年鉴》。

但整体来看，大中型制造企业在生产技术和管理水平方面相对较高，在供应链管理中占据主导地位，在物流技术与管理上也占绝对优势。制造企业往往通过物流业务外包与物流企业建立合作关系，有无物流外包和外包合作的程度表示是否有联动和联动的紧密度。从二者合作的层次上看，可划分为简单的互需型合作、长期性互利合作、战略性共赢合作。[①]从现阶段物流外包合作的情况看，目前物流外包比例小，层次低，物流企业与制造企业联动发展程度低。这种状态可以从相关分析中得到验证。

从国际比较看，根据 OECD 统一编制的各成员国 1985、1990、1995、2000、2005 年投入产出表，对比中国与韩国、美、英、法、德、加、日等 G7 国家物流产业特征和经济发展阶段，从中可以看出物流业与制造业之间互动现状及其动态变化规律。从物流业的感应度系数和影响力系数看，与制造业相比，我国物流业感应力系数和影响力系数小于大多数国家，2005 年中国物流业影响力系数仅为 0.4775，不足德国物流业影响力系数的 2/3，这说明目前我国物流业与其他产业的关联程度还较低，对其他产业的推动作用及受其他产业的需求影响程度都比较有限，见表 6-2。运用向量自回归（VAR）模型，选取工业增加值作为衡量制造业发展的变量，交通运输、仓储与邮政业增加值代表物流业的发展水平，用 1978 ~ 2009 年 30 多年的统计数据进行的协整检验表明，中国物流业与制造业之间存在着长期均衡关系，物流业

---

① 肖建辉:《我国汽车制造业与物流业联动发展研究》,载《中国流通经济》,2011(7)。

发展是制造业发展的格兰杰原因，物流业的快速发展对制造业的发展具有显著的影响，而制造业的发展对物流业的发展拉动不足。[1]

表6-2 制造业、物流业的感应力系数和影响力系数

	年份	中国	韩国	日本	美国	英国	法国	德国	加拿大
制造业影响力系数	1985	1.206	1.199	1.226	1.209	1.170	1.225	1.169	1.177
	1990	1.210	1.226	1.206	1.193	1.139	1.204	1.177	1.164
	1995	1.194	1.205	1.232	1.150	1.130	1.208	1.148	1.115
	2000	1.170	1.222	1.242	1.172	1.098	1.219	1.154	1.137
	2005	1.167	1.214	1.263	1.182	1.180	1.218	1.163	1.198
制造业感应力系数	1985	1.477	1.429	1.235	1.117	1.289	1.140	1.218	1.121
	1990	1.500	1.442	1.262	1.094	1.097	1.085	1.181	1.102
	1995	1.520	1.403	1.183	1.100	1.084	1.104	1.053	1.039
	2000	1.541	1.397	1.129	1.063	0.976	1.105	1.053	1.073
	2005	1.496	1.445	1.200	1.044	1.096	1.082	1.050	1.132
物流业影响力系数	1985	0.870	0.982	0.902	0.927	1.009	0.956	1.007	0.929
	1990	0.883	0.926	0.948	0.944	0.946	0.953	0.995	0.946
	1995	0.866	0.934	0.889	0.972	0.980	0.952	1.029	1.058
	2000	0.898	0.972	0.887	0.954	0.999	0.959	1.035	1.060
	2005	0.934	0.989	0.891	0.945	0.995	0.943	1.037	0.964
制造业感应力系数	1985	0.508	0.491	0.579	0.644	0.662	0.652	0.621	0.632
	1990	0.511	0.505	0.615	0.672	0.650	0.660	0.622	0.623
	1995	0.466	0.535	0.639	0.660	0.672	0.707	0.728	0.751
	2000	0.444	0.526	0.605	0.623	0.679	0.645	0.745	0.756
	2005	0.477	0.531	0.616	0.613	0.631	0.643	0.740	0.616

资料来源 苏秦,张艳:《物流业与制造业联动现状分析及国际比较》,载《中国软科学》,2011(5)。

进一步分析物流业与制造业九大振兴产业之间的关联关系。[2]以中国2007年投入产出表为基础，运用各产业对物流业中间需求的比重、各产业对物流业的直接消耗系数两个指标来说明物流业与制造业的关联关系。各产业对物流业中间需求的比重越大，说明该产业对物流业的直接需求越大，对物流业推动作用越明显。某产业对物流业的直接消耗系数越大，说明该产业对物流业依赖性越强。从表6-3可以看出，在制造业中，2007年装备、轻工、石化、钢铁对物流业的中间需求比重分别为

① 韦琦:《物流业与制造业联动关系演化与实证分析》,载《中南财经政法大学学报》,2011(1)。
② 相关数据参考苏秦,张艳:《物流业与制造业联动现状及原因探析》,载《软科学》,2011(3)。

0.0935、0.0876，0.0446、0.0293，高于其他振兴产业，说明装备制造业、轻工、石化、钢铁对物流业推动最大。由于这四个产业增长快速稳定，1998～2008年上述产业年均增长速度都超过了20%，钢铁行业更是高达35.2%，产业规模不断扩大，而且从对物流业的单位中间需求来说，上述四大产业相对都较大。从直接消耗系数看，各产业以制造业中间投入为主，对物流业的中间依赖较弱。石化、轻工和钢铁对物流业的直接消耗系数最大，对其依赖性也相对较强。目前中国制造业对物流业的中间需求依赖低于服务业，服务业对物流业的中间消耗系数为0.041，制造业仅为0.0223（如表6-4所示）。这清楚地反映了我国制造业企业因为普遍采取"大而全、小而全"的企业物流模式，物流主要由企业自理或由供应商提供，极少由第三方来承担，物流社会化程度较低的现状。

表6-3 物流业对各产业中间需求的比重

农业	轻工业	纺织工业	石化工业	钢铁工业	有色金属冶金工业	装备制造业
0.0246	0.0876	0.0134	0.0446	0.0293	0.0105	0.0935

汽车工业	船舶工业	电子信息产业	制造业	第二产业	第三产业	总的中间需求率
0.0132	0.0010	0.0165	0.3110	0.5070	0.2430	0.7746

数据来源：中国2007年投入产出表。

表6-4 制造业、物流业及第三产业对其他产业的直接消耗系数

	轻工业	纺织工业	石化工业	钢铁工业	有色金属冶金工业	装备制造业
制造业	0.0426	0.5685	0.3848	0.5205	0.5064	0.6946
第三产业	0.0871	0.0635	0.0769	0.0702	0.0735	0.0882
物流业	0.0241	0.0172	0.0263	0.0234	0.0167	0.0186

	汽车工业	船舶工业	电子信息产业	制造业	第三产业	物流业
制造业	0.7173	0.6240	0.7283	0.5503	0.2255	0.3189
第三产业	0.0850	0.0770	0.0948	0.0835	0.2013	0.1860
物流业	0.0173	0.0108	0.0130	0.0223	0.0410	0.0698

数据来源：中国2007年投入产出表。

从企业内部看，制造企业的物流需求通常可分为采购物流、销售物流、生产物流和逆向回收物流四大类型。现阶段我国制造企业对外包物流仍比较谨慎，外包的物流主要是销售物流，大多数制造企业主要将产成品的运输业务外包，至于供应物流、生产物流仍倾向于自营，即使是运输仓储业务企业自营比例也占主体地位，接近70%，尤其是大型制造企业，仓储及货物运输业务的大部分都由公司担负。中国制造企业82%的原材料物流由企业自身和供应方企业承担：产品销售物流中，第三方物流企业承担的仅为16%。从业务类型看，外包的仍以传统的仓储、运输业务和部分包装业务为主，增值性和综合性的物流业务外包较少。大部分生产物流、采购物流的主角还是生产厂家，不少第三方物流企业还承担不了复杂的供应链管理，第三方物流在整体物流中份额只占到18%。而在发达国家，独立的第三方物流占行业物流的50%以上，欧洲的这一比例为76%，美国使用第三方物流服务的比例约为57%，日本第三方物流在市场中的份额达到80%。

总体看，物流业与制造业的联动发展仍处于起步阶段，部分已开展"联动"的企业也存在联动层次较低、联动效果不佳等问题。物流业与制造业联动水平与层次不高，多为简单的互需型合作与部分长期性互利合作，战略性共赢合作相对较少，两业联动发展滞后于我国制造业和物流业的发展。根据贾海成、秦菲菲对苏州各开发区91家制造型企业和34家物流企业的调查，95.8%以上的制造型企业主要通过招标形式来与第三方物流公司建立比较松散的业务联系，仅有少部分企业是通过战略联盟来实现业务互补和一体化运作。[1]

四、制约联动发展的因素分析

前面几部分分析表明，我国制造业和物流业发展虽然相对较快，但二者联动相对滞后，联动不够深入，两业协同相生能力弱。近些年，我国物流总费用在国内生产总值的比例一直居于18%左右的高位。物流成本偏高反映了高效、专业化物流供给不足的现状。从促进两业协作联动的角度看，物流外包不足，社会化、专业化物流发展受制约，是需求方制造企业、供给方物流企业，还有外部市场环境和外部政策环境等多种因素的综合影响。其中，需求方制造企业在物流外包中居于主导地位，

---

[1] 贾海成，秦菲菲：《苏州市制造业与物流业联动发展对策研究》，载《改革与战略》，2011(4)。

其对外包的认识程度、管控能力等都对物流外包产生影响，物流企业是市场主体，其服务供给能力和实力对供需对接、形成有效需求具有重要作用，此外，外部市场发育程度和政策环境也不同程度地影响供需双方对接与联合。

（一）制造企业对物流外包认识不足，制约物流社会化发展

物流业发展的程度和水平，很大程度上在于制造业物流需求的聚集和释放。我国多数大中型制造企业管理者基于传统观念的认识以及自身在人力、物力等方面的优势，搞"大而全"、"小而全"，供产销一体化，仓储、运输等物流业务全部自己搞，企业从原材料采购到产品销售过程中的一系列物流活动主要依靠企业完成，物流外包比例不高，且外包层次较低，高端物流需求释放较为缓慢。以汽车物流业为例，中国汽车制造企业的物流成本占销售额的比例普遍在 10%～15%，而欧美汽车制造企业这一比例只有 8% 左右，日本汽车厂商更是只有 5%，国内汽车行业仅物流成本就是国外的 2～3 倍。生产厂家物流成本高的原因在于自营比例高。据相关统计，我国制造企业中，原材料物流的 36% 和 46% 分别由企业自身和供应商承担，由第三方物流企业承担的仅 18%；产成品物流中，由企业自营或企业与第三方物流企业共同完成的比例分别为 24.1% 和 59.8%，完全由第三方物流企业承担的仅占 16.1%。制造业物流自营造成的第三方物流需求不足是制约两业联动发展的瓶颈。高端物流需求释放较慢，物流企业缺少发展、锻炼和提高能力的平台，制约了专业化物流企业的发展。

"大而全"、"小而全"的运作模式，导致物流过程费用浪费多，物流效率低下。物流环节经常处于停滞、交叉、迂回、倒流、跳跃和拥挤状态；重复搬运多，无效搬运占 70% 左右；生产流程不合理，物流流动路径长；时间占用多，空间浪费大。例如，制造业从原材料到产成品的转换过程中，95% 为物料的停顿或等待时间，其余 5% 中的 70% 为工装及其前后时间，真正创造产品价值的时间仅占到整个周期的1.5%。这种状况与经济全球化下制造业柔性运作、精益制造的要求不相适应。

制造企业对物流外包认识不足有两方面的原因。一是普遍对第三方物流企业认识程度低、缺乏信任感，担心核心运营信息外泄或物流外包后会过度依赖第三方物流企业，从而失去对整体供应链的控制，对外包犹豫不决，致使制造业和物流业难以真诚合作，严重阻碍了二者的协调联动发展。二是制造企业自有的物流资产专用性强，退出成本高。自营物流是我国传统制造企业固有的思想，多年自营物流的历史使得这些企业拥有一定的物流基础设施，部分企业甚至投入了大量的人力物力，

退出成本高，影响了物流业务外包。

（二）物流企业服务能力有限，难以满足制造企业要求

从国际经验看，物流服务日趋综合化是物流业与制造业联动发展的重要趋势。为客户提供全程物流业务服务，能够对各种运输方式一体化运作，对客户供应链一体化管理将成为物流企业发展的重要方向。

目前我国物流企业主要有四种类型：一是以运输功能为主的物流企业，二是以仓储功能为主的物流企业，三是以货代功能为主的物流企业，四是具备综合性服务功能的物流企业，也就是通常意义上的综合性第三方物流企业（3PL）。但目前我国大部分物流企业基本都属于前三类，多数物流企业以低端的公路货运、简单的仓储和货代等物流服务手段为主，只能提供单项或分段的物流服务，无法提供完整的诸如流程网络设计以及货物购、运、调、存、管、加工和配送全过程服务。只能提供运输和仓储等一般性服务，相关的包装、加工、配货等增值服务不多，不能形成完整的物流供应链，更不用说提供系统解决方案、物流金融和物流咨询等综合性高端物流服务。由于很难找到符合其需求条件的第三方物流企业，一些规模较大且物流需求较大的制造企业不得不自办物流。

一是对制造企业物流缺乏认识，主动服务意识不强。许多物流企业不了解制造企业物流的具体内容，不了解制造企业对物流的真正需求，更不会从供应链的角度认识物流，对制造企业主动服务的意识不够，跟不上制造业发展形势和要求。

二是物流企业规模相对较小，管理水平有待提高，物流技术较为落后，物流标准化水平低，物流企业没有严格进行标准化作业与质量控制，同一客户不同项目、不同环节服务水平参差不齐。物流信息平台的建设和应用还很缺乏，信息反馈滞后，双方沟通不畅，缺乏应急措施，物流企业信息追踪不力，不能对物流活动进行有效跟踪和监控，从而影响到制造企业与物流企业间的合作。

三是服务创新能力不强，根据制造企业需求进行量身定做的服务能力不强。从发达国家发展经验看，物流配送、加工、包装、代理、仓单质押、供应链管理等增值服务快速发展。物流企业效益的好坏越来越依赖于其增值服务及业务创新能力的高低。目前，我国大部分物流企业只能提供较为传统的运输、仓储服务，对高端的供应物流、生产物流和增值服务有限，一体化服务的物流供应商更是缺乏，创新能力不够，较难形成与制造业的紧密合作关系。

（三）联动机制不健全，市场无序竞争严重

除供需主体外，物流业与制造业联动发展还受到外部市场环境的影响。

一是利益分配机制不对等，阻碍联动发展。在物流外包市场上，制造企业往往处于相对主动与强势地位，主要从自身角度出发考虑问题或看待合作，追求自身利益最大化，拼命压价，苛刻要求物流企业，挤占物流企业应有的利润空间，不能调动物流企业积极性，严重制约了物流企业发展，阻碍了两业联动。

二是信用机制尚未健全，制约两业联动发展。物流外包过程涉及物流、商流、信息流、资金流等众多领域，以及供应商、生产商、销售商、客户等众多参与主体，所有这些都必须建立在信用体系健全的基础上。物流行业法律法规建设滞后，行业与市场缺乏有效指导管理，部分物流企业缺少诚信意识，"货运蒸发"现象时有发生且得不到解决，损害了物流市场的整体形象和投资环境。各参与主体缺乏完善的信用体系，某些物流企业业务量发展到一定程度时，或者要挟制造企业，或者提出不合理加价，许多制造企业为了不受制于人，不敢过多实行物流外包或物流整体外包，结果制约了两业联动。

三是物流服务不规范，降低了交易效率。由于缺乏相关的市场规则、法律法规约束，对物流服务难以形成统一的评价标准和相关的制度规范。比如，原来从事单一运输服务的企业转型之后，物流业务不断拓展，涉及与之相关联的装卸搬运、库存控制、分拣配送、风险管理、信息处理等诸多功能，需要一整套的物流作业规范。企业在短期内难以形成系统而翔实的条文规定和制度规范。

四是市场无序竞争，增加了交易成本。从现阶段中国物流市场看，现代物流市场发育尚不充分。从需求层面看，制造业对现代物流的内涵和作用认识不够到位，没有把物流管理提升到战略层面，企业物流管理仍处于分散状态，运输仓储等简单的物流需求释放比较充分，增值性和综合性物流服务需求较为缺乏。从供给层面看，物流企业普遍小、散、弱，大多在零担货运这一低层次的层面竞争，物流业不了解制造业的真实需求，不熟悉制造企业的业务流程，物流服务和管理水平达不到要求，导致高端物流服务和特色物流服务严重不足，低端物流供给过剩。所以，供需结合塑造了中国现阶段物流市场的一个重要特征，那就是，低端物流需求与低端物流供给处于一种低层次均衡状态。这种低层次均衡状态必然导致行业竞争无序。随着行业竞争加剧，物流服务收费普遍降低，运输和仓储等基础性服务已进入微利时代。一味在低层次的传统型物流服务上进行血腥的价格竞争，拉低了本行业利润率，加上2006年以来物流经营成本大幅上升，导致中低端物流市场出现严重的无序竞争，由于诚信机制缺失，一些地区频发公路货运蒸发事件，企业之间的恶性竞争，价格战，招标中标中的不规范行为，存在"逆向淘汰、劣币驱逐良币"现象，加大了物流市场各相关主体之间交易的成本。

（四）联动的制度、政策环境较差

除供需双方及市场环境外，制造企业和物流企业合作还会受到外界政策环境的影响。

一是物流法律制度还很不完善。行业发展秩序和不合理行为时有发生，市场合约的执行程度较低，物流企业和制造企业尚未成为产业创新的主体。现有的制度政策着力点还没有转到引导市场主体进行技术创新和机制创新上来。市场准入制度不合理，不合格企业大量进入物流市场，造成了低端恶性竞争。高端的航空、铁路垄断严重，对非国有主体存在较大的进入限制。此外，企业融资制度、产权制度、产权转让制度、市场准入退出制度、社会保障制度等还不能适应企业经营的要求，因而限制了第三方物流快速及时的响应。

二是物流市场监管不规范。大部分制造企业在外包物流时以低价取标，物流企业为了获得业务甚至以低于成本的价格参与竞争，结果中标后为获取利益而不至于亏本，往往只能降低质量和服务标准。政府经常以罚代管，市场竞争严重无序，竞争秩序亟待规范。

三是同一管理平台不够，物流服务标准体系未能有效建立。缺乏公共信息平台使得物流业不了解制造业的真实需求，制造业也不放心物流业的服务能力，政府没有统一的管理机构与平台来对物流进行有效管理，许多标准没有建立，这种情况严重制约了我国物流业与外界系统的有效衔接，导致物流效率降低、物流成本提高。物流设施和装备、物流信息、物流管理的标准化是物流产业发展中的一个关键性问题，也是两业对接的重要基础。不同企业对物流操作认识不同，具体体现在供给方提供的物流操作常常达不到需求方的要求，这就需要双方不断地沟通磨合，无形中增加了管理成本。物流设施和装备、物流信息等方面存在同样的问题。尤其是技术标准的缺失，这一问题亟待解决。

四是相关物流政策不完善，政策环境欠佳。虽然2009年国务院通过的物流业调整和振兴规划中明确把物流业与制造业联动发展工程作为振兴物流的九大重点工程之一，但缺乏针对两业联动的具有可操作性的细则规定，比如各物流环节适用的营业税税率不一致，增值税抵扣政策不一致，营业税重复纳税，物流业总体税负较重等问题，实实在在影响了两业联动。目前，物流全行业平均利润率在 3% ~ 5% 之间，仓储业务利润率仅为 2.6%，还低于道路运输业的盈利水平。但是，物流企业要承接制造业的一体化物流业务，一定会涉及仓储等其他物流环节，目前偏高的税负显然影响较大。

五、对策建议

从上面几部分的分析看，物流业与制造业联动合作发展的趋势是，由简单的互需型合作到注重长期性的互利性合作，最终发展成基于供应链一体化的战略性共赢合作，以实现最大化共赢，促进两业创新发展与产业升级。

总体思路是：基于我国物流业和制造业在联动中的现状、问题以及联动趋势，物流企业以制造企业物流需求为导向，加大供给创新力度，建立按需操作的服务环境，提供随取即用的物流服务，增强按需定制的服务能力，加大政策对两业联动的支持，加强制度法规建设，增进市场良性竞争，营造良好的政策和市场环境，推动制造业物流分离外包、制造企业业务流程改造，大力培育适应制造业物流需求的第三方物流企业。

（一）鼓励树立双赢发展意识，发展战略关系

树立双赢发展意识是促进两业联动发展的前提。联动发展真正的状态就是物流企业与制造企业建立长期的战略合作联盟，实现利益共赢与风险共担。国家有关部门和制造企业、物流企业要认识到制造企业剥离物流业务、物流运作分立、物流业务整合外包是未来发展的一个大趋势，是走专业化道路、提高核心竞争力的必然选择。供需双方要理解两业联动发展、合作双赢的深刻内涵，真正做到战略合作共赢，有效持久联动，持续推动两业创新发展与结构升级。

物流企业如何更好地与制造企业联动发展，关键在于与制造业开展紧密合作。鼓励制造企业与物流企业通过物流金融、物流战略联盟、物流托管、合资的方式建立联系，共同建立联动、共赢的社会化大物流体系。为制造业和物流业搭建交流平台，创造合作机会，研究推广制造业和物流业"双嵌"的外包模式，积极促进制造企业与物流企业由竞标型业务向战略合作型业务的转变。地方可组织实施一批物流业与制造业联动发展的示范工程和重点项目，还可设立两业联动工程发展扶持基金，对制造企业、物流企业的联动举措进行奖励。

（二）全面提高物流企业按需定制的服务创新能力

当前，我国物流供给和物流需求还处在一个比较低的发展层次，粗放式需求和无效供给现象大量存在，阻碍了需求层次的提升，高端物流需求的拉动作用还很有限。

物流企业要摒弃重供给轻需求的观念，更加重视需求，增强主动服务意识。物流供给方是物流运作的主体，但制造企业作为物流需求方在物流外包市场上居主导地位。物流运作要按照物流服务需求的变化而变化，物流服务不同环节、不同层次、不同对象对需求的具体要求也不同，物流需求越来越专业化、差异化、精细化，对物流成本、速度与服务提出了更高的要求。物流企业要依据需求增强服务供给的创新能力，具备一体化的规划与企划能力，具备良好的运营能力。

第一，物流服务理念更新，增加物流服务透明度。以客户需求为导向，深入研究制造业企业客户对物流服务的要求和变化趋势，及时发现物流增值服务的"蓝海"，为制造业企业提供差别化的物流服务支持。鼓励企业在提供物流服务的过程中，提高信息分享水平，建立风险管控机制，提高对物流意外事件的应变能力，努力加大增值服务的含量，致力于帮助客户解决日常物流管理问题。

物流企业要努力构建一个成本透明、流程透明、责任透明和利益透明的物流协作环境。提高透明度会增加信任，信任会增进协作，协作才会发现更多的延伸服务和联动机会。

第二，物流合作模式创新。要努力融入客户的物流管理过程，要真心诚意地把自己变成制造业企业的（编外）物流管理部，至少要把自己定位于制造业企业物流管理计划的忠实执行人和物流管理顾问。当业务量比较大、客户关系比较稳定时，物流企业可以参与一些客户的物流管理工作，为进一步延伸服务提供条件。争取做到双方运营目标取向一致，共同分享物流管理成果和风险，共同参与产业链竞争，彼此作为战略联盟伙伴，真正实现物流联动。

第三，重点开拓制造业供应链需求。促进供应链之间的深入合作，双方建立战略合作伙伴关系，优化整体供应链流程，提高整个供应链的竞争实力，是物流业与制造业联动发展的必经之路。建立标准化和信息化平台，制定标准化和信息化战略，加强物流企业与制造企业之间的供应链整合，引导物流企业嵌入产业链内部，重点发展物流过程管理、物流信息管理、物流系统设计、条码采集和仓储保管等高层次物流服务。

（三）建立有效的两业联动机制，提供制度保障

第一，应建立良好的两业联动利益分配与协调机制。利益分配的合理性是两业联动的关键。一是建立起合理的价格协商机制和价格调整机制，根据物流成本的变化定期调整各单元价格。二是建立起保险联动机制，制造企业以最低成本规避生产、物流中的各种风险。三是建立起合理的利益分配机制。制造不要在物流价格上过分重视，要从大处省钱。物流企业要致力于创新，对创新取得的利益要建立合理的分配机制。

第二，建立两业联动的信用机制。诚信是两业联动合作的基础。鼓励物流企业内部建立良好的信用保障机制，真正做到诚信服务，与制造企业建立战略合作伙伴关系。制造企业也要建立相应的信用评价机制，根据信用评价结果确定外包业务范围、份额及合作关系的紧密度。

第三，建立起两业联动的改善与创新机制。改善与创新是两业联动的重要手段，通过联动模式创新、组织机构创新、服务内容创新、服务方式创新等方式，实现企业联动发展的持续创新。

第四，建立起物流技术协同发展机制。物流技术主要包括运输技术、库存技术、装卸技术、包装技术、集装箱化技术、物流信息技术等，其中物流信息技术尤为重要，主要包括条码与自动识别技术，全球定位系统、物流信息管理系统，鼓励物流企业开发相应的物流管理信息系统，与制造企业有效对接，建立物流信息共享机制，同时还要实现物流技术的标准化，确保技术使用同步、两业在技术上无障碍对接。

（四）鼓励主辅分离和物流外包，大力发展专业化市场主体

加强政策引导，通过减免税收、信用贷款优先、政府奖励、投资优惠、安置富余人员等措施，鼓励制造业主辅分离，变物流自营为物流外包，扩大物流的社会化需求，为物流业与制造业联动发展提供保障。选取大中型制造企业特别是国有控股的大型制造企业作为参与"两业"联动、实施物流服务社会化的试点，鼓励它们整合优化业务流程，分离、分立物流资产和业务，创新物流管理模式。对通过分离试点达到预期目标的企业，在政策上给予相应支持。积极推动重点制造企业集团设立统一的物流业务管理机构或建立企业物流管理中心；物流资源实现"主辅分离"，成立独立核算的物流公司；制造企业与物流企业之间，以资产重组、合资、合作等形式，组建第三方物流企业，建立供应链战略合作伙伴关系。积极培育既能提供生产制造业产品的简单加工增值服务，也能为客户提供度身定制的供应链一体化解决方

案、价值评估、流程再造等复杂的综合服务的现代物流企业。

（五）规范市场竞争，加强信息平台、标准体系和诚信体系建设

建立物流企业市场准入和资质认证机制，完善物流市场监管制度，提供明确的物流企业行为规范、市场管理办法以及技术标准等。建立物流企业的准入、退出管理办法，规范物流企业的市场行为，限制不正当竞争。对重点发展的产业物流，根据其特点制定其行业物流技术标准，规范物流服务。对行业标准进行细分管理，在注册资本、服务基础设施、从业人员资质、行业信用等方面，建立科学合理的准入标准，指导物流企业依法规范经营。建立物流业诚信体系，营造物流诚信环境。

物流业与制造业若想真正实现联合，信息沟通是关键。加快建设有利于信息资源共享的行业和区域物流公共信息平台项目，使物流企业与制造商、供应商及客户有机联系起来，加强供需衔接。鼓励物流企业应用电子商务和其他信息网络技术，将新的软件和硬件系统以及物流活动与功能进行整合、拓展，改变企业经营粗放、内在质量差、运作效率低的现状。培训和组织多种交流平台，帮助制造企业与物流企业寻找结合点，创造合作机会，推进有机融合、联动发展。

建立物流技术和装备的标准化体系。结合国际标准与国内物流产业发展实践，从提高物流系统运行效率出发，制定各子系统设施、设备、专用工具等技术标准，增强业务工作标准化的配合性，按照配合性要求，促进物流与社会大系统的标准化体系建设。以物流信息标准、服务标准和管理标准为切入点，参照国际通行标准，研究制定一批对物流产业发展和服务水平提升有重大影响的物流标准。

（六）突破政策限制，优化政策环境

国家层面出台支持物流业与制造业进一步实现联动的产业引导政策和各项支持政策，解决目前联动中出现的具体问题，通过试点示范，进一步推进产业层面联动机制的建立。根据制造业各产业物流业的特点，制订全国制造业物流专项规划，加快推进物流业与制造业有机融合，联动发展。在钢铁、汽车、家电、装备制造等行业中开展物流业与制造业联动发展示范工程，建立制造业供应链一体化管理示范项目。

加快税收改革步伐，尽快统一营业税税率，尽快推广国家物流税收试点所取得的经验，让所有的仓储、运输业务外包的物流企业享受到物流税收试点的优惠政策，实行营业税差额纳税，直接减轻营业税重复纳税造成的税务负担。对外包物流的制

造企业应给予不同形式的税收优惠：企业将物流资产、人员进行剥离改制，应享受辅业改制免征所得税等优惠政策；企业向专业物流企业转让自有仓库及附属设施的应免征营业税；企业向专业物流企业转让运输工具、物流设施、装备等固定资产，应在增值税方面提供优惠。对物流企业接受原制造企业物流分流人员，或分流人员创办物流企业，应在项目审批、资金补助、税收、贷款贴息等方面给予优惠政策。

破除地方保护主义，支持物流企业到异地设立分支机构，促进物流企业网络化运作、规模化经营、集约化发展。制定制造业物流布局政策，鼓励、引导物流企业进入制造业配套的物流中心和物流园区，实现制造业物流系统的布局优化。倡导集聚区内物流基础设施、物流信息平台共享共用，引导制造企业与物流企业信息沟通、标准对接。

本章小结

近年来，物流业与制造业的联动发展日益受到重视和关注。物流活动是制造活动的重要组成部分，本来包含在制造过程中，物流业的最大市场在制造业，推进物流业与制造业联动发展，有助于促进制造业结构升级，也是促进物流业创新与升级的基本途径。联动发展的实质是通过能力互补从而形成一种持续的依赖关系。物流外包市场上制造企业居相对主导地位，物流企业是运作主体，需要不断提供按需定制的创新服务，所以，联动发展一是双赢机制，二是服务不断创新机制。这几年物流业与制造业联动发展的趋势开始显现，但目前物流外包比例小，层次低，联动发展程度低，合作不紧密。联动相对滞后的主要原因有四：一是制造企业对物流外包认识不足，制约物流社会化发展；二是物流企业服务能力有限，难以满足制造企业要求；三是联动机制不健全，市场无序竞争严重；四是联动的制度、政策环境较差。为此，建议：鼓励供需双方树立双赢发展意识，发展战略关系；物流企业以制造企业物流需求为导向，加大供给创新力度；建立有效的两业联动机制；加大制度、政策对两业联动的支持；增进市场良性竞争，大力培育专业化市场主体。

第七章　商务服务业发展的机制与制约因素分析

　　商务服务是指企业管理组织、市场管理组织、市场中介组织所从事的经营性事务活动，它直接为商业活动中的各种交易提供服务。中外许多学者（P.W. Daniels 1998，Juleff-Tranter，L.E 1996，Yue-Chim Richard，and Tao，Zhigang 2000，郭克莎 2000、程大中 2005、顾乃华 2006 等）都阐述了发达国家和地区从 20 世纪 80 年代以来，生产性服务业内部行业的结构升级规律，其中很重要的一点就是，在生产性服务业内部商务服务业增长速度最快，增加值比重提高最为显著。[①]在工业化中后期，商务服务业是生产性服务业中比较核心、成长性较好的产业。由于统计口径不一、总体发展水平限制等原因，国内外对商务服务业进行系统研究的文献还较为少见。鉴于此，本章将从商务服务业的产业特性入手，在供需分析框架下，系统探讨我国商务服务业发展的驱动机制和制约因素，为促进其快速发展提供理论指导和政策参考。

一、行业分类和产业特性

（一）行业分类

商务服务业中大部分行业成长性较好，其外延范围在不断拓展和延伸。

（1）国际统计口径。国际上商务服务业通常采用大商务的概念，不仅包括我国

　　[①] 具体研究参见郭克莎：《第三产业的结构优化与高效发展（上、下）》，载《财贸经济》，2000(10)，第 51 页；第 11 期，第 30 页，商务服务业在书中被称为产业服务业或工商服务业。Juleff-Tranter,L.E, Advanced Producer Services: Just a Service to Manufacturing? Service Industries,1996（16），pp.12–21。wong,Yue-Chim Richard,and Tao, Zhigang,An Economy Study of Hongkong's Producer Service Sector and its Role In Supporting Manufacturing,http//www.hiebs.hku.hk.陈宪、程大中主编：《中国服务经济报告》，北京，经济管理出版社，2005、2006、2007。新制度经济学派 Daniels1985 的著作，顾乃华的作品参见宏观院 2006 年重点课题"我国制造业转型期生产性服务业发展问题研究"相关专题。

统计意义上的商务服务业，还包括计算机与软件服务和科学研究、技术服务。比如，OECD 国家商务服务业（Business Services）又叫产业服务或企业服务，包括计算机软件与信息服务，研发与技术检验服务，经营组织服务（包括管理咨询与劳动录用服务）与人力资源开发服务。北美产业分类体系（NAICS）中商务服务业主要包括法律服务业、会计服务业、建筑和工程服务业、计算机系统设计和相关服务业、管理和技术咨询服务业、公司企业管理等。

（2）中国统计口径。我国统计口径的商务服务业基本上采用的是小商务的概念。按照我国 2002 年颁布的国民经济行业分类标准（GB/T4754-2002），商务服务业（含租赁业）主要包括 10 个方面：租赁业、企业管理服务、法律服务、咨询与调查、广告业、知识产权服务、职业中介服务、市场管理、旅行社、会展等其他商务服务，如表 7-1 所列。

表 7-1　商务服务业（含租赁业）行业统计分类

代码				类别名称	
门类	大类	中类	小类		
L				租赁和商务服务业	本类包括 73—74 大类。
	73			租赁业	
		731		机械设备租赁	
			7311	汽车租赁	
			7312	农业机械租赁	
			7313	建筑工程机械与设备租赁	
			7314	计算机及通讯设备租赁	
			7319	其他机械与设备租赁	
		732		文化及日用品出租	
			7321	图书及音像制品出租	
			7329	其他文化及日用品出租	
	74			商务服务业	
		741		企业管理服务	指不具体从事对外经营业务，只负责企业的重大决策、资产管理，协调管理下属各机构和内部日常工作的企业总部的活动，其对外经营业务由下属的独立核算单位或单独核算单位承担。
			7411	企业管理机构	
			7412	投资与资产管理	指政府主管部门转变职能后，成立的国有资产管理机构和行业管理机构的活动；非金融性投资活动。

续　表

代码					类别名称
门类	大类	中类	小类		
			7419	其他企业管理服务	指其他各类企业管理机构、派出机构，以及为企事业、机关提供后勤服务的活动。
		742		法律服务	
			7421	律师及相关的法律服务	
			7422	公证服务	
			7429	其他法律服务	
		743		咨询与调查	
			7431	会计、审计及税务服务	
			7432	市场调查	
			7433	社会经济咨询	
			7439	其他专业咨询	指社会经济咨询以外的其他专业咨询活动。
		744	7740	广告业	指在报纸、期刊、路牌、灯箱、橱窗、互联网、通讯设备及广播电影电视等媒介上为客户策划、制作的有偿宣传活动。
		745	7450	知识产权服务	指对专利、商标、版权、著作权、软件、集成电路布图设计等的代理、转让、登记、鉴定、评估、认证、咨询、检索等活动。
		746	7460	职业中介服务	指为求职者寻找、选择、介绍、安置工作；为用人单位提供劳动力；提供职业技能鉴定及其他职业中介活动。
		747	7470	市场管理	指各种交易市场的管理活动。
		748	7480	旅行社	指为社会各界提供商务、组团和散客旅游的服务。包括向顾客提供咨询、旅游计划和建议、日程安排、导游、食宿和交通等服务。
		749		其他商务服务	
			7491	会议及展览服务	指为商品流通、促销、展示、经贸洽谈、民间交流、企业沟通、国际往来而举办的展览和会议等活动。
			7492	包装服务	指有偿或按协议为客户提供包装服务。
			7493	保安服务	指为社会提供专业化、有偿安全防范服务活动。
			7494	办公服务	指为商务、公务及个人提供的各种办公服务。
			7499	其他未列明的商务服务	指上述未列明的商务服务和代理活动。

（3）本报告中商务服务业的研究重点。正如表 7-1 所示，商务服务业行业门类较多，新产业不断涌现，国内相关文献多使用"中介"、"咨询服务"等概念来指称商务服务业，给产业的界定和使用造成很多混乱。在国外，相当于我们所谓中介概念的是专门职业，或称专业服务，其中大部分职业，由政府指导或行业协会确认执业资格并颁发执照。同时，专业服务在我国现行的商务服务统计范围内，所占比重较高，至少在 60% 以上，具有较好的代表性。因此，本报告的研究重点主要限定在专业服务领域，同时会涉及会展和租赁业，专业服务具体又包括法律服务、会计审计、咨询服务，其中咨询服务包括工程咨询、技术咨询、管理咨询、决策咨询、其他专业咨询五个领域，各部分具体关系如图 7-1 所示。

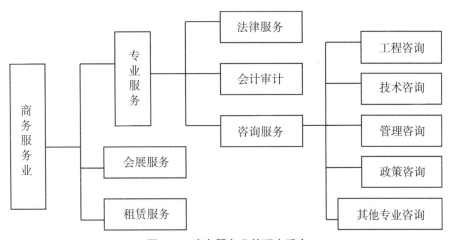

图 7-1 商务服务业的研究重点

（二）产业特性

综合发达国家、地区和我国商务服务业发展的实践，其产业特性有四：

一是高成长性。商务服务业作为现代新兴的生产性服务业（Advanced Producer Services，APS），一个突出的特点就是成长性强，尤其是在工业化中后期表现出较高的增长速度。20 世纪 80 年代以来，多数发达国家的商务服务业发展迅速，OECD 国家的战略性商务服务业，信息与软件服务、研发技术服务、销售服务、企业集团服务和人力资源服务近年来年均增长达到 10%，美国商务服务业的收入和就业 2002 年比 1997 年分别增长 45.8% 和 30.2%。2005 年美国商务服务业增加值占 GDP 的比重是 19.2%，是制造业占 GDP 比重的 1.06 倍；商务服务业劳动生产率 2005 年比 1997 年增长 18.06%，高于制造业 1.06 个百分点，高于金融业 4.9 个百分点。[①]可以说，商务服务业是发达国家和地区经济增长最为强劲、最为活跃的生产性服务部门。

二是具有高人力资本含量、高技术含量、高附加值三高特征。商务服务业提供的服务以知识、技术和信息为基础，对商业活动的抽象分析和定制化程度高，以知识要素投入生产过程，表现为人力资本密集型。2007 年上海和北京服务业发展报告显示，目前，上海综合性专业服务的从业人员正向高学历、高智商、高收入、年轻化方向发展；商务服务业比较发达的北京市，从业人员以大专以上学历为主，海归派自主创业的人员比例逐步提高。

商务服务业由于信息技术的广泛应用，可贸易性不断增强，技术含量也得到很大提高，是新技术的密集使用者，是创新的来源，是知识的生产者和引导高新技术的领跑者。

由于商务服务业具有高技术含量和高智力密集的特征，所以，其创造的附加值也高于一般产业，专业服务发达的中国香港地区，其平均附加价值占到产业产值的66%，远高于一般工业附加值占产值比重的 30%。[②]

三是具有顾客导向型的价值增值效应。商务服务企业通过与顾客的不断交流和合作，提供专业化的增值服务，使其自身蕴含的价值效应得以放大和增强。知识、经验、信息、品牌和信誉是知识密集的专业服务公司赖以创造价值的要素，也是专业服务公司各条价值链的主体部分。

根据 Stern 和 Hoedman（1987）的研究，大多数专业服务是需求者定位服务，服务供应商要到客户所在地去提供服务。

专业服务价值链是一个不断与顾客沟通、交流，从中了解和发现问题，为顾客解决问题，并对方案的实施进行控制和评估的过程，每个阶段都需要客户的高度参与。通过与顾客紧密的联系和交流，转移专业知识和信息，提供度身定制的服务从而创造价值。

专业服务更多的价值增值也从获得顾客的认可之时开始，并随着合作关系的密切和持久而得到放大，这样的价值增值效应寓于整个服务过程中。

专业服务企业的价值链可图示如下：[③]

① 部分数据来源于商务部研究院金萍：《2006 年中国商务服务业发展报告》。
② 部分数据来源于商务部研究院金萍：《2006 年中国商务服务业发展报告》。
③ 参考薛求知、郑琴琴：《专业服务跨国公司价值链分析》，载《外国经济与管理》，2003(5)。

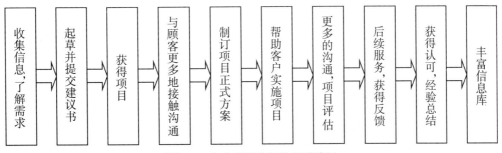

图 7-2 专业服务公司价值增值图

四是强集聚性和辐射力。国际经验表明，商务服务业高度聚集于国际大城市，强力辐射相关工业产业。跨国公司以此进行全球统一管理和协调，提高其区域控制力。美国是专业服务最发达的国家，其咨询营业额占全球咨询市场的50%，纽约尤其是曼哈顿地区大量公司总部云集，吸引了与之相关的各种专业服务机构，如技术咨询、会计、法律、市场营销等各类服务性咨询事务所，形成了一个控制国内、影响全世界的服务管理中心。

二、发展的驱动机制

商务服务业发展的程度取决于市场需求与供给的强度，需求引导供给，供给创造需求。从影响我国商务服务业供需的直接因素看，动因主要有四：

（一）专业化分工深化产生的需求拉动

从上面对商务服务业的产业特性分析得知，在工业化中后期，商务服务业成长性较强，不仅发展速度快于其他产业，而且其发展过程还伴随着大量新产业和新业态的出现。究其原因，主要是经济专业化程度不断提高的结果。商务服务业中的每一个行业都是一定阶段经济分工深化的产物，特别是在制造业迂回程度和加工深度不断提高并呈现服务化的趋势下产生壮大的。随着大规模生产体系的瓦解和灵活性生产组织理念的诞生，加上市场竞争的加剧，生产性企业追逐利润和创新发展的动力不断增强，专业化程度不断提高，内部分工不断细化，非核心业务外包出去的意愿和倾向逐渐增强，越来越多地需要利用分工更为专业、功能更为强大的服务型企业来整合自身的技术平台和服务平台，这样便派生出制造业对商务服务的需求，具体体现在对制造业链条上的各种技术咨询和专业服务、品牌管理和营销渠道等关键环节的强烈需求，以满足生产企业节约成本、降低风险、敏捷化和个性化的发展要求。

(二) 体制改革释放的供需动力驱动

我国商务服务业的产生、发展同时还是制度变革的产物，经济社会体制改革释放的动力极大地促进了商务服务业的发展。

企业层面的体制改革，特别是国有企业改革的推进，使得企业对会计、法律服务的需求不断上升，从需求层面促进了会计、律师等专业服务的发展。1980 年中国出现了第一家会计师事务所。1992 年以后国家推动建立现代企业制度，开始重视相应的中介服务机构建设与管理，部分地区开始率先进行律师体制改革，国家统办律师事务所的体制被打破，企业与政府对律师服务的需求不断增加，律师事务所成为市场的专业服务组织。

政府层面的管理体制改革从供给层面推动了咨询业的发展壮大。我国咨询业起步于改革开放初期。随着政府管理体制改革的不断推进，20 世纪 80 年代初在全国相继出现了各类工程咨询、投资咨询、科技咨询、管理咨询以及信息咨询机构。随着投资体制改革的推进，政府明确规定了投资项目申报必须包括可行性研究报告，从而推动了投资咨询机构的发展。随着科技体制改革的深化，科研机构开始进入科技咨询服务领域，由此便产生了大量的科技咨询机构。国家经委还在系统内创办了管理咨询机构。进入 21 世纪后，随着政府体制改革的逐步深化，我国咨询机构呈多元化发展趋势，无限责任、私营、合资咨询机构的数量迅速增加，非国有咨询机构数量远远超过国有咨询机构。

(三) 国际化程度提高产生的供需拉动

国际化程度加深是商务服务业市场拓展和服务供给增加的又一推动因素。

商务服务业是应国际经济对全球市场细分、产业转移和生产型企业应对全球化发展需要而产生壮大的。

随着中国商务服务贸易开放步伐的加快，各种形式的中外合资、合作商务服务企业数量逐步增加，增加了国内商务服务领域供给能力和业务品种。同时，国际化程度提高还从三方面增加对中国专业服务的需求：

一是随着中国经济国际化程度的加深，加速了跨国公司资本、劳动和技术在中国范围内的优化配置，跨国企业业务模式日趋细分，为了提高其对中国的区域控制力，需要对散布于中国的生产基地、原材料基地、销售网络进行统一管理和协调，需要在中国设立亚太总部和适应性的研发基地、物流基地，由此便产生了对部分国内法律、会计、管理咨询、市场研究等专业服务方面的需求。

二是随着国际国内市场的双向开放，加速了企业建立现代企业制度及改组、重组、境内外融资的步伐，增加了国内企业对国外东道国的投资环境、相关政策、市场需求等方面的咨询需求。

三是随着国内市场国际化程度的不断提高，市场竞争更加激烈，市场的不确定性和信息的不对称性加强，对专业服务等外脑咨询的需求增加。

（四）信息网络技术产生的供给驱动

技术创新是推动商务服务业快速发展的又一重要驱动力。20 世纪 90 年代以来，信息通信技术应用领域不断扩大，技术竞争逐步加剧，二、三产业融合趋势不断增强，商务服务范畴更加广泛。加速发展的信息网络技术，刷新了传统商务服务概念，创新了服务提供的途径以及用户界面的互动方式，创造了商务服务的新途径，大大拓展了服务提供的范围和可交易性，许多新的服务模式、新的商务服务品种和种类由此而不断产生。一些行业的共性技术服务平台、信息服务平台和商务服务平台就是这方面的典型。

新技术的应用，促进传统的科技服务形式和电子商务相结合，引起了服务模式的创新，使得这些服务平台能够集成各方资源和信息，整合政府、研究部门、企业、协会等多方力量，为企业、政府提供更为强大、更为专业化的服务。

综上分析，外部市场竞争越激烈，生产型企业外包程度越高，市场经济体系越完善，国际化程度越高，信息技术应用越深入，对商务服务的需求也越大，商务服务的供给水平也越高，商务服务业发展也就越快。这四大动因是并行影响、共同对商务服务业的需求和供给发挥作用。

当然，现阶段我国经济发展方式转变与产业结构升级对商务服务业提出了较高的潜在要求，它提出的总体现实需求已经内化到上述四大因素中，在此不作单列因素赘述。

这四大动因及其相互作用形成我国商务服务业发展的驱动机制，以鱼刺图（因果图）的形式表示，如图 7-3 所示。

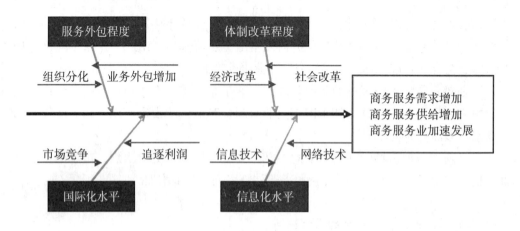

图7-3　我国商务服务业发展的驱动机制示意图

三、发展的现状、问题及原因

（一）发展现状

从行业整体看，我国商务服务业起步晚，但发展较快，市场潜力巨大。近年来，发展势头良好，行业规模初显。2009年我国商务服务业实现增加值6191亿元，占服务业的比重为4.18%，比2006年提高0.31个百分点。2011年1~9月全国商务服务业完成固定资产投资2486.8亿元，实现同比增长34.7%，高于同期全国各行业固定资产投资增幅9.8个百分点。2008年前10个月，商务服务业引进外资45.4亿美元，占全部吸收外资的比重为5.6%，在服务业中仅次于房地产业。商务服务业已成为我国聚集程度高、吸引外资潜力巨大、创造高端就业的重要产业。

——咨询服务。目前，我国咨询机构呈多元化发展趋势，无限责任、私营、合资咨询机构迅速增加。从市场份额看，一半以上的市场份额属于工程咨询；技术类咨询占整个咨询市场的第二位，且增长速度较快；管理咨询增长速度较快，占第三位；政策咨询逐步下降，其他类咨询增长迅猛。

——法律服务。改革开放30年来，法律服务业得到快速发展，律师服务已初具规模。目前，我国有执业律师15万多名，律师事务所1.2万余家，律师的服务空间逐步扩展到金融、证券、房地产、知识产权、国际贸易等领域，业务领域已从单一诉讼业务发展为非诉讼型咨询业务与诉讼业务两者并重。

——会计服务。会计服务主要是指为企业提供会计、审计和资产评估等方面的咨询服务。目前，注册会计师队伍空前壮大，全国有会计师（审计）事务所6700家，执业注册会计师已达5.8万多人，非执业注册会计师达12万多人。注册会计师业务已从原来的外资企业、公司制企业扩大到所有的企业。

——会展业。会展业起步晚，发展快，是亚洲最大的市场。20世纪90年代以来，我国会展业发展迅速，据有关统计，会展业的年增长率达到20%以上，目前我国有各种规模的会展公司2000多家，会展年总收入突破70多亿元。

——租赁业。租赁业起步晚，但是发展快，市场潜力大。据统计，截至2005年年底，我国租赁业业务规模42.5亿美元左右，排在全球第23位，机械设备租赁占整个租赁业的90%以上。截至2010年年底，银监会审批通过的金融租赁公司共有17家，2009年行业新增业务额达2800亿元，2010年前3季度实现营业收入107.62亿元。

（二）存在的主要问题及其原因

我国商务服务业发展虽然取得了一定的成绩，但总体看还处于初级阶段，行业组织规模小，市场发育不足，发展动力不足。从供需角度分析主要体现在以下三个方面：

1. 总体规模小，服务内容单一，创新动力弱，对客户的依赖程度大

我国商务服务业中多数行业出现于改革开放后，起步晚，起点低，总体规模小、竞争力弱，具有专业化、规模化以及一定影响力的商务服务机构少，行业品牌效应还没有形成。相对于国际水平来说，我国大部分专业服务机构仍处于小作坊状态，除少数规模较大的机构设有一些专业部门外，绝大部分机构业务范围狭窄，缺乏自身的业务强项，对外难以形成竞争力。以北京市为例，除企业管理机构外，北京商务服务企业规模小，注册资金少，对客户的依赖性大，服务产品往往是小作坊式的随需而制，总体利润率不高，总体收入水平较低。[①]目前不少咨询服务企业内部管理水平不高，缺乏开发、研究和应用咨询技术方法的动力，缺乏现代化协约化的管理技术和管理手段，专业化水平低，无法满足客户的综合需求。

我国会计服务业起步晚，起点低，规模小，在我国1000多家会计师事务所中，

---

① 参考"北京市商务服务业发展对策研究"课题组：《北京市商务服务业发展对策研究》，载《中国流通经济》，2006（3）。

注册会计师人数在 20 人以上的事务所有 400 多家，40 人以上的不到 70 家，60 人以上的不到 20 家。具有证券资格的事务所超过 20 名注册会计师的不到 10 家。我国目前会计利润 70%以上来源于传统的审计服务，而国际五大会计公司 75%左右来源于企业管理业绩、业务流程、信息技术、财务与经营战略调整等非传统会计业务收入。

与发达国家相比，我国律师事务所规模较小，竞争力差。由 1~8 名律师组成的小所占 37.9%，9~16 名律师的事务所占 34.9%，17~24 名律师的占 12.1%，25 名律师以上的占 15.1%。从律师收入来看，目前我国北京和上海两个城市的律师总收入抵不上全球排行最前的一个外国律师事务所的收入。在华设立分支机构的外国律师事务所，往往具有规模较大、律师专业分工明确、内部管理比较规范、团队作战能力较强、跨国运作能力强的综合优势。

2. 高效的市场化运作机制尚未建立

从前面的分析得知，市场化运作机制是商务服务业供需驱动的重要动力。从国际经验看，市场化运作也是商务服务企业运营模式的发展方向。在发达国家，商务服务机构大多是以商业化公司的形式运作的，而我国的机构大多数是依靠政府力量发展起来的，按照公司化运作的服务机构还很少，对政府的依赖性很强，很多服务机构依靠政府提供项目，缺乏市场意识和竞争意识。比如，目前不少城市的产权交易所、技术交易服务、信息交易中心等网络资源配置性商务服务机构的运作方式还没有实现真正意义上的市场化。

3. 市场无序竞争严重

2008 年 5 月底我们对杭州的调研发现，杭州虽然各专业服务行业都有主管政府部门和行业协会，但实际上仍然存在无序竞争、价格过度竞争等状况。当面对竞争时，许多企业从两方面寻求出路，一是采取降价策略，二是希望通过政府发布行政规定或指令增加业务量，结果是扰乱了市场秩序，导致服务质量下降。

北京商务服务业也存在市场无序竞争、低价过度竞争的状况，不同规模和品质的商务服务企业在同一层面上竞争，非正规的运作方式（价格战、裙带关系、明标暗投等）在一定程度上仍发挥作用。目前政府主要以个人执业资格审查为主，缺乏对商务服务企业的统一监管标准，加上相关法律法规的不完善，导致监管力度不够，行政因素参与过多，实力、规模、质量等还远未成为市场竞争的关键因素。国内公司与国际咨询公司竞争过程中，只能以低价竞争，出现了逼迫咨询服务从高质量高收费向中质量低收费的方向发展的不良趋势。

四、发展的深层次制约因素分析

一些研究认为商务服务业规模小、发展滞后主要是由于服务功能单一、服务能力薄弱不能满足需求引起的。实际上，商务服务业目前这种落后、发展动力不足的状况不单是供给能力不足的问题，也存在有效需求不足的问题，而且还有供需相互转换不畅的制约。对商务服务业发展造成供需制约的根本因素还是体制、机制性障碍和缺乏法律法规保障和切实的产业政策支持。

（一）体制性障碍制约商务服务业的需求和供给扩大

由于目前我国正处于新旧体制转型过程中，新体制还没有建立起来，旧体制又没有完全消除，商务服务业受政府管理体制等方面的约束较为严重。

1.落后观念和认识制约商务需求市场形成和扩大

我国商务服务业总体处于初级阶段的一个重要原因，就是中国根深蒂固的重硬轻软的观念导致对咨询服务的需求较低。受短缺经济观念影响，国民习惯于只对商品付费而对服务不愿付费，社会咨询意识不强，对商务服务行业的作用和地位社会认知度低，很多企业不了解它们的特点以及对企业的好处，对专业服务职业如律师、评估师、咨询师等存在误解和偏见，不少企业，甚至少数经济技术部门习惯凭借老经验做决策，对借助外脑帮助决策的意识和需求较低。因此，正是基于这种认识，社会上不少行业和企业对咨询服务认知度低，甚至持怀疑态度，不愿意为咨询服务支付高额费用，影响了这些服务行业需求的扩大。从根本上说，这种观念和认识与现行政府政绩考核体制和长期经济发展战略导向密切相关，观念引导体制，体制进一步强化了观念，制约了商务服务业需求的扩大。

2.国企对民企在业务上存有较严重的挤出效应

我国专业服务业中的国企长期以来在市场份额上占据优势地位，对民企进入这个市场开展业务构成较大的挤出效应。尽管从 1999 年 4 月开始，我国正式将会计师事务所与各级政府分离，但目前仍然是国有会计师事务所占有较大比重。在这种情况下，对国有企业的审计、资产评估和清算都由财政部下达给自己偏爱的国有会计师事务所，地方政府也仿照中央政府的行为。目前，会计师事务所的营业额主要来自于股票市场上对上市公司的会计事务审计和三资企业外汇使用年度审核，而这些资格都是由政府授予的。这样，政府就直接创造了这个行业的需求和供给。律师行业也是这样，目前尽管也有部分合伙制律师事务所和公司制律师事务所，但在目前的法律服务市场中，国有律师事务所仍占据重要地位。这些国有律师事务所大部分隶属于司法部及地方司法厅。政府通过所有权控制和对律师服务的定价直接控制律师事务所的业务。根据国家物价部门和司法部的文件，几乎所有的正式法律服务的价格都由政府决定，只有在法律咨询业务与非诉讼过程中的服务费可由顾客与律师事务所商定，同时，地方政府在一些特殊法律服务的定价过程中拥有决定权。

另外，国有专业服务企业对地方非国有服务企业而言也存在挤出效应。以工程设计为例，对于大部分地方非国有经济而言，工程设计服务领域进入门槛较高，这两个子行业一直是国有资本占绝对优势，规模较大、资质较高、能力较强的事业单位或国有企业具有相对的行业垄断性质，占有较大的市场份额，民营经济难以进入该领域并发挥作用。行业和行政性垄断还造成了专业服务部门的信息封锁，各部门系统内专业服务机构垄断了内部的信息资源，其他同类机构就无法通过正常渠道获取市场政策信息，只能依赖社会关系或非正规手段获取，导致信息本身及其处理结果的可信度较低，影响了专业服务的质量。

3. 政府多头管理造成市场分割，影响企业规模化发展

专业服务领域一个突出的特点就是专业资格和资质需要行业管理和准入审定，我国目前这方面的格局是专业服务领域行业管理和市场准入的资质条件较多，见案例7-1。不同的专业管理部门将业务和经营主体局限在本系统内，形成了严重的市场分割和市场准入限制，一个典型案例就是工程勘察和工程咨询组成的工程设计业，在工程设计服务领域，政府多头管理，地方和行业保护严重，造成服务市场分割，影响工程设计产业的做大做强，见案例7-2。

案例7-1：综合性专业服务多头管理严重

根据上海市发改委2008年的一项调研，法律、会计、咨询等综合性专业服务，其行业管理与市场准入的资质条件较多，比如，律师行业的资质包括企业代理、专利代理、商标代理等，尽管各种业务都有相通之处，但每一项业务都必须有相应资质，资质过多影响了事务所的发展。在会计审计领域，每年都可能面临财政部专员办、中国注册会计师协会、证监会、审计署及特派办、市审计局、市财政局、市注册会计师协会、市证监办等多达7~8个政府部门的检查，专业咨询资质的设置已达20余项，分别由建委、工商、财政、人民银行、证监会等政府部门审批授予，一个咨询企业要完全进入市场，必须分别得到十几个政府部门的准入许可，阻碍了咨询机构的做大做强。在资产评估领域，由于资产评估机构的业务涉及对各种各样的实

物和无形资产评估，各个部门就分别从本部门主管领域的角度对业务进行审批，审批部门达 11 个之多，导致具有同一资质的市场主体无法提供跨系统服务，难以实现经营的规模化和专业化。

案例 7-2：政府多头管理抬高了工程设计准入门槛

我国对工程设计业的监管存在条块分割、多头管理的现象。根据吉林省发改委2008 年的相关调研，工程咨询行业归发展和改革部门领导，勘察设计、招标、监理等行业归建设部门领导，国家发改委颁发的相应等级资格往往不被建设部门承认，需要到建设部门重新申报相应资质，现行法规及部门政策文件之间相互冲突，抬高了企业进入成本。而且按照我国现行的组织模式，工程设计业是国家、省、市三级管理结构，由于受上面管理体制的影响，各省之间、各市之间的工程咨询与工程勘察设计机构各自独立、相互制约、相互封闭，各级政府及行业部门在规划设计、项目审查、方案论证等诸多方面，不能对非国有单位一视同仁。

4.政府行业管理体制没有理顺，使得行业监管缺位

在专业服务领域，我国实行的是行政机关管理和协会的行业管理相结合的管理体制。行政机关与协会之间管理职能上的分工仍未理顺，协会难以保持公正、独立的地位，难以发挥应有的作用。中国注册会计师协会和中国资产评估协会的分离使得会计服务行业缺乏明确、规范、统一的行业管理模式和准入机制，各部门标准自定，程序各异，监管体系尚未有效建立起来。另外，特别是一些地方性协会，代表性不够，功能不健全，造成目前行业监管中的缺位。

（二）市场无序竞争、交易成本高影响供需相互转换

目前我国商务服务业潜在需求巨大，而现实有效需求不足。从第一部分产业特性看，商务服务机构是顾客导向型的，市场需求是产业发展的最终驱动力，企业往往根据在市场竞争中产生的需求，对企业提供有针对性的服务。中国商务服务业发展历史短，专业服务机构由于规模小，追求短期利益，不愿投资于信誉和网络的构建，缺乏有效分工网络，存在无序竞争和规范化程度低等问题，低价过度竞争，导致服务质量下降，干扰了正常的竞争秩序，市场优胜劣汰的机制难以形成，由此产生的代理成本严重影响了对专业服务的市场需求，制约了专业服务行业的发展。

从理论上讲，通过专业服务机构进行交易属于中介交易模式，其成本要普遍高

于生产商之间的直接交易，需要增加搜寻、监督、谈判等代理成本，由于我国商务服务机构小、违约成本差、信誉差、国家知识产权保护不力等原因，市场无序竞争特别是低价过度竞争，市场存在较高的代理成本，使得商务服务交易存在的代理成本在较大程度上抵消了所节约的交易成本，进而影响到消费者对商务服务的需求。由于商务服务信用评级体系的缺乏，使企业个体很难对数量众多的商务服务机构进行区分，一旦某个商务服务机构损害了专业服务使用者的利益，察觉这种现象的需求企业就会增大其对整个商务服务业代理成本的预期。这种个体商务服务损害客户利益的行为对其他服务个体产生反面示范作用，进而影响社会对整体商务服务业的需求。因为存在较高的代理成本，服务需求企业不愿购买商务服务。购买商务服务的人越少，商务服务的收费就越高。而商务服务收费越高，人们就越不愿购买商务服务，对商务服务的需求就越低。由此商务服务业就陷入一种不良循环之中。①

（三）法律法规、行业标准和规则严重不健全

造成目前我国商务服务业发展动力不足的另一个重要原因就是法律法规、行业标准和准则不健全。实际上目前专业服务机构不受重视，执业环境不理想，专业服务违法现象严重等，都与专业服务机构的法律地位不突出、相关法律不健全有关。我国商务服务机构大多是从政府转制过程中分离出来的，职能转变并不彻底，大多数类型的中介机构在法律地位、经济地位、管理体制、运行机制等方面没有得到明确，使得机构发挥作用有限。

虽然目前已经制定了一些关于商务服务各行业的法律法规，各行业协会也在积极自我完善，但商务服务内部行业的法律体系总体还没有建立起来，全行业缺乏统一的协调、管理、调控的法规和措施，相关的知识产权法律及法规不尽完善，使得专业服务行业很难形成特色的创新产品，缺乏系统的资格认证制度和职业标准。咨询业尚没有制定行业标准和相应的统计指标，市场准入方面无章可循，工商部门在核准此类企业时无标准可以参照，只能按照相关的标准来核准咨询业的实际经营项目，由于没有行业标准，因此存在部门管理缺位的问题。会展业缺乏相应的促进展览公司市场主体地位的国家和地方管理办法，缺乏必要的主体资质标准和展会评估机制，缺乏有效的行业规范和自律机制。

---

① 具体模型和论证见陈艳莹，原毅军：《经济中介的代理成本与我国经济中介业的发展》，载《中国工业经济》，2002(12)。

专业服务的法律法规都是 90 年代初制定的，有许多内容已不符合现状，仅有的《仲裁法》、《证券法》、《审计法》、《注册会计师法》等几部法律在许多方面尚不够健全和完善，还不能充分发挥作用，大多数综合性专业服务的管理制度主要是依据一些行政条例和行政规定（条例、守则、办法、通知）等行政法规，在交易、代理、评估、咨询等业务领域尤为明显，在某些重要领域仍属于空白，如代理组织并没有统一的法律规范，有些专业服务的法律不够具体、细致，缺乏对地方实际情况的适应性。

（四）现行产业政策对需求激发不够，对供给支持不足

商务服务业总体落后的另一个重要原因是缺乏符合专业服务产业规律的切实的产业政策的支持，激发和引导需求的政策缺位。现行财税政策抑制服务业外包需求的发育，特别是表现在人力资本费用、员工培训费用占比例较高，如此高费用开支不能在税前列支和合伙制商务服务企业中营业税计税方法存在重复征税，导致分工越细，税负越重。另外，咨询、评估等专业服务业不能享受高新科技税收优惠政策。还有，企业所得税扣税标准偏低，咨询业人员工资是计税工资数倍，造成重复征税，税收负担过重；营业税的计税方法对咨询服务外包起着阻碍作用。

由于缺乏有效的产业公共服务平台支撑，咨询企业在信息资源方面存在信息资源匮乏、信息资源质量不高、有限的信息资源利用不充分，以及咨询投入信息获取成本高等一系列问题，阻碍了咨询服务企业出口和中小咨询企业的发展。

（五）从业人员整体水平不高，高端人才缺乏

对杭州、北京等中心城市的商务服务企业调研显示，人才紧缺是制约商务服务发展的一个重要瓶颈。我国的法律服务业、资产评估、会计、咨询等行业从业人员总体知识水平较低，咨询人才在质量与数量上都不能满足需要，懂经济、懂科技、懂外语的专业化人才不多，高素质的涉外专业服务人才缺乏，行业发展急需的复合型、高端人才更是严重缺乏，致使一些热门的高附加值领域无法介入。

商务服务业是知识密集、技术密集型行业，对从业人员的素质要求很高，不仅要求有系统的专业理论知识，还要有较为丰富的实践经验。就目前高校的培养模式，大学毕业生要在专业服务机构的工作中独当一面，需要 3~5 年的时间，由于目前用人单位和员工之间的法律约束刚性不足，人才流动问题对企业经营的稳定性构成负面影响，是造成高端市场竞争力低的一个重要原因。

五、对策建议

要推动我国商务服务业持续快速发展，必须要重视供给和需求两方面的力量引导，既要重视鼓励生产企业服务外包和政府采购商务服务，又要重视推动商务服务业规范有序发展，不断增强商务服务业的有效供给，积极培育领军企业，加大人才培训力度，在对外开放中提高商务服务业的服务水平和质量，通过供需的相互作用来加快推动商务服务业的发展。

（一）高度重视良好市场环境的培育

需求是产业发展的最终动力，单靠加大供给扶持不能解决商务服务业发展动力不足的问题。现阶段特别要注重需求培育政策的制定和实施，引导和激励潜在的旺盛需求转化为现实有效需求。要通过各种方式提高全社会的咨询意识，特别是政府决策要规定严格的咨询程序，政府要开放政府服务市场，加大对商务服务的采购力度，切实把那些社会性的工作转给相关的咨询机构去做，释放管理咨询、知识产权服务、市场调研、租赁等商务服务需求。积极推行商务服务综合改革试点工作，通过公共技术服务平台凝聚服务需求，拉动商务服务业发展。

引导生产企业改变大而全、小而全的现有组织框架，促进企业将生产性服务活动外部化、社会化。增强商务服务企业的技术创新能力，加大知识产权的保护力度，加大工业企业和商务服务企业的创新压力，提高服务外包的意愿。

要研究并制定促进政府部门采购生产性服务的专项政策，加大政府对服务产品的采购力度，对于不涉及机密的咨询、市场调查、商务办公、租赁等服务，提倡向社会采购。进一步扩大政府采购范围，把管理咨询、信息咨询、会展服务、职业培训以及后勤服务等生产性服务领域纳入其中。研究制定可市场化领域，比如从企业、政府分离出来的后勤服务、咨询服务市场的准入制度。

（二）推进政府管理体制改革，建立公平有序的市场准入制度

把政府职能转变及事业单位改制、行业协会发展结合起来，使市场机制成为商务服务组织发展的根本动力。

改变商务服务领域只重视前置审批的做法，要逐步放宽对知识密集型商务服务业的前置审批条件，只要符合相关的市场准入条件，就可以取得市场运营资格，要

注重采取前置式告知和后置式审批相结合的方式，强化对机构行为的监管，确保行业发展规范化和有序化。

积极推动工程咨询领域行业管理体制改革，调整和重新界定工程设计服务范围，将咨询、设计、监理视为一体，建立全国统一的市场准入规则。改变在资产评估领域、会计审计服务领域专业咨询资质多头管理的状况，统一资质评估审批要求，引导咨询企业实现经营的规模化和专业化。突破工程设计服务在国家、省、市三级管理结构，各省之间形成有效的互通有无。整合资源优势，加快改制步伐，通过跨行业、跨部门、跨地区的改组、改造、合资、合作等形式，迅速组建具有区域性竞争优势的工程设计服务企业集团，鼓励多元化发展。

(三) 创新政府统筹、管理商务服务业的方式和策略

在国家层面建立部门和区域协调机制，强化对商务服务业的管理和调控职能。拟订行业发展规划，加快培育一批有影响力的商务服务机构。加强商务服务业统计工作。加强公共信息平台建设，向企业及时提供相关行业及市场信息。以市场方式开展各种促进发展的活动，为专业服务发展创建良好的发展平台。依托各类园区，搭建商务服务信息平台，建立资源信息共享机制，促进产业之间的联动和多赢。

在地方层面，地方政府通过灵活性的管理，集成各方资源，通过制度创新、组织创新和服务模式创新，营造良好环境，借助财政贴息、所得税减免等政策，鼓励领军服务企业建立，大力培育专业服务市场，引导专业服务机构在实现市场化运作方面积极探索，推动商务服务业发展。

(四) 建立一整套机制顺畅的政策支持体系

充分发挥政府的政策导向作用，把培植市场投资主体作为政策和制度建设的着力点。有关部门要研究制定鼓励专业服务、业务流程外包等服务企业的财税激励政策；加大培训费、管理费等在税前列支的比例，将专业咨询、评估等知识密集型服务企业认定为高新技术企业，享受高新技术企业15%的所得税优惠政策。借鉴国际经验，将企业的咨询费用计入成本，免除税收，咨询机构的利润，只要被用来发展自身的事业，就可以在一定时期内实行减税甚至免税政策。咨询服务创新的关键是对咨询项目总结分析得出同类型咨询方法论。这些方法论可以达到提升整个行业服务能力的效果。产业政策要支持开展专业服务行业的咨询方法论研究等公共技术研究与公共服务平台建设，提升行业整体技术水平。

（五）通过培育领军品牌企业、加大人才培训力度、扩大开放等多种措施，提高行业整体服务能力

加强对商务服务业中领军企业和服务品牌的培育力度，在财税方面给予一定优惠，在供地安排上给予倾斜。各级政府的服务业引导资金，对服务品牌企业的建设项目可优先支持。鼓励骨干、领军企业探索先进服务技术应用，创新经营管理模式，培育大型商务服务机构和国际品牌。大力支持连锁经营的商务服务机构，要对运用信息技术提升企业竞争力的投入进行贴息，鼓励商务服务企业创新。鼓励企业积极引进国际上先进成熟的管理模式，鼓励企业延伸服务价值链，由一般服务向专业服务发展，由随机服务向全程配套服务发展，形成有广泛服务对象、有专业服务水平、有综合能力的服务网络，提高服务的增值效应。化解专业商务服务人才需求的瓶颈，刺激和支持在职培训，扩大对现有服务业人员进修和培训范围，健全服务业人员专业执照考试制度。鼓励开展从业人员基本培训、专业人员技术培训和管理人员经营管理培训等多种职业培训，提高从业人员执业素质。

鼓励通过扩大开放提高商务服务业的水平和质量。要通过服务贸易、引进外资、主动接受国际服务业转移、走出去，接受高端的中间服务，近距离地学习先进的服务技术和管理经验，逐步地提升专业服务产品的技术含量和档次，并在技术法规、标准、认证体系上与国际市场接轨，促进我国商务服务业的快速发展。

（六）完善法律法规和行业标准，加强行业规范管理

完善相关法律法规，形成比较完善的专业服务法律体系，明确专业服务机构及人员的法律地位，用法律的形式保障执业的独立性、公正性和权威性，保障专业服务机构在市场经济活动中充分发挥作用。

制定专门的行业管理法规体系，加强行业的统一管理，减少商务服务组织的代理成本。制定有利于发展、有利于规范的地方专业服务行业市场准入和经营管理办法，比如地方拍卖业、典当业行业管理实施细则，地方内资融资租赁试点企业管理的行业管理办法。制定市场管理法，明确经营范围，对不同层次、不同类型的商务服务业实行分类管理，在注册资本、从业人员资质、行业信用度等方面，建立科学合理的服务标准和规范。加强商务服务信用体系建设，制定商务服务信用信息管理办法，建立信用信息记录、归集、保存、共享、使用和披露制度，逐步建立商务服务信用信息资源共享平台。

本章小结

在工业化中后期，商务服务业是生产性服务业中比较核心、成长性较好的产业。本报告以专业服务为研究重点，从产业特性入手，在供需分析框架下，探讨了商务服务业发展的驱动机制和制约因素。本章强调，分工深化产生的需求拉动、体制改革释放的供需动力驱动、国际化加深产生的供需拉动和信息网络技术应用引起的供给驱动形成我国商务服务业发展的驱动机制。我国商务服务业发展的中心问题是发展动力不足，体制、机制性障碍和缺乏法律法规保障以及切实的产业政策支持是造成供需制约的根本因素。要推动我国商务服务业持续快速发展，必须要重视供给和需求两方面的力量引导，注重需求培育政策的制定和实施以及服务供给能力的提高，通过供需的相互作用来加快促进商务服务业发展。

第三编　国际经验借鉴

第八章　生产性服务业国际经验的分类研究①

生产性服务业，在 OECD 国家、欧盟国家一般指 FIRE+B 行业，即金融、房地产和商务服务业，美国统计局经济分析部门以及一些机构和学者一般把 FCB 行业，即金融、商务服务业和信息服务业作为生产性服务业。本书所称的生产性服务业主要指技术和人力资本密集的 FCB 行业。

20 世纪 80 年代以来，发达国家生产性服务业高速增长，已成为国民经济中的支柱产业。

部分发展中国家也先行一步，一些生产性服务行业也实现了快速增长。这些先行国家和地区虽然没有针对广义生产性服务业的管理体制、法律法规和政策措施，但在许多具体行业发展方面，特别是在创设发展环境、推动方式和策略方面积累了宝贵的经验，系统总结其特点与经验，对于生产性服务业尚处初始发展阶段的中国而言，具有重要的借鉴意义。

依据政府促进和管理生产性服务业的方式、市场经济发展的成熟度、发展生产性服务业的条件和路径等因素，分为欧美市场主导、政府引导型和日韩政府推动型两种类型。

---

① 本章在郭怀英撰写的专题报告《发展生产性服务业的国际经验及其借鉴》基础上修改而成。该专题报告源于郭怀英合作主持的 2008 年国家发改委宏观院重点课题，同时也是中国经济学术基金课题"我国生产性服务业发展的制约因素与对策研究"（项目批准号 A2008041008）。

一、欧美经验：市场主导型

这一类型以成熟的欧美经济体美国和英国为代表，亚洲包括香港和印度①。美国是世界上服务业最发达的国家，英国排行世界第二，目前，服务业增加值已占美国GDP 的 79%，就业人数占私人部门就业人数的 84%，英国这两个数字分别是 73% 和 79%。据 WTO 统计，2005 年美国服务出口和服务进口分别占当年世界服务出口和进口总额的 14.6% 和 12.2%。香港和印度服务业增加值和就业也有很高的比重。

这些国家和地区的生产性服务业是在市场经济高度发达、社会分工和专业化水平非常高的情况下发展起来的，具有先发优势；生产性服务并不必须与其他产业有地域上的相互依赖，服务业开放程度高，以国际国内市场为主，鼓励通过服务贸易输出和服务跨国投资开拓国际市场，来克服生产性服务需求不足的矛盾，这类国家金融、专业服务处于国际领先地位；与中国一样同样存在体制问题，主要通过市场化改革、服务贸易自由化来解决。这些国家凭借其成熟的市场机制和世界一流的技术创新能力，在全球化进程中不断扩大市场份额，生产性服务业适应这种需求而相应发展变化，相关制度和法律也随之完善，最终形成生产性服务业国际中心。

这些国家生产性服务业在长期自然的发展过程中，特别是在市场化改革、创设发展环境、对市场进行规范化管理方面，积累了比较成熟的经验。

（一）放松对垄断性服务业的经济管制与加强监管、规范管理并举

首先，从宏观层面，通过放松管制，引入竞争机制，促进产业发展。20 世纪 70年代以来，技术进步促进了产业融合，两次石油危机中宏观经济不景气、国有化治理方式低效的矛盾日渐突出，在这种背景下，美国、英国、法国、德国等发达国家相继对电信、电力、煤气、自来水供应、铁路、交通运输等垄断性产业进行了打破垄断经营、放松准入限制、引入竞争机制的大规模改革。比如美国从 1971 年开始，

---

①印度是发展中的服务业大国，服务业占印度国民收入的 52.4%，在过去的 10 多年中，服务业以年均 8% 的速度增长，是印度经济增长最快的部门。软件业是服务业的主导，而且印度的软件业 80%以上是出口。印度服务业发展的成绩很大程度上遵循了美国经济的市场化发展模式。在一些重大改革措施方面，政府没有刻意地投资导向工业和国有企业，而是取消了对私营企业的许多限制。市场型的金融制度安排促进了印度服务业的发展。政府对软件业的税收减免，而在税赋政策执行上对所有企业一视同仁。它近来支持行业发展的方式一直是"少取"，而非"多予"。印度政府对该国经济增长的最大贡献是私有化和放松监管，而非通过产业政策加以干预。基于以上考虑，所以把印度划为市场主导型经济。

对航空、铁路、卡车运输、旅客运输放松了管制，在城市通讯市场上，进入规制被废除，有线电视被解除规制。把许可制放松为申报制，保留社会性规制，取消了经济性规制的各项条款。经过这场改革，准入门槛降低了，加强了市场竞争，降低了服务价格，提高了服务水平，加速了各产业之间和产业内部不同业态以及各服务方式之间的业务融合，大大促进了这些国家垄断性服务业的发展。[①]

其次，放松管制的同时，依靠健全的法律法规和政策加强监管，规范管理。

依靠健全的法律制度政策促进生产性服务业改革与发展，是这一类型国家发展生产性服务业的一个重要经验。坚持引入竞争与加强规制并举，通过制定行业规制法律和反垄断法，制定发展战略和相关政策加强监管、规范管理。比如，英国在80年代对垄断产业进行重大管制改革中，以立法为先导，英国政府在1984年颁布《电信法》，1986年颁布《煤气法》，1989年颁布《自来水法》，1989年颁布《电力法》，分别建立相应的管制办公室，废除垄断企业的垄断经营权，允许这些公司向社会出售股份，推动了这些产业的改革和发展。

美国在放松物流业的经济管制的同时，制定相关的产业政策和法律法规，加强监管和规范市场秩序，提高了整个产业的效率，见案例8-1。

案例8-1：美国对物流业的法制化、规范化、标准化管理

从20世纪80年代开始，美国政府制定一系列法规，逐步放宽对公路、铁路、航空、航海等运输市场的管制（deregulation），取消了运输公司在进入市场、经营路线、联合承运、合同运输、运输费率、运输代理等多方面的审批与限制，同时对货主无法选择承运商的垄断性运输服务，出台针对性的反垄断条款。在放宽运输市场的同时，对物流相关的环保和安全等社会性管制加强了。1991年颁布《多式联运法》，1996年出台《美国运输部1997~2002年财政年度战略规划》，依据这些政策法规，对物流企业的规范运作进行监管，例如，在公路运输中规定每辆卡车的自重与载重之和不能大于25吨，从事化工危险品的运输必须有政府批准的证书，卡车司机每天开车时间不能超过10个小时等。运输价格虽由企业自定，但不得低于运输成本，否则视为不正当竞争。

[①] 参考郭怀英：《垄断性服务业市场化改革：国际比较及其启示》，载《宏观经济研究》，2004年12月。

美国对物流业的管理是非常成熟的。注重构建完善的法律法规体系，对生产性服务产品生产、交易进行法制化、规范化、标准化管理，创造适合生产性服务业发展的宏观政策环境和微观市场环境，提高了产业运行效率。

资料来源　佚名：《美国物流与信息化状况及其启示》，载《水路运输文摘》2004（5）。魏际刚：《发达国家现代物流发展的特点、经验及对我国的借鉴》，2008-08-14，国研网。张秋生主编：《面向2020年的"十一五"期间我国现代服务业发展纲要研究报告》，北京，中国经济出版社，2007。

2.注重通过行业协会进行服务市场管理

这些发达国家和地区政府职能转换比较到位，一般不通过行政手段直接管理企业，通用的做法是通过大力发展行业协会、同业组织，来引导和监督服务企业进行自我约束和自我管理，为产业发展创造良好环境。美国物流协会由个人和公司会员组成，拥有3000多个会员。香港政府对生产性服务业的监管，也是通过行业协会组织实施完成的。德国的物流协会拥有6000多个会员。这些协会不仅协助政府做好物流规划、制定政策、规范市场竞争秩序，同时还开展物流研究，指导行业发展，举办交流活动，提供信息咨询服务和各种专业培训，为物流业的发展输送了大量人才。德国贸易展览协会等协会组织在促进德国会展业发展和会展服务输出方面所起的作用不容低估。"德国贸易展览协会（AUMA）"是德国展览业界的代表性组织，其成员包括展览组织、观众协会和博览会公司。AUMA向国内外对德国展览会感兴趣的个人或团体提供信息和咨询服务，维护展览业界的利益，推广德国各展览中心的项目，提高展览市场的透明度，代表官方参加海外展会。AUMA拥有广泛的展览信息和来自各方面对展业的支持，出版多种刊物，同时还对个体参展商在选择展览项目方面提供咨询。

3.重视通过强化规划、基础信息平台作用，为产业发展创造良好环境

政府管理、调控服务业的主要手段是强化规划引导，加强基础信息平台的建设，目标则是为市场主体创造良好环境。为促进现代物流业发展，德国政府提出宜水则水、宜路则路，多式联运的运输战略，同时又拟定行业发展规划，把大力培育和建设货运中心作为战略实施的重要环节。依据长期物流规划，在全国规划了40多个物流中心。政府的职能主要体现在物流基础设施建设的投入、公用信息平台的建设与管理上，市场中唱主角的还是企业，同时政府又十分注重物流市场的规范和监督，通过物流基础平台的规划与管理，为市场提供有效的服务和良性有序、公平竞争的

市场环境。①

4.重视相关行业人才培养和知识产权保护

美国采取高工资和倾向性的移民政策，吸引世界优秀的软件人才和软件成果。美国制定了比较完备的法律法规对知识产权予以保护，并且严格执法。美国对外销售的中小型操作系统、数据库管理系统、应用软件包等软件产品，往往是几十万美元一套，很少有盗版现象。因此很多优秀的人才投身于软件业。

印度重视高级软件人才的培养。目前印度已经拥有140多万软件编程人员，其中比较熟练的约有近20万人。政府每年都对5所国立理工学院的研究生院增加财政拨款，不惜重金聘请世界各地的知名学者授课。此外，还准备在12个邦内再分别建立信息技术学院，集中培养软件分析、设计人员和项目管理人员。

印度之所以正在迅速成为亚洲的创新中心之一，在很大程度上得益于其良好的知识产权保护制度。印度参考美国、英国在知识产权保护方面的法律，重新修订了知识产权法，20世纪末相继通过了《版权法》、《信息技术法》、《半导体集成电路法》，严厉打击各种伪造和盗版行为，积极提倡使用正版软件，1994年，印度通过的《版权法》被称为"世界上最严厉的版权法"之一。印度的严格立法和执法既保护了软件企业的积极性，又使得外国公司能够放心把产品外包给印度企业，良好的法律和政策环境对软件产业的发展起到了促进作用。

5.对战略服务业十分重视，制定明确发展目标和详细实施计划，加大扶持力度

市场主导型的国家注重发挥市场配置资源的作用，但对市场失灵、先导性、基础性的战略性服务业，仍然会高度重视，并且会不同程度地实施保护性的扶持政策。以美国发展电子商务为例，在1996年成立了跨部门的电子商务管理协调机构——美国电子商务工作组，由副总统直接领导负责制定有关电子商务的政策措施，并协调督促相关部门实施。国会于1998年成立了电子商务顾问委员会，负责联邦、州、地方及国际网上交易税收与关税研究和协调，其成员来自政府有关部门、地方政府和大型信息技术公司。

印度是发展中的服务业大国，也是世界上最大的软件外包国家和仅次于美国的第二大计算机软件出口大国。印度软件业的发展与全球IT业基本同步。印度政府比

---

① 参考张秋生主编：《面向2020年的"十一五"期间我国现代服务业发展纲要研究报告》，北京，中国经济出版社，2007。

中国政府早了差不多 10 年看到并抓住了国际上服务业转移的机会，在产业政策上给了很好的引导，1986 年政府制定了《计算机软件出口、发展和培训政策》，把发展 IT 外包放到重要地位，明确了软件产业发展的战略目标；1990 年，印度信息技术部制定"软件技术园计划"，并于 1991 年在班加罗尔建立印度第一个软件技术园；1998 年，印度政府组建了以瓦杰帕依总理为组长的"国家信息技术特别工作组"，IT 行动计划出台，目标是使印度成为世界 IT 超级大国，为此，在税收、银行贷款、风险投资、基础建设等方面采取了系统的促进措施，倾力为软件业的投资、运营以及出口提供政策支持。在税收政策上，所有生产软件的企业 10 年内一律免税；为了促进印度的软件出口，印度在高科技园实施零税收政策，产品 100%出口的软件公司可免缴所得税；如果进口的硬件、软件用于软件开发，可享受零关税。在贷款政策上，国家银行以低利率向软件业提供贷款。在互联网政策上，印度国家计划委员会建议允许私营因特网服务提供商（ISP）建立自己的国际出口，打破国家电信企业通过国际出口对 INTERNET 业务的垄断，以加强印度对电信营运商和 ISP 的吸引力。①

但在保护性扶持政策的实施方式和具体操作上与韩国、日本等政府主导型经济体存在较大差别，更多运用市场机制解决问题。积极培育具有先导性、基础性的战略性服务业，是被市场经济国家服务业发展所证明了的一条宝贵经验。比如对于研发服务业，各国都制定了鼓励性政策措施，但不同国家政策取向和实施方式各有不同，美国更多采取普遍性的市场手段，按照研发费用的一定比例约 20%以上税收减免和退税，韩国更多通过政府直接补助和提供低息贷款的办法，直接针对已经发生的全部研发费用。再比如，美国发展信息服务业除了制定"信息高速公路"计划，建立权威性的协调机构外，很注重政府与私营企业的密切合作，对某些政策内容进行必要的限制，确保私营机构在信息资源开发战略中的主导地位，营造一个可预测性、最少介入、简单明了的法规环境。印度服务业发展的成绩很大程度上遵循了美国经济的市场化发展模式。政府对软件业的税收减免，在税赋政策执行上对所有企业一视同仁。它支持软件业发展的方式一直是"少取"，而非"多予"。这一点与日本、韩国以政府干预为特征、倾斜式的产业政策有所不同。

6.强力推进服务贸易出口

美国是全球最大的服务贸易出口国，在服务业方面具有全面的竞争优势。与其

---

① 参考周密:《借鉴国际相关经验　推动服务贸易发展》,载《国际经济合作》,2007(12)。

具有的服务贸易先发优势和强势地位相呼应，美国极力倡导全球服务贸易自由化，政府在服务贸易、海外市场推广方面设有专门机构，存在较强的促进政策。一是立法并制定国家出口战略，制定"服务先行"的出口促进策略。为在更广泛的范围内发挥其优势，在包括 WTO 乌拉圭回合和其他区域一体化谈判时，都尽可能把开放服务业市场作为重要条件，提高各国对美国服务产品的市场准入程度。

二是在管理体制和促进机制方面，建立起较为完善的服务贸易法律法规体系和高度发达的出口促进体系。美国总统出口理事会、联邦贸易促进协调委员会(TPCC)及其"服务出口工作组"、总统贸易政策与谈判顾问委员会以及相关服务行业顾问委员会，共同构成了美国服务贸易咨询、决策与协调体系。商务部及相关十几个部门，构成支持服务业出口的横向服务体系。联邦政府在各地设立的贸易促进机构——美国"出口扶助中心"构成纵向服务体系。全美服务行业联合会、各地区出口理事会、各服务行业协会或行业出口理事会、出口法律援助网络等构成民间出口服务体系。此外，还特别注重加强统计、分析与研究，与企业间的密切合作更多地应用深受服务出口企业欢迎的务实性、技术性出口促进措施。1994 年以后，TPCC 下专门组成了由各部门专家组成的服务业出口工作小组，直接向国会负责，开展跨部门、跨州协调出口促进和财政支持活动。TPCC 每年公布国家出口战略，分析美国的主要竞争对手促进出口的方法和策略，选择促进的重点和主要方向，并对每年的促进工作的实际效果作分析和评估。[1]

二、日韩经验：政府推动型

这一类型以韩国、日本为代表，在具体产业的推动方式方面，中国台湾的研发产业和新加坡的金融业也具有较强的政府推动色彩。

进入 21 世纪，日本经济开始走向复苏，服务贸易已步入增长轨道。2000~2007 年间，日本服务贸易出口和进口的年均增速分别为 10.4% 和 4.4%，出口的增势明显强于进口，贸易逆差规模总体呈缩减之势。坚实的科技研发基础，促进服务业的高

---

[1] 参考《美国如何促进服务贸易出口》,2007 年 9 月 27 日。文章来源:研究院商务信息处。周密：《借鉴国际相关经验 推动服务贸易发展》,载《国际经济合作》,2007(12)。郭怀英:《"十一五"时期我国服务业政策的调整与创新》,载《国家发展改革委信息》,2005 年 10 月 14 日,总第 1599 期。

附加值化。

日本的服务业中，信息服务业、现代物流业的发展尤为显著。2006年，日本信息和通讯技术支出占GDP的比重为7.91%，高于我国2.58个百分点。①

韩国与日本在体制选择和发展道路方面比较相似。韩国服务业的发展源于第二产业的带动。以2000年不变价计算的2004年韩国产业结构，制造业占28.18%，服务业占46.89%，建筑业及其他占24.93%，生产性服务业仍处于发展之中。

日本、韩国生产性服务业与其他产业互动程度较高，在产业结构升级过程中实现了自身的发展和提高，商务服务业中尤以研发服务业发展最为迅速。韩国2000~2005年间服务活动指数的增长情况，所有服务组织增长6.4%，其中商务服务增长较快，增长9.1%，尤其以研发活动增长最为迅猛，增长18.4%。

台湾服务业经过80年代的经济转型和结构调整，已成为岛内经济的重要支柱。在80年代中期以前，台湾服务业占GDP的比重基本维持在44%~48%之间，到2003年已达到67.8%，进入服务经济时代。研发服务、金融、信息等知识型服务业近年来发展迅速，成为台湾新的经济增长点。

日本、韩国、中国台湾在推动生产性服务业特别是研发服务业发展和产业结构转型过程中采取了很多鼓励性政策措施，主要包括以下几个方面：

1. 不遗余力地鼓励研发机构的专业化投资，壮大研发产业规模

日本、韩国经济都注重在消化吸收基础上自主研发和创新，研发经费投入比例居世界前列，拥有足够数量的政府研发机构和企业研究所，研发产业比较发达。

随着日本从贸易立国到技术立国，与工业有关的研发和技术创新，以新产品的试制开发、研究为重点，将批量生产型工厂改造为新产品研究开发型，工业逐步向服务业延伸，基于工业的研发服务业迅速发展，成立了大量支持汽车零件产业发展的研发联盟，以攻克行业关键技术，促进中小企业创新能力。以大田区为中心的产业综合体是重要的技术创新核心区，在东京形成了以产品研发和技术创新为特色的生产性服务业集群。②

韩国研发服务业的主体是企业内部的研究所和各级政府直接资助的国家研究机构。目前，韩国正加速由资本密集型、技术密集型产业向知识密集型产业转换，以

---

① 参考《日本服务贸易发展的特点、影响因素分析及启示》，中国服务贸易指南网。
② 参考马林主编：《研发产业初论》，北京，北京科学技术出版社，2005。

发展研究开发型产业、知识产业、高级组装型产业、流行设计产业为主。2004 年政府宣布了国家体制改革计划，强调从赶超型发展模式向创新型模式的转变，将科研开发列入重点发展产业前 10 位之列。

韩国于 1966 年制定了《韩国科学技术研究所扶持法》，1972 年制定了《技术开发促进法》，1973 年又制定了《特定研究机构扶持法》，根据上述法规，政府直接出资，设立了许多研究所，比如韩国科学院、几十个专门研究所以及产业经济研究院等国家级研究机构，还形成了一整套促进企业研发投资的政策措施，为鼓励民营企业附设技术研究所提供了制度保障，规定私营企业研究机构承担国家研究开发项目的，政府给予研究开发经费 50% 的补贴；对于个人或小企业从事新技术商业化的，韩国政府提供总经费 80% 至 90% 的资助；私营企业可为技术开发、技术情报和研究开发人力和设施等开支提取高达销售额 5% 的储备基金，这笔基金可享受三年税收减免。

在这些政策措施的鼓励和推动下，80 年代以来，民营企业附设研发机构和增加技术开发投资步伐加快，企业逐步取代政府成为技术创新的主力。20 世纪 80 年代初，韩国企业研究所仅有 46 家，1992 年达到 1201 家，2005 年为 10935 家，企业研究所研究人员总数超过 15 万名，占国内研究人员总数的 75%。研发服务业产业规模不断扩大，已经形成了以大邱东南圈 R&D 基地和以大德 R&D 特区为中心的大田世界产业革新区两大研发产业聚集区，在促进国民经济结构升级过程中发挥了重要作用。

2. 出台鼓励研发服务业发展的行动计划和振兴方案

为应对 21 世纪知识经济转型与全球化条件下世界结构调整的压力，台湾必须依靠知识密集型服务业建立有效的创新体系，推动以生产为主导的产业发展模式向创新研发导向的产业模式转变。

为此，台湾当局推出了一系列政策措施，推动岛内服务业发展和产业结构调整。2004 年 3 月，"行政院经建会"推出"服务业发展纲领及行动方案"，为进一步提高制造业投资意愿，行政院又发布了"制造业及其相关技术服务业新增投资 5 年免征营利事业所得税奖励办法"，包括："网际网络业制造业及技术服务业购置设备或技术适应投资抵减办法"、"新兴重要策略性产业属于制造业及相关技术服务业部分奖励办法"，这些措施极大地促进了与制造业相关的技术服务业，包括研发、设计、检验、测试、智慧财产权技术服务公司的发展。为了促进产业技术水准的提高、建立产业技术发展示范性的知识创造、增值等服务平台，台湾"经济部"制定了两个相互关联的计划："研发服务推动计划"（Innovation & Service Research）和"鼓励中小企业创新研究推动计划"（Small Business Innovation Research，SBIR），鼓励业者从事研发创新活动。配合 SBIR 计划的落实，"经济部技术处"于 2004 年新增了"研发联盟"与"研发服务"两大补助经费领域，"政府"提供给中小企业的研发补助经费以不超过经费的 50% 为限。该计划自推动以来备受中小企业欢迎，对于提升中小企业的技术水准、协助传统产业升级起到了积极作用。

为振兴研发型服务业，出台服务业振兴方案，把"投资研发创新计划"（含产业高值化计划、国际创新研发基础计划以及文化创意产业发展计划三方面内容）作为岛内 21 世纪的第一个"六年计划"重点支持的方向之一，并确定了岛内具有发展利基的研发服务业，如半导体产业、生物技术制药行业等策略性研发服务业作为支持重点，另一方面，积极释放民间参与研发服务活动的空间，扩大研发市场供给规模。①

3. 重视发展设计产业，提升产业品牌价值

日本是亚洲设计产业最为发达的国家，2006 年设计业营业额为 90 亿美元。在全球百强品牌中，日本企业占 8 位，丰田、本田、索尼、佳能、松下等都是设计创新领先企业。日本推动设计产业发展主要体现在：一是政府制定并组织实施设计产业政策，提出设计振兴国家经济战略，在通产省下设设计促进厅和设计政策厅，并在政府的管理和资助下成立工业设计振兴会，具体组织实施。政府给予资金支持，1968 年产业设计振兴会成立时，日本政府投入 660 亿日元作为推动资金，每年作出专门预算用于设计发展工作，目前，日本投入工业设计开发资金占 GDP 的 2.8%，居世界首位。建立激励机制，1975 年制定每年一度的"Good Design"评选制度，已成为具有世界影响力的重大奖项。二是健全设计推动组织机构，经济产业省在制造业产业局下设立设计小组，负责国家设计政策的制定与协调设计推广相关事务，日本产业设计振兴会及日本国际设计交流协会是实际执行设计政策的半官方机构，其部分预算由政府资助。在地方设计组织方面，日本全国各县几乎都有预算内专责的设计中心，或是约五人为单位的设计委员会来进行地方设计的推广、设计相关人才的教育，以及运用设计协助地方产业提高竞争力等工作。三是鼓励企业设计创新，多数日本大型企业都拥有庞大的产品开发部门，在设计方面投入大量资金，日本汽车、

---

① 李红梅：《台湾发展知识型服务业的经验与启迪》，中央民族大学经济学院，2006-02-07。

家电、电子等产业，都出现过运用设计创新实现产业升级和国际化的重大案例。②

作为赶超型的发展中经济体，韩国特别注重制造业的世界领先设计能力的培育。2001年促成世界设计大会在韩国召开，大胆投资100亿韩元建立韩国设计中心，以产、官、财的结合方式，支持产业的设计活动。从1993年起，政府连续提出三个促进设计的五年计划。正是由于政府的支持，才造就了像三星公司、LG公司、现代汽车公司等国际著名品牌。

4.建立起了人才培养、吸引的良性机制

韩国政府和财阀主导的发展模式，注重提高国民文化素质和职业技能培训，强调研发服务活动以人力资本为载体，靠自我力量提高吸收能力。为了促进人力资源的开发，韩国政府1973年制定了《国家技术资格法》和《技术劳务育成法》，1974年又制定了《职业培训特别法》。韩国政府强制规定，拥有500名员工以上的公司必须对他们的员工进行内部技能培训。韩国政府为此还建立了专门的研究生院——韩国高等科学院，培养和造就了一批研究开发的先导型人才，促进产学合作。另外，还强调在大学本科和研究生阶段，突出加强化工、电气与电子工程等理工科专业教育。

台湾自1970年以后，为适应技术密集产业为主导产业的形势，转变教育体系的发展方向，大力发展技职教育，技术学院的设置、专科教育的扩充如火如荼地开展。高中与高职学生由原来的7∶3转变为3∶7。偏重职教技能的中等教育为台湾培养了量多、质精、薪水低的技术人力，专科学校的扩充为技术密集产业提供了充裕的具备专业知识、技能的中坚人才，职业学校与专科学校所培育的技术工人（Skill Worker）及技术人员（Technician）成为台湾技术密集产业的主力，推动了台湾产业结构的跃升。

新加坡为建设国际金融中心，政府通过提供良好的教育培训制度与自由的移民政策及包括住房质量和为子女选择国际学校在内的各种福利措施，培育和吸纳了大量金融专业人才。近年来，新加坡金融管理局制定了一整套对策来壮大金融人才队伍，如成立高级金融人才的培训网络，为从业人员提供各种培训，设立金融业发展基金，以提高高级金融管理人员的专业水平和技能。

① 王晓红:《中国设计:服务外包与竞争力》,北京,人民出版社,2008。

5. 政府发挥主导作用，并直接参与实施

在生产性服务业发展过程中，韩国政府发挥了主导作用。以设计产业为例，从组织机构、资金支持体系、优惠政策、基地或园区规划、人才培养等方面逐步加强机制建设，从国家层面构建了设计产业的系统政策服务体系。这种主导作用不仅体现在人们普遍认为的完善政策法律制度、建立相应组织机构，直接进行财税、信贷补贴支持，更为重要的作用体现在，企业发展初期、关键转折时期、困难时期，政府给予了宝贵的关键性的支持，以及在大型研发服务活动开展过程中，政府全程周密的组织、协调和管理，可以说，政府发挥了更具创造性的作用。CDMA 技术的开发与产业化就是一个很好的例子。

日本这方面的例子也很多，日本促进现代物流业发展的一个重要经验就是，注重制定政策的系统性，并直接参与实施。早在 1965 年，日本强调要实现物流现代化。1997 年和 2001 年分别两次制定和修订《综合物流施政大纲》提出全方位推进物流的各项政策措施。还制定了中央和地方相应的推进机制，中央要扎扎实实推行新大纲中的各项政策方针，每年要向全国通报实施和监督情况；地方要建立地方上中央派出机构、公共团体、物流业者、货主联络体制。①

新加坡经济发展未达到特定的水平，但是抓住了国际金融市场调整的某一个契机，利用地理位置和经济环境方面的优势，通过政府的设计、强力支持，实行优惠政策，政府主导、推动，在较短的时间内超前发展，形成功能性国际金融中心，新加坡国际金融中心的形成和发展堪称这一模式的典范，见案例 8-2。

案例 8-2：新加坡政府在推动国际金融中心建设中发挥主导作用

1965 年新加坡独立时，国内经济低迷，金融发展水平落后，金融管理法规陈旧，银行经营效率低下，金融市场结构单一，并不具备形成国际金融中心的基本条件。但此时恰逢美国为缓和国际收支逆差，准备在亚洲设立离岸金融市场，面对天赐良机，1968 年，新加坡政府毅然决定开放离岸金融业务，并宣布废除离岸外币存款利息税，并特准美国银行在新设立人事离岸借贷业务的亚洲货币单位，以低税收、提供便利等来吸引和鼓励外资银行在新加坡营业。为保持亚元市场的独特地位和优势，

---

① 参考张秋生主编：《面向 2020 年的"十一五"期间我国现代服务业发展纲要研究报告》，北京，中国经济出版社，2007。

继续实行以税收优惠为主要手段的宽松政策，使得离岸交易享有充分的自由，1983年，政府对当地银行金融机构提供银行贷款免征所得税，以税收为主的优惠政策促进了亚元市场的形成。自1998年以来，开始打造财富管理中心，进一步开放金融市场，改革监管制度，专注于监控系统风险，将公司所得税降至20%，将个人所得税最高边际税收定为22%，颇有吸引力的政策使很多基金经理转到新加坡。金融的国际化带动国内金融业的发展，资本市场、外汇市场、保险市场得以完善和发展。进入20世纪80年代，新加坡已成为亚洲的主要国际金融中心，国民经济也在金融业的带动下高速增长，在短短的20年间即达到中等发达国家的水平。

为适应全球金融业的发展，新加坡政府设立金融管理局，不断调整监管方式，从固定单一的监管向以风险管理为核心转变，同时新加坡政府采取政府推动的方式，完善金融法律与监控环境，20世纪70年代初，新加坡政府修订了《银行法》、《外资管理法》、《新加坡金融管理局法》等金融法规，并建立了符合新加坡国情的金融监管体制，为增强新加坡金融市场的建设和对金融企业的吸引奠定了基础。

依靠政府主动设计、强力推动，创造了一流的金融运行软硬环境，优惠的税收政策，完善的金融法律与监管制度促进了新加坡国际金融中心的形成和发展。

资料来源　蒋三庚主编：《现代服务业研究》，北京，中国经济出版社，2007。张亚欣：《新加坡政府推动型金融中心形成的关键因素及启示》，载《经济纵横》，2007（1）。

三、几点结论及对我国的启示

（一）几点结论

日韩生产性服务业发展与欧美发达国家相比，市场化程度低，市场规范方面的法律法规建设较为滞后，以国内市场为主，国际化程度低，但市场主导型模式，特别是美国和欧盟发达国家，其服务业是市场经济长期发展的产物，其生产性服务业的发展壮大有当时的国际国内条件，而这些条件对于目前的中国来说，并不具备，所以这两种类型有重要区别。对于市场主导模式，我们应该借鉴的是其如何在放松管制、引入竞争、完善市场管理、加强法制建设等方面促进生产性服务业市场化、规范化的经验；对于政府主导模式，自始至终把居于生产性服务核心地位、规模报酬递增最明显的商务服务、研发设计服务摆到国家战略地位来强化发展，是日本、韩国生产性服务业发展的重要经验。我们要立足于经济发展阶段和国情，借鉴、学习曾与我们发展条件和环境差不多的韩国、日本经验，即优先从商务服务研发设计产业突破来带动整体生产性服务业发展，然后在具体的推动策略方面，从国家层面，把市场化改革推动模式与国家政策、规划引导模式有机结合起来；在地方层面，要多借鉴欧美模式的做法，充分发挥市场的主导作用，政府靠体制机制创新发挥更具创造性的作用。

当然，市场主导型模式和政府主导型模式也有共同的地方。随着市场经济的逐步成熟和服务创新水平的不断提升，日本、韩国在条件成熟行业中也会推行国际化路线，最终也会走欧美法规制度健全、市场主导、以国际市场为基础的全球化发展路子。日本、韩国近些年服务业的政策动向说明，市场化、国际化已成为产业结构调整和升级的方向。所以，从这个意义上来说，健全的法律法规支持和保障，加强基础设施建设，注重通过行业协会建设来完善生产性服务业市场管理，推行人力资源开发也是政府主导型经济努力的方向。这些共性经验同样也需要中国根据国情消化、吸收并借鉴。其实，最重要的一点是，最值得中国学习和借鉴的不是市场化改革或推行的某一项政策措施本身，而是政府依据国内国外实际环境对生产性服务业推动、引导和管理的方式和策略。

（二）若干经验启示

1. 把培育商务、研发设计服务业作为现阶段生产性服务业的突破口

与美国、英国相比，日本、韩国产业结构以制造业为主导，生产性服务业并不发达，甚至存在市场狭小、体制束缚等先天不足，但却能够给予制造业结构升级强有力的支撑，原因在于其走对了路，自始至终把商务服务、研发设计产业作为核心产业、作为突破口来大力培育，在推动先进制造业升级的过程中商务研发设计产业不断壮大，走出了一条依靠制造业、服务制造业壮大自身、有别于欧美发达国家的生产性服务业发展新路子，值得发展中国家借鉴。

商务服务业是高成长性、高附加值、高人力资本含量、强集聚性和辐射力的产业，如果按照国际惯例采用大商务的概念，不仅包括我国统计口径上的租赁和商务服务业，即企业管理服务、法律服务、咨询与调查、广告业、知识产权服务、职业中介服务、市场管理以及其他商务服务，还包括科学研究、技术服务业，从三次产业产业链角度看，几乎囊括了上游研发设计、市场调查咨询，下游广告品牌运作、市场管理，全程各种咨询与服务、人才培训等全部高附加值的环节。

在劳动密集、资本密集型的工业化中期阶段，生产性服务业往往会遇到需求不

足、发展空间不足的问题，但并不是说必须等到技术密集型产业阶段，才去大力发展生产性服务业。解决的一个办法就是，大力发展与制造业需求匹配的生产性服务业，抓住生产性服务发展的主要矛盾，把商务服务和技术服务作为主要抓手，靠政策引导和促进分工专业化的各种制度、技术创新，克服这类生产性服务商最初成长难的矛盾。从目前这些行业的国内发展状况看，这些行业基本没有条条主管部门领导，大多是中小企业，受需求不足影响容易出现秩序混乱，收入微薄难以扩大专业化投资，服务能力薄弱难以形成网络，因为交易成本高、市场秩序混乱又造成市场需求不足，这种恶性循环造成了生产性服务企业生存难、成长难，最终影响生产性服务业的发展，所以，迫切需要国家从战略高度，把商务服务和市场中介服务这项工作抓起来，制定专门优惠和引导政策，加以重点扶持和培育。

政府的各种政策手段和政策导向要向这里转变。要不遗余力地推行以企业为创新主体的战略，从扶持企业内研发设计服务活动、鼓励企业内部高级一体化的分工着力。鼓励富有创新的大企业通过多种途径提高研发设计水平。对从科研院所、高等院校、工业企业转制出来的独立研发设计机构，要区别于一般的企业和事业单位，制定包括土地、基础设施建设、进口器材、税收优惠等方面的鼓励政策，减少它们进入市场的障碍。要抓紧制定相关政策鼓励国内外资本、国有和民间资本建立各种类型的研发机构，壮大研发产业规模。

2. 构建政策支持体系，加大扶持力度

综观韩国对研发设计等生产性服务业的支持，一个鲜明的特点是，已经建立起一整套机制顺畅的政策支持体系。以设计产业为例，1998年与英国一同发表了"21世纪设计时代宣言"，向韩国人宣布设计在韩国企业国际竞争力中的重要性，首先从认识上取得各界的广泛认同。然后制定具体的规划和计划，连续制定3个五年设计振兴计划，推进设计产业振兴战略的实施。从组织机构、资金支持体系、优惠政策、基地或园区、人才培养等方面逐步加强机制建设，从国家层面构建设计产业的系统政策服务体系。我国生产性服务业作为现阶段产业结构升级的主要产业，至今没有一个像样的实施规划，更谈不上细化的配套政策和细分产业的重点规划。国家应该逐步建立健全一整套机制运转顺畅的、促进生产性服务业的政策支持体系。要充分发挥政府的政策导向作用，把培植市场投资主体作为政策和制度建设的着力点。要大力推进产业共性与关键技术平台的建设，政府通过直接投资及项目、财政、税收等优惠，承担起启动、引导、激励、推动和保护生产性服务业发展的重要作用。

有关部门要研究制定物流企业、软件研发、产品技术研发及工业设计、信息技

术研发、信息技术外包和技术性业务流程外包等服务企业的财税激励政策；将研发、设计、创意等技术服务企业认定为高新技术企业，享受相应的高新技术企业优惠政策；加强对生产性服务业的用地支持。放开适宜竞争的服务项目价格，进一步扩大服务企业价格自主权，引导生产性服务业实行差别化收费。

3. 推动和实施人才发展计划，建立严格的知识产权保护体系

（1）人才是生产性服务业发展的关键要素。应借鉴台湾的"E时代人才培训计划"可行性做法，着力推出一整套符合实际的生产性服务业发展的人才计划，包括引进各级各类专业人才，自行培养生产性服务业发展所需要的各类人才。建立良好的人才平台，为人才的培养、工作、学习提供良好的环境。建立科学、开放的人力资源开发体系，确立专业人才能力开发和客观评价的体系，引导培训教育工作，并从世界各国引进生产性服务业的专业人才。

（2）大力推行人力资源开发。抓住制造业链条上的研发设计、品牌运作、渠道营销等高附加值服务环节，就等于抓住了中国大力发展生产性服务业的牛鼻子，而抓住这个牛鼻子的着力点就是要加大研发、设计等生产性服务人力资源的开发力度。企业和国家研究所、研发专业化服务公司应该成为产业技术创新人才的培养和锻炼基地，国家有关部门和地方要研究制定相关的激励政策措施，卓有远见地引导企业把主要精力放到创新人才的培养和使用上。政府研究所和大学一样应该成为培养国际化的学科带头人、高级复合型人才的主要基地，大学中应加强对理工科人才的培养力度，建立大学、研究所与企业联合培养锻炼技术创新人才的机制。

（3）进一步加强知识产权保护。完善专利许可、技术入股等方面的政策法律法规，建立健全知识产权保护体系，加大保护知识产权的执法力度，营造尊重和保护知识产权的法制环境。科研机构、高等学校和政府有关部门要加强从事知识产权保护和管理工作的力量。国家科技计划和各类创新基金对所支持项目在国外取得自主知识产权的相关费用，按规定经批准后给予适当补助。

本章小结

生产性服务业是近20多年来全球增长最快、最为强劲的产业，先行国家和地区在促进生产性服务业发展方面积累了宝贵的经验。立足于本国经济发展阶段和国情，结合未来全球产业发展趋势，从欧美市场主导型国家和地区那里，借鉴其如何在放松管制、引入竞争、完善市场管理、加强法制建设等方面促进生产性服务业市场化、

规范化的经验。从发展中经济体走过来、曾与我们发展条件和环境差不多的韩国、日本经验，即优先从商务服务研发设计突破来带动整体生产性服务业发展，对我国现阶段产业发展更具指导意义。在具体的推动策略方面，从国家层面，应该把市场化改革推动模式与国家政策、规划引导模式有机结合起来；在地方层面，要多借鉴欧美模式的做法，充分发挥市场的主导作用，政府靠体制机制创新发挥更具创造性的作用。

第九章　韩国生产性服务业促进制造业结构升级研究

　　未来相当长时期内转变经济发展方式、推动产业结构升级是我国经济发展的一项重大战略任务。

　　韩国作为东亚新兴经济体，工业化过程中制造业是主导产业，在促进制造业结构升级，特别是在自主创新关键期，从劳动、资本密集型产业结构向技术、知识密集型产业结构转变的过程中，生产性服务业发挥了十分重要的推动作用。中国产业结构特点和工业化演进历程与韩国有很多相似的地方，所以，研究韩国工业化过程中生产性服务业促进制造业结构升级，可对中国未来产业结构调整提供启示与借鉴。

　　制造业结构升级主要指产业结构中主导产业向知识和技术密集型的新兴产业方向转化，其实就是制造业服务化的过程，产品生产过程中投入更多的知识、技术和服务，制造过程对管理、技术和知识等要素的依赖程度加深，技术、信息、服务带来的附加值不断增加，也就是说，制造业结构升级不是制造业自身单纯作用的结果，而是制造业链条上生产性服务活动和生产性服务业推动的结果。

　　韩国作为亚洲先行发展中国家，从 1961 年开始进入工业化发展期。依据主导产业大体可以把 1962~1971 年划分为劳动密集型经济发展阶段，1972~1981 年划分为资本密集型经济发展阶段。80 年代后，韩国确立了技术立国战略，1987 年后进入自主创新阶段。目前韩国已处于服务经济时代，制造业主导产业正加速由资本密集型、技术密集型产业向知识密集型产业转换，以发展研究开发型产业、知识产业、高级组装型产业、流行设计产业为主。韩国产业结构升级的一个重要特点就是依靠不断增强自主创新能力来促进技术升级，在关键技术领域赶超发达国家，全面提高韩国制造业的国际竞争力。目前，韩国的造船、钢铁、汽车、半导体及数码产品等制造业具备较强的自主创新能力，多数产品拥有自主品牌，在国际分工中的地位不断提升。

一、生产性服务业促进制造业结构升级的实证研究

参考 OECD 和联合国工业发展组织的《工业发展报告 2002／2003》关于工业行业高技术、中技术、低技术的划分标准，结合韩国制造业的技术进步实际情况，按照要素集约度把韩国的制造业划分为劳动密集型产业、资本密集型产业和技术密集型产业三类，划分结果参见表 9-1、表 9-2。

然后依据不同期间的投入产出表计算出韩国各个时期服务业各行业的中间需求率，把连续两届投入产出表中中间需求率大于 50%以上（再辅之以投资需求率和出口需求率两项指标）的行业视为典型的生产性服务业，其他服务行业则合并为消费和政府服务业，参见表 9-3。

在此基础上，重新构造新的 10×10 和 13×13 投入产出表，最后进行不同时序和截面的对比分析。

本章中韩国的生产性服务业外延具体界定为金融、通信和商务服务，①即典型的 FCB 行业。

需要说明的是，根据 1980 年韩国投入产出大类、中类、小类分类基准表，通信服务包括邮政、电报、电话三类；社会服务行业，包括法律和其他专业服务、广告、机械设备租赁服务、娱乐文化服务、个人家居服务，主要是商务服务，包括部分个人服务。

下文若无特别说明，所有投入产出数据均出自韩国 2000 年 77 部门、1980 年 64 部门投入产出表，所采用的价值指标为 1980 年、2000 年韩元的价格。

---

① 根据 2000 年韩国投入产出大类、中类、小类 72 类别基准表，所谓的商务服务业包括：(1)法律、会计、工程和计算机相关服务；(2)机械设备租赁；(3)广告服务；(4)其他商务服务。具体包括物流中介、IT、咨询、广告、设计、人才调配、设备租赁等领域。通信服务包括邮政服务、电话服务、高速网络服务、增值通信服务四类。商务服务统计口径则与中国略有不同，中国 2002 年以来的商务服务不包括计算机及相关服务。

表 9-1　2000 年韩国制造业 49 个部门按要素密集度的划分

技术密集型产业	资本密集型产业	劳动密集型产业
电子机械设备器械；电子元器件；收音机、电视及通信设备；计算机办公设备；家用电器；精密仪器；塑料制品；印刷业记录媒介的复制；普通机械设备；专用机械设备；造船及修理；其他交通设备；烟草制品；有机基本化学品；无机基本化学品；化学纤维；化肥和农药；其他化学制品；药品化妆品和肥皂	石油炼油制品；饮料制造；造纸及纸制品；煤制品；玻璃制品；陶土制品；水泥和混凝土制品；其他非金属矿物制品；生铁和粗钢；初级钢铁产品；非铁金属制品；焊接金属产品；摩托车	肉乳品加工业；海产品加工业；稻米面粉和谷物加工业；糖和淀粉制造；面包糕饼面条制造；调味品脂肪和油制造；罐装或腌制过的水果蔬菜制品；家畜饲料工业；纤维纱线；纤维织品；衣服挂件；其他针纺织品；皮毛制品；木材及木制品；合成树脂和合成橡胶；橡胶制品；家具；其他制品

表 9-2　1980 年韩国制造业 36 个部门按要素密集度的划分

技术密集型产业	资本密集型产业	劳动密集型产业
电子设备与器械；电子通讯设备；普通产业机械设备；交通设备；测量、医疗光学仪器；其他混合型制造业；烟草制品；基本化学品；化学纤维；化肥和农药；其他化学制品；药品化妆品；印刷与出版	石油制品；饮料制造；造纸及纸制品；煤制品；制陶和非金属矿物制品；钢铁制造业；粗钢铁制品；原生非铁金属制造业；焊接金属产品	屠宰乳品和水果加工业；海产品加工业；稻米加工业；面粉和谷物制品；制糖；面包糕饼面条制造；其他食品制品；纤维纱线；纤维织品；针纺织品；皮毛制品；木材及木制品；合成树脂和合成橡胶；橡胶制品

注：栏目中行业排序依据投入产出表的分类顺序。

表9-3　不同时期韩国服务业各行业中间需求率　　　　单位：%

2000 年行业	中间需求率	排名	1980 年行业	中间需求率	排名
商务服务业	73.31	1	金融保险业	86.14	1
金融保险业	60.65	2	通信	69.75	2
通信与广播	56.82	3	社会服务业	51.13	3
批发与零售贸易业	39.17	4	批发与零售贸易	42.06	4
餐饮、旅馆与住宿	33.45	5	其他服务业	39.54	5
房地产机构与租赁	30.34	6	饭馆与酒店	33.21	6
交通与仓储业	28.63	7	房地产与租赁	28.50	7
教育和研究服务	26.18	8	交通与仓储	26.90	8
文化和娱乐业	18.45	9	医疗和社会福利服务	15.03	9
其他服务业	12.17	10	教育服务与研究机构	1.57	10
医疗健康与社会安全	8.77	11	公共管理与防护	0	11
公共管理和防护	0	12			

资料来源：根据 2000 年和 1980 年韩国投入产出表计算。

（一）制造业升级对生产性服务的依赖度变化

从理论角度分析，制造业升级对生产性服务依赖度不断增强，在于生产性服务的核心功能：知识和技术的导入媒介。

正如 Grubel & Walker（1989）所说，"生产性服务部门乃是把日益专业化的人力资本和知识资本引进商品生产部门的飞轮"。生产性服务业在制造环节中的渗透，有助于推进知识资本、人力资本的专业化生产与传播，以及金融资本的专业化积累，使各种信息、技术、物质资源和劳动力的联系更加紧密，知识服务的"溢出效应"提高了生产过程的运营效率，并增加其产出价值，产业增值水平提高，由此便促进了制造业的结构升级。

从实证角度分析，选择直接消耗系数和中间依赖度两项指标，以制造业为主体分析其生产性服务投入结构的动态变化。①分析表9-4、表9-5的数据，可以得出如

---

① 直接消耗系数是中间消耗的重要指标,是指某产业生产一单位产品对各产业产品的直接消耗量。中间依赖度等于一个产业对另一产业产品的消耗量占前一产业中间消耗总量的比例。它刻画的是在生产过程中,一个产业需要另一产业提供中间产品,对后者的产品投入有多大的依赖作用。

下结论:

首先,从制造业和各类制造业对整体生产性服务的消耗和依赖度看,服务投入不断增多,中间依赖度不断加强,从 1980 至 2000 年的 20 年间,都出现了大约 1 倍以上的增长,符合制造业结构升级过程中对生产性服务投入越来越多的规律;其中,从存量看,在各个时期,技术密集型制造业对整体生产性服务业的消耗和依赖度都最高,说明技术密集型制造业对生产性服务的依赖度最强,这也符合生产性服务投入越多,产业知识越密集、附加值越高的经验。

其次,从制造业及其各类分支行业对各类生产性服务业的消耗和依赖度看,在考察期内所有数据均出现了增长。

其中制造业整体及各类制造业对通信的消耗和依赖度差不多都出现了 1 倍左右的增长,而在整个生产性服务中比重较大的金融业,只是实现了略微增长,其中技术密集型制造业对其的投入反而出现了下降的趋势,从 1980 年的 0.0237 降低到 2000 年的 0.0195,依赖度也从 1980 年的 4.83 降低到 2000 年的 4.06,说明韩国随着经济的发展,对新型的生产性服务需求增长迅速,而对常规性的金融服务需求从数量上维持稳定的水平,从质量上提出了更高的要求。而其中最具特色的是商务服务。

这里我们对照金融业的情形,来看商务服务的作用。在绝大多数国家和地区,金融保险业和商业是两个发展时间比较长、成熟度相对较高的行业,为制造业提供生产性服务的水平和数量通常也比较高。但是在当时韩国,1980 年时制造业对金融业的消耗量和依赖度都最高,到 2000 年时,这两项指标都大大落后于商务服务,制造业直接消耗的每 100 单位中间产品中,仅有 1.8 个单位是金融服务产品,中间依赖度从 1980 年的 3.30 略微提高到 3.60;而制造业直接消耗的每 100 单位中间产品中,需要直接消耗的商务服务,从 1980 年的 0.07 迅速提高到 2000 年的 2.12,增长 19 倍多,中间依赖度从 1980 年的 0.12 迅速提高到 2000 年的 4.17,增长了 34 倍,不仅两项指标的增长幅度超过金融业,而且指标的绝对量也超过了金融业,重要性占据韩国目前生产性服务业的首位。

韩国的情况说明,推动制造业结构升级功能最强的是商务服务业,并逐渐能取代金融业。

表9-4　韩国2000年不同类型制造业对生产性服务业的投入与依赖度

使用服务的部门	投入服务的部门							
	直接消耗系数（价值量）				中间依赖度（%）			
	通信	金融	商务	生产性服	通信	金融	商务	生产性
劳动密集型制造业	0.0043	0.0182	0.0210	0.0435	0.70	2.99	3.45	7.14
资本密集型制造业	0.0033	0.0168	0.0166	0.0367	0.68	3.44	3.40	7.52
技术密集型制造业	0.0043	0.0195	0.0249	0.0487	0.90	4.06	5.19	10.14
制造业合计	0.0040	0.0183	0.0212	0.0434	0.78	3.60	4.17	8.54

资料来源：根据作者重组的韩国2000年10×10投入产出基本流量表计算。

表9-5　韩国1980年不同类型制造业对生产性服务业的投入与依赖度

使用服务的部门	投入服务的部门							
	直接消耗系数（价值量）				中间依赖度（%）			
	通信	金融	社会	生产性服	通信	金融	社会	生产性
劳动密集型制造业	0.0018	0.0157	0.0007	0.0182	0.27	2.39	0.10	2.76
资本密集型制造业	0.0015	0.0158	0.0007	0.0180	0.32	3.47	0.16	3.96
技术密集型制造业	0.0029	0.0237	0.0006	0.0273	0.59	4.83	0.13	5.55
制造业合计	0.0020	0.0180	0.0007	0.0207	0.37	3.30	0.12	3.79

资料来源：根据作者重组的韩国1980年10×10投入产出基本流量表计算。

（二）生产性服务业与制造业相互作用的量化分析

对生产性服务业与制造业结构升级间的相互作用，目前在理论上已有不少文献作阐述，这里从实证角度，借助投入产出价值模型（即均衡产出余额模型）来说明韩国生产性服务业促进制造业结构升级的作用。投入产出价值模型表示，当某产业增加一个单位的最终需求时，它对其他产业直接间接派生出多少单位的产量增长。计算公式为：

$$X=(I-A)^{-1}Y$$

式中：I—单位矩阵，A—直接消耗系数矩阵，X—为总产出的年增量期望值，

Y—为总投入年增量，　(I-A)⁻¹—为里昂惕夫逆矩阵。

根据总产出等于总投入的原理，依据以上模型和合并的韩国 2000 年、1980 年两个时期的投入产出表，我们测算出 2000 年生产性服务业投入增加一个单位，会给制造业带来 0.1356 个单位产量的增长。而同时制造业增加一个单位投入，则会给生产性服务业带来 0.1065 个单位产量的增长（见表 9-6），说明韩国生产性服务业对制造业的推动作用大于制造业对生产性服务业的推动作用，但是，从 1980 ~ 2000 年这一周期看，生产性服务业对制造业推动作用的增长幅度明显低于制造业推动作用的增长。

表 9-6　韩国生产性服务业与制造业相互间的完全消耗系数

制造业			生产性服务业		
生产性服务业	1980 年	0.0472	制造业	1980 年	0.1167
	2000 年	0.1065		2000 年	0.1356

资料来源：根据作者重组的韩国 1980 年、2000 年 4×4 投入产出流量表计算。

（三）制造业结构升级对生产性服务业的中间需求变化

工业的主体是制造业。我们用制造业提供的中间需求占某一生产性服务业总中间需求的比重来衡量制造业升级对生产性服务业的需求，也就是说，在这个生产性服务业的全部发展空间（中间需求）中有多大比例是制造业提供的，可以了解生产性服务业的发展受制造业影响的程度。分析表 9-7 的数据，可以发现韩国生产性服务业分配去向的两个重要特征。

第一，从三类制造业对生产性服务业的需求比重变化看，两个时期都表现出一个重要特征：对生产性服务业使用较多的制造业主要是知识密集型产业，且比重基本稳定在 14%~16% 之间。不同类别的制造业在不同的发展阶段对生产性服务的中间需求呈现出不同的特点。工业化中期，产业结构以劳动和资本密集型为主，那么表现出制造业整体，也可以说整个经济对生产性服务业的需求比较疲软，只有发展到技术密集型产业结构的阶段，才是制造业对生产性服务业需求大幅增长的阶段，同时也是生产性服务业自身结构升级和大规模发展的鼎盛时期。说明制造业的存量结构对金融、通信及商务服务的发展会产生重要的影响。

第二，从同一类制造业向不同类型生产性服务业购买产品的情况来看，劳动密集型制造业 1980 年时购买生产性服务产品占其中间需求比率最高的行业是金融业，

2000 年变为商务服务；资本密集型购买量最多的生产性服务行业在不同时期都是金融业，这与其行业特点相吻合；变化最为明显的是，技术密集型制造业对三类生产性服务行业的购买量占其总中间需求的比重最高的行业，从 1980 年的金融业，2000年变为商务服务，尤其对商务服务的需求从 1980 年的 6.75%大幅提高到 2000 年的17.79%，成为技术密集型制造业使用最多的生产性服务业。在工业化中期，劳动和资本密集型产业结构使用较多的服务主要是金融等常规型生产性服务，以及随生产流程一起进行的中段服务，比如质量控制、标准制定、设备出租、物流、维修和保养等保障类服务，这些服务大部分物化到产品和流程之中，对知识含量较高的商务、通信技术服务需求较少，一些研发设计服务主要以实物形态物化在机械设备中，这个时期生产性服务受制造业需求的影响较大。

表 9-7　韩国不同时期各类产业对生产性服务业中间需求的比重　　　　单位：%

需求服务的部门	投入服务的部门							
	2000 年				1980 年			
	通信与广播	金融保险	商务服务	生产性服务合计	通信与广播	金融保险	商务服务	生产性服务合计
劳动密集型制造业	2.80	5.59	6.54	5.59	7.81	16.51	10.52	14.59
资本密集型制造业	3.96	10.04	9.39	8.58	5.09	13.35	9.19	11.61
技术密集型制造业	6.52	14.71	17.79	14.38	8.94	17.63	6.75	15.46
制造业合计	13.28	30.74	33.72	28.55	21.83	47.48	26.46	41.66
非制造、非服务产业合计	5.80	10.61	25.17	15.69	5.92	21.00	14.44	17.88
消费与政府服务合计	31.36	33.67	20.51	27.78	65.78	19.13	41.37	28.90
生产性服务业合计	49.56	24.98	20.60	27.98	6.47	12.39	17.73	11.57

资料来源：根据作者重组的韩国 2000 年 10×10 投入产出基本流量表计算。

二、生产性服务业发展情况及其作用

韩国服务业的发展源于第二产业的带动。自从 1962 年韩国进入大规模的工业化以来，经济首先立足于生产领域，80 年代以前引进外资、借款以及政府投资主要投向制造业，政府对服务业给予的政策支持非常有限，服务业未能与整个国家经济同步发展。90 年代以前，在服务业内部结构中，批发、零售、饮食、旅店一直居于第三产业增加值之首。到了 90 年代后期政策重视和对外资开放，加上信息产业的带动，金融保险不动产与运输仓储、通讯业等生产性服务业才真正开始发展起来。

（一）韩国生产性服务业发展的现状特征

1. 10 多年来，总体上发展迅速，规模不断扩大

以 2000 年价格计算，包括交通运输仓储通信、金融、房地产租赁和商务服务、教育科研在内的生产性服务业从 1995 年的 230640.2 亿韩元增加到 2004 年的 376530.9 亿韩元，10 年间增长 41%，2004 年生产性服务业增加值占服务业总增加值的比重达到 61.57%。

2. 商务服务发展迅速，内部结构升级效应明显

根据韩国工商协会对 3.4 万多家物流、IT、咨询、广告、设计、人才调配、设备租赁等领域商务服务企业进行的调查，商务服务企业的销售额由 2001 年的 44 万亿韩元，增长到 2005 年的 74 万亿韩元，5 年内增长了 68.2%。表 9-8 揭示了韩国 2000~2005 年间服务活动指数的增长情况，其中商务服务增长较快，尤其以研发活动增长最为迅猛，增长 18.4%。

表 9-8　韩国 2000~2005 间服务业活动价值量指数年均增长率（2000 年 = 100）

所有 服务组织	金融保险	邮政通信	商务活动为 9.1			
			计算机及 相关服务	研究与开发	专业科学和 技术服务	商务 支持服务
6.4	8.5	7.7	5.9	18.4	8.8	8.6

资料来源：作者根据韩国统计厅提供的最新服务活动指数计算。

3. 现已形成若干研发产业聚集区

目前韩国的研发服务业已经形成了以大邱东南圈 R&D 基地和以大德 R&D 特区为中心的大田世界产业革新区两大研发产业聚集区。大德 R&D 特区为韩国最大产、学、研综合园区，汇聚着韩国高等科技学院等 4 所高等学府、70 多家政府和民间科研机构、2000 余家高技术企业、几万研发人才。2005 年，园区高技术企业中 45% 以上为研发服务类企业。大德 R&D 特区已成为亚洲最优秀的研发、人才培养和产业化基地之一。

(二) 生产性服务业对制造业结构升级的作用

1.商务服务成为推动制造业结构升级的关键

第一部分实证研究表明，在工业化中后期阶段，从增长幅度和绝对量两项指标看，韩国制造业消耗量和依赖度最大的是商务服务（在韩国包含计算机、通信软件服务），制造业对生产性服务业的需求大幅增长，尤其对商务服务的需求最为强烈。技术密集型制造业对生产性服务的依赖度最强，对生产性服务的投入也最多，使用最多的生产性服务业也是商务服务。韩国生产性服务业促进制造业结构升级走的是高端路线，长期致力于通过商务服务、研发技术服务来促进制造业结构升级，商务服务是推动制造业结构升级的主要力量。结构升级不是制造业本身作用的结果，而是因为融入了更多高级的生产性服务活动才导致制造业这种跃升和质变的。韩国自始至终把推动居于生产性服务核心地位、带动能力强、规模报酬递增最明显的商务服务、技术服务摆到国家战略地位来强化发展。

2.研发来源提高了制造业的技术创新能力

韩国生产性服务国内市场狭小，韩国造船、汽车、电子等主导产业海外收入占其总营业收入较高份额，为海外制造业服务的研发来源、品牌管理、供应链管理等高端生产性服务职能大多集中于集团公司总部，主要服务市场是海外。目前，韩国制造业在加工技术、组装技术、设计技术等领域，已经达到世界发达国家水平，这主要源于大量、高效的研发服务活动的推动。据介绍，60年代轻纺工业的迅速发展，70年代重化工业的迅速壮大，很大程度上是引进发达国家的通用技术和标准化技术发展起来的，即使到80年代以汽车、机械、电子等产业为核心的技术密集型工业，也都是在引进、消化吸收发达国家先进技术的基础上发展起来的。1962~1990年间，韩国共引进技术项目6944件，支付技术转让费用49.3亿美元。通过支付巨额技术转让费购买研发来源，以及1987年以后自主创新阶段自主开发的研发服务产品，大大提高了制造业的技术创新能力。

3.设计产业促进了制造业自主品牌的国际化

韩国第三个设计产业五年计划提出，2008年韩国要成为全球设计领袖，设计产业产值从50亿美元扩大到160亿美元。韩国的大企业都很注重产品在设计方面不断加大投资。新产品开发的技术优势加上成功的外观设计，使得韩国不少产品成为世界著名品牌。根据韩国产业研究院的研究，2006年韩国品牌价值位居世界第十位，三星、现代、LG三家韩国企业进入世界品牌100强。韩国已从一个典型的廉价产品制造商转变为一个高级产品创造者。

4.金融业的倾斜式支持为制造业技术创新提供了保证

韩国是以银行间接融资为主的国家。在制造业结构升级过程中，韩国产业银行、进出口银行和长期信用银行为企业或政府项目提供了长期低息融资。在韩国当时的历史条件下，政府强大的金融动员能力，为大企业能够从国家利益出发、积极进行战略产业技术创新，提供了重要的资金保证，稳定的资金支持有利于企业早期实实在在技术能力的提高。

5.电子商务与电子贸易提高了制造业的竞争力

韩国电子商务的基础设施非常先进，网络电缆速度达120万，超过总人口74.8%的家庭都是网络用户，宽带普及率世界上最高，信息化水平居亚洲首位。凭借良好的电子商务基础设施和已经形成的商业模式，政府通过实行B2B网络支持计划，建立起了全球商业网络，推动各产业发展电子商务。2003年，韩国电子商务的规模达2040亿美元，比上年增长38.7%，电子贸易占整个贸易的比例约16.5%，至2007年该比例预计将提高为30%。电子商务与电子贸易在制造业中的广泛应用，大大提高了产业的效率与竞争力。

三、主要经验和做法

（一）不遗余力地鼓励研发机构的专业化投资

生产性服务业是高附加值、技术知识密集型的产业，在全球化分工条件下，其成长壮大需要一定规模的专业化投资来支撑。当前R&D组织的运行建制形式多种多样，有各级政府支持的独立研究机构，有高等院校的研究机构，有民营的研究机构，还有企业内部的研发部门以及专业从事R&D活动的企业。研发服务业的主体是企业内部的研发部门和各级政府直接资助的国家研究机构。

从20世纪80年代以来，由于相关政策的鼓励和支持，韩国企业研究所及其研发投资大量增加，截至2005年，企业研究所从80年代仅有的46个迅速增加到2005年4月的10732个，企业研究所的研发投资也达到15.02万亿韩元，占国家研发总投资的63%。半导体记忆芯片、CDMA、TFT—LCD、手机终端机、DVD光存储器等一批具有世界水平和竞争力的技术及产品均出自企业研究所。说明韩国企业内部有效的专业化分工提升了整体产业的创新水平，并支撑了制造业结构升级。

（二）注重以人力资本为载体提升产业技术能力

正如 Grubel & Walker（1989）所说，"生产性服务部门乃是把日益专业化的人力资本和知识资本引进商品生产部门的飞轮"。韩国政府和财阀主导的发展模式，注重提高国民文化素质，强调研发服务活动以人力资本为载体，靠自我力量提高吸收能力，比如，三星电子为了提高研发水平，坚持不引进成套设备，通过引进部件进行消化，往往通过支付技术使用费或拆卸进口设备的方式引进发达国家的技术，在此基础上推出自己的成套产品，以此实现产业结构和技术结构的升级。

为了促进人力资源的开发，韩国政府1973年制定了《国家技术资格法》和《技术劳务育成法》，1974年又制定了《职业培训特别法》。韩国政府强制规定，拥有500名员工以上的公司必须对他们的员工进行内部技能培训。韩国政府为此还建立了专门的研究生院——韩国高等科学院，培养和造就一批研究开发的先导型人才，促进产学合作。另外，还强调在大学本科和研究生阶段，突出加强化工、电气与电子工程等理工科专业教育。

总之，注重职业技能培训，下大本钱建立本国的人才库，通过对人力资本的培育和知识的消化吸收，达到提高产业创新能力的目的，是韩国通过研发服务促进制造业结构升级的一个重要经验。

（三）通过大力发展设计产业提升产业品牌价值

作为赶超型的发展中经济体，韩国特别注重制造业的世界领先设计能力的培育。2001年促成世界设计大会在韩国召开，大胆投资100亿韩元建立韩国设计中心，以产、官、财的结合方式，支持产业的设计活动。从1993年起，政府连续提出三个促进设计的五年计划。计划提出2007年在釜山、大邱和光州建成新的地区性设计中心，在大城市的高等学府建设12个设计创新中心。韩国政府从很早就重视设计产业发展，并建立了相应的设计振兴组织，90年代后韩国产业设计振兴院成为推动21世纪韩国设计产业的主力。韩国的主要公司，如三星公司、LG公司、现代汽车公司，很注重在设计管理方面的投资。三星电子把设计看作研发的一部分，是利用设计提升产品品牌价值和扩大市场份额的典范，它探索出了一条工业设计突围的道路，许多人因为三星手机好看就买了。三星因此而位居"2005年全球100个最有价值品牌"第20位。

（四）集中有限金融资源支持主导产业优先发展

发展中国家在产业技术升级过程中，通常面临着资金短缺的难题，韩国的经验表明，产业技术升级，银行的资金支持非常重要。韩国在 20 世纪 60 年代到 80 年代末，基本上采取了一种在政府主导下，通过将有限的金融资源以低价利率和政策金融的方式，支持结构升级主导产业优先发展的模式。政府接管中央银行大部分权力，对金融机构实行直接控制，实行银行分业化和专业化，商业银行向企业进行短期融资，专业银行如韩国长期信贷银行则主要提供长期低息资金。据介绍，一般银行、产业银行和进出口银行的新增贷款额中，政策金融所占比重平均在 50% 以上，1974年为 87.6%，1983 年高达 102.3%。紧密的主体交易银行制度，金融业的选择性支持，培育了一批财阀集团，也培育了一批战略产业。

（五）重视在研发服务活动中发挥政府的主导和引导作用

在生产性服务业促进制造业结构升级过程中，韩国政府发挥了重要作用，这种作用不仅体现在人们普遍认为的完善政策法律制度、建立相应组织机构，直接进行财税、信贷补贴支持，更为重要的作用体现在，企业发展初期、关键转折时期、困难时期，政府给予了宝贵的关键性的支持，以及在大型研发服务活动开展过程中，政府全程周密的组织、协调和管理，可以说，政府发挥了更具创造性的作用。CDMA技术的开发与产业化就是一个很好的例子。当时，CDMA 是美国高通公司的技术，1993 年韩国政府出资购买了该项技术，但是在高通公司开发的总计 53 项 CDMA 技术专利中，韩国仅引进 7 项。随后，政府制定并实施了包括技术开发、标准化和服务运营商许可等发展 CDMA 的一系列相关政策和措施。情报通信部通盘掌管和指导研发活动，韩国电子通信研究院牵头，吸收三星电子、LG 通信和现代电子等企业组成联合攻关组，技术开发出来后，让这些大公司无偿使用。随着这些大公司实力的强大，政府就退出了，后期则完全依靠企业自己投入。政府及时地把政策导向从政府主导向政府引导转变，激发了企业自主创新的积极性，研发投入来源结构中政府与企业的投入比重由 1970 年 77∶23 发展到 2003 年的 25∶75，发生了令人羡慕的转变。

四、存在的矛盾与问题

虽然韩国生产性服务业在推动制造业结构升级过程中发挥了重要作用，但是生产性服务业起步较晚、基础薄弱，传统体制和赶超式发展模式导致的生产性服务业与制造业的发展不均衡矛盾较为突出。韩国生产性服务业还很不成熟。具体表现在：

（一）金融业独立发展能力较弱

在绝大多数国家和地区，金融业是个发展时间比较长、成熟度相对较高的行业，为制造业提供生产性服务的水平和数量通常也比较高。但是韩国金融业一方面在支持战略性产业创新方面发挥了积极作用，另一方面，长期的官治金融使得韩国金融业没有像欧美发达国家那样规模迅速壮大，成为引领产业发展的主导力量。根据笔者的研究，在当时韩国的体制背景下，1980 年制造业对金融业的消耗量和依赖度都最高，但是到 2000 年时，这两项指标都大大落后于商务服务，制造业直接消耗的每100 单位中间产品中，仅有 1.8 个单位是金融服务产品，中间依赖度从 1980 年的3.30 略微提高到 3.60；而制造业直接消耗的每 100 单位中间产品中，需要直接消耗的商务服务，从 1980 年的 0.07 迅速提高到 2000 年的 2.12，增长 19 倍多，中间依赖度从 1980 年的 0.12 迅速提高到 2000 年的 4.17，增长了 34 倍（见表 9-4，表 9-5），各项指标显示，韩国金融业在生产性服务业中的重要性已让位于商务服务业。

（二）流通产业与物流产业的结构性矛盾突出

据介绍，由于长期立足于生产领域，忽视流通领域，直到 20 世纪 90 年代中期，韩国生产企业仍普遍采取的是将生产和流通合为一体，批发业处于落后状态，流通产业只是制造业的辅助产业，流通产业的发展水平始终落后于生产部门和居民消费水平。与发达国家相比，韩国流通企业规模零散，效率低下，70%～80%是维持生计型的家族式企业。

物流业也存在同样问题。韩国大部分的物流企业规模很小，个体物流企业、第二方物流为主的运营结构阻碍着整个物流产业的发展，影响了物流业的规模扩大和专业化水平的提高。

（三）以国内市场为主，市场需求不足

韩国生产性服务业主要以内需为主，国内市场狭小，除了少量技术服务和工程承包服务外，大部分生产性服务还没有走出去。2015 年韩国产业创新规划纲要提出到 2010 年韩国制造业与服务业的发展要进入“循环增长周期”，在发展中国家建立服务业市场，使柔性服务业的增长成为出口的发动机，可以说，短期内实现这样的目标并不容易。同时，韩国国内服务业市场仍然较为封闭，虽然政府有意扩大服务业的开放度，但是由于许多国内供应商反对，服务业的开放仍是一个缓慢的过程。

五、启示与政策建议

目前中国正处于自主创新关键期，韩国的经验将对中国摆脱生产性服务业发展和制造业升级的双重困境提供有益的借鉴。

（一）充分发挥商务、研发设计服务业对制造业结构升级的重要作用

韩国生产性服务业并不发达，但却能够给予制造业结构升级强有力的支撑，原因在于其生产性服务业走对了路，尽管生产性服务业发展先天薄弱，但自始至终把研发设计产业作为核心产业、作为突破口来大力培育，通过发展高附加值的生产性服务业推动先进制造业的升级，走出了一条有别于欧美发达国家的生产性服务业发展新路子，非常值得发展中国家借鉴。韩国的生产性服务业发展实践证明，要抓住生产性服务发展的主要矛盾，把商务服务和技术服务作为主要抓手。

我国现阶段制造业与生产性服务处于一种低层次均衡状态。生产性服务业落后已成为中国制造业国际竞争力提升的瓶颈。现阶段应该把商务服务、研发设计服务作为生产性服务的龙头来重点培育。商务服务业是生产性服务业的核心和增长最快的部分。从中国目前的国情看，现阶段确确实实是大力发展商务服务业特别是研发设计、中介服务的最好时期。这些行业中小企业数量居多，受需求制约容易出现秩序混乱问题，收入微薄难以扩大专业化投资，服务能力薄弱难以形成网络，这些问题往往又容易形成一种恶性循环。同时，这些行业又没有主管部门管理，迫切需要国家从自主创新的战略高度，把商务服务和市场中介服务作为生产性服务业的龙头，加以重点扶持和培育。

借鉴韩国经验，政府的各种政策手段和政策导向要朝这个方向努力，要不遗余力地推行以企业为创新主体的战略。从中国企业设立研发机构的情况看，2003 年，我国大中型企业设立研发机构的仅占 25%，有研发活动的约占 43%。目前我国某些地区也制定了鼓励制造业企业设立技术中心或研发机构的政策措施，但从鼓励措施的实质程度看，力度太小，奖励范围仅限于项目前期评估费用，而不是直接针对全部研究开发投资。要从扶持企业内研发设计服务活动、鼓励企业内部高级一体化的分工着力，加大鼓励和奖励力度，鼓励大企业通过多种途径提高研发设计水平。

对从科研院所、高等院校、工业企业转制出来的独立研发机构，要区别于一般

的企业和事业单位，制定包括土地、基础设施建设、进口器材、税收优惠等方面的鼓励政策，减少它们进入市场的障碍。要抓紧制定相关政策鼓励国内外资本、国有和民间资本建立各种类型的研发机构，壮大研发产业规模。

（二）在装备制造业和高技术产业中大力推行人力资源开发

韩国的经验表明，实现技术转移的主要途径是人才转移，产业技术能力的形成是通过人才培训，以及对隐性知识的消化吸收来实现的。作为技术追赶型国家，技术转移不仅包括蓝图和机械设备的转移，还包括技术诀窍的转移，技术转移的主要成本来自人力的培养，培训费往往要比技术的消化吸收成本和开发成本要高得多。

装备制造业和高技术制造业是中国产业结构升级的主体。在当今世界，装备制造业和高技术产业的服务化趋势非常明显，抓住了制造业链条上的这些服务环节，就等于抓住了中国大力发展生产性服务业的牛鼻子，而抓住这个牛鼻子的着力点除了上述加强企业研发、设计机构的建设之外，另一个着力点还要加大研发、设计等生产性服务人力资源的开发力度。企业和国家研究所、研发专业化服务公司应该成为产业技术创新人才的培养和锻炼基地，国家有关部门和地方要研究制定相关的激励政策措施，卓有远见地引导企业把主要精力放到创新人才的培养和使用上。政府研究所和大学一样应该成为培养国际化的学科带头人、高级复合型人才的主要基地，大学中应加强对理工科人才的培养力度，建立大学、研究所与企业联合培养锻炼技术创新人才的机制。

（三）着力解决生产性服务商最初产生难、发展难的问题

韩国的生产性服务业发展实践还证明，要克服生产性服务商最初成长难的问题，其中，政策引导是关键。综观韩国对研发设计等生产性服务业的支持，一个鲜明的特点是，已经建立起一整套机制顺畅的政策支持体系。以设计产业为例，1998 年与英国一同发表了"21 世纪设计时代宣言"，向韩国人宣布设计在韩国企业国际竞争力中的重要性，首先从认识上取得各界的广泛认同。然后制定具体的规划和计划，连续制定 3 个五年设计振兴计划，推进设计产业振兴战略的实施。从组织机构、资金支持体系、优惠政策、基地或园区、人才培养等方面逐步加强机制建设，从国家层面构建设计产业的系统政策服务体系。我国生产性服务业作为现阶段产业结构升级的主要产业，至今没有一个像样的实施规划，更谈不上细化的配套政策和细分产业的重点规划。国家应该逐步建立健全一整套机制运转顺畅的、促进生产性服务业的

政策支持体系。要大力推进产业共性与关键技术平台的建设，政府通过直接投资及项目、财政、税收等优惠，承担起启动、引导、激励、推动和保护生产性服务业发展的重要作用。

（四）构建符合中国国情的产业创新金融支持体系

韩国经验表明，产业结构升级过程中金融业特别是银行的融资支持非常重要。当然，韩国政府介入的官治金融模式，其优劣还需要进一步讨论，封闭式的金融支持服务体系，也有许多与中国国情不相适应的地方。作为一个发展中大国，应该建立符合中国国情、多层次的产业创新金融支持体系。要大力发展直接金融市场，逐步完善市场基础设施建设，不断提高证券信用等级，提高金融中介专业化服务水平，积极推进我国金融体系由银行主导型向市场主导型转变。建立、完善诱导企业技术创新的政策性金融手段，多渠道引导社会资金成立科技种子基金、风险投资基金，构建产业创新投入的金融支持平台。

本章小结

生产性服务业促进制造业结构升级研究是国际、国内产业经济研究的前沿课题。经实证研究和实际调研发现，韩国生产性服务业与制造业结构升级互动较好，生产性服务业对促进制造业结构升级发挥了重要作用：商务服务业在促进制造业升级过程中发挥了关键作用；购买研发来源和进行自主开发的研发服务活动，提高了制造业的技术创新能力；设计产业投资不断加大，使得韩国不少产品成为世界著名品牌；金融业的倾斜式支持为产业技术创新提供了稳定的资金来源；电子商务与电子贸易提升了制造业的竞争力。韩国在鼓励研发机构的专业化投资、以人力资本为载体培育产业技术能力、通过发展设计产业提升产业品牌价值、注重发挥政府在生产性服务活动中的主导和引导作用等方面积累了有益的经验。要摆脱中国生产性服务业发展和制造业升级的双重困境，需要借鉴韩国经验，及早选择重点，把商务服务、研发设计服务作为生产性服务业发展的龙头，从国家战略高度加以重点培育，加强政策引导，构建符合中国国情的产业创新金融支持体系，解决好生产性服务商最初产生难、发展难的问题。

第十章 日本发展环保产业促进经济转型的经验与启示

现阶段，我国资源环境问题突出，经济发展模式转型的任务艰巨。日本在工业化中后期重化工业加速发展时期，也曾遇到资源消耗和环境污染强度不断上升的矛盾，但最终还是通过大力发展环保产业，摆脱了资源环境压力。

2009 年笔者在日本考察期间，听取了日本经济产业省、环境省及相关大学、协会专家的专题介绍，重点考察了日本环保产业的典型代表川崎环保城及环保城的重点企业 JFE 公司和昭和电工株式会社，参观了大阪 ATC 绿色生态广场、NEC 湘南技术中心、麒麟啤酒有限公司、日立汽车公司启爱社汽车再循环中心，从法律保障体系、产业支持政策、市场诱致措施、园区典型示范、公众组织参与等诸多方面，对日本以资源循环产业为中心的环保产业的发展成效和经验进行了全面了解，有关情况如下。

一、日本环保服务业发展的基本情况及成效

（一）日本环保服务业发展的基本情况

在日本，资源循环产业就是将废弃物转换为再生资源及将再生资源加工为产品的环保产业。据日本经济产业省介绍，日本经济发展模式也经历了一个痛苦的转型过程，大量生产、大量废弃的经济发展模式已经难以为继，进入 21 世纪，日本开始实施环境立国战略，把发展环保产业作为改善日本经济结构、推进经济转型的重要内容。

目前，以资源循环产业为中心的环保产业在日本蓬勃发展，2008 年其产业规模已达到 616 亿美元。

产业发展特点如下。

1.产业自主发展的强大动力已经形成

日本企业大多有强烈的社会责任感，不但在企业内部实施资源循环方面做了大量工作，将产业垃圾零排放作为发展目标，而且还针对社会上的废弃物开发了一系列新技术，承担了处理其他废弃物的责任，可以说，企业自觉环保已成为产业自主发展的强大动力。NEC、日本理光、松下电器、索尼、丰田、夏普、三菱电机、东芝、日本富士施乐等公司都注重企业内部的环境管理，相继设立了废弃家电回收利用工厂，并与当地政府签署了一系列环保协定。目前，日本获得ISO14001国际标准化环保认证的企业已有8000多家，在世界上处于领先地位，另有1000多家大型企业每年编制并向社会公布《环境报告书》，自觉接受社会监督。我们所到的NEC湘南技术中心，主要从事投影机及显示器的开发设计、制造和销售，现有员工581名。公司最高层设有环境管理最高负责人和环境经营委员会，各部门分别设环境管理负责人和环境管理推进负责人。公司自觉遵守神奈川县环境影响条例，定期发行《环境影响预测评价书》，对工作中产生的纸类、塑料及铁屑等废弃物进行详细分类后予以循环利用，并确认达到零排放。

2.覆盖全日本的产业网络体系基本建成

据介绍，日本自20世纪80年代后期起一般废弃物每年接近5000万吨，产业废弃物每年接近4亿吨。20世纪90年代末以来，容器包装、废旧家电、废弃汽车、建材、食品等废弃物的回收、处理、再生利用企业在日本遍地开花，覆盖全日本的产业网络体系基本建成。

日本每年产生的电视机、洗衣机、空调和冰箱四类旧家电大约为2200万台，其中一半多的旧家电会被再生处理。日本家电生产企业成立了由松下、东芝组成的A组，索尼、日立、夏普等其他电器生产企业组成的B组，两组各自负责本组别产品的回收处理。截止到2008年年底，已在全国建立了380个回收点、40多家废弃家电回收利用处理工厂。

同样，汽车制造厂商也分为由日产、三菱、马自达等组成的汽车粉碎残渣再循环组和由丰田、本田等组成气袋类、氟利昂类组，截止到2008年3月，约有10多万家汽车再循环公司进行了登记、许可并营业，见表10-1。

汽车接收公司、氟利昂类回收公司、拆车公司和破碎公司等已形成完整的汽车循环产业体系。

表 10-1　日本不同年份登记、许可的汽车再循环公司数目　　　　单位：个

	2006 年 3 月底	2007 年 3 月底	2008 年 3 月底
接收公司	88122	88301	78591
氟利昂类回收公司	23387	23135	23135
拆车公司	6251	66505	6611
破碎公司	1224	1280	1298
（仅为挤压剪断）	(1101)	(1145)	(1163)
（粉碎残渣）	(123)	(136)	(135)
合计	118984	119221	104546

注：2008 年数据略少于前两年同期数据，由于公司正常合并减少。

资料来源：日本经济产业省汽车课提供。

3. 示范地区产业发展已达到较高水平

目前，全日本像川崎环保城这样的生态示范区有 27 个。我们重点考察的川崎市，是日本著名的知识密集型、环境友好型工业城市，位于日本列岛及日本最大的经济带——京滨经济圈的中央，北接东京，南邻日本第二大城市横滨，区位和交通状况如图 10-1 所示。截止到 2008 年年底，市区面积 144.35 平方公里，人口 137 万人。

图 10-1　日本川崎市的区位和交通

　　1997 年创建的川崎环保城，最大的特点就是利用钢铁和工程方面的技术优势对产业和生活废弃物进行再利用。

　　在 2000~2004 年间，川崎环保城主要依托 JFE 公司和昭和电工等大企业陆续建立了六项资源再生利用设施（见图 10-2）。

废塑料高炉原料化设施 2000 年 ~	废塑料处理量 25 000t / 年　　　JEE 环境（株）
家电回收再利用设施 2001 年 ~	不用家电用品处理量 40 万 ~50 万台 / 年　JFEUrban recycling（株）
废塑料制混凝土型建 筑用镶板制造设备 2003 年 ~	废塑料处理量 20 000t / 年　　　JEE 环境（株）
废塑料氨原料化设施 2003 年 ~	废塑料处理量 65 000t / 年 氨生产量 58 000t / 年　　昭和电工（株）
PET TO PET 再利用设施 2004 年 ~	废塑料处理量 27 500t / 年 塑料瓶用树脂生产量 22 300t / 年　PET REBIRTH CO. LTD.（株）
再生困难型废纸再利用设备 2002 年 ~	废纸处理量 81 000t / 年 卫生纸生产量 54 000t / 年　三荣 REGULATOR CO. LTD.（株）

图 10-2　川崎环保城资源回收利用设施一览

　　位于川崎环保城的 JFE 公司，是目前全世界第三大钢铁企业。2008 年 5 月，胡锦涛主席访问东京后的第一站就是到川崎环保城参观该公司的资源循环项目。在这个企业里有三个塑料瓶、塑料板还有家用电器的回收再利用工厂。在废弃塑料再生利用工厂，我们看到公司自动化进行塑料瓶盖的分离，塑料瓶经过一系列的筛选、分类、粉碎、洗涤，变成了塑料包装袋，变成了一把伞，变成了一套衣服，再生资源化率高达 99.7%，处理后的塑料作为制铁原料被有效利用，年处理能力 5 万吨，具体流程如图 10-3 所示。

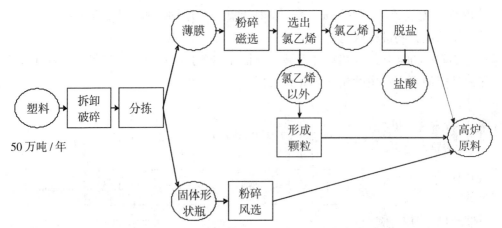

图 10-3 JFE 环境株式会社废旧塑料高炉还原生产流程示意图

昭和电工采用完全零排放型的气化改质方式，对废旧塑料进行再循环，制造有益于环保、用途广泛的基础化工产品氨。环保氨可作为还原剂对氮氧化物予以净化，作为制冷剂代替氟利昂，还可作为腈纶纤维、尼龙纤维、氮肥、黏结剂、透明类树脂原料，年处理能力 6.4 万吨，具体流程如图 10-4 所示。

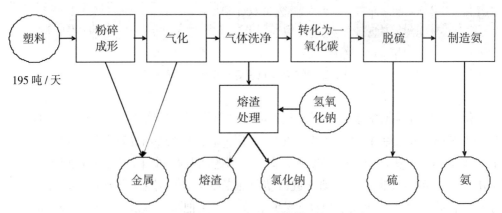

图 10-4 昭和电工废旧塑料制造氨主要流程示意图

在各个环保示范城市，企业间生态产业链基本完善，产业聚集共生效应明显。位于产业集中的川崎临海部的 17 家钢铁、石油、化工企业，成立了资源能源循环型企业联合组织，开展了一系列的活动，各资源循环产业间形成了良好的生态协作关系（见图 10-5）。

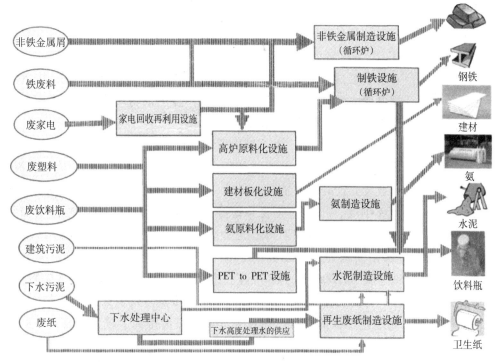

图 10-5　川崎环保城临海部的生态产业链协作关系

（二）推动经济转型的成效

1. 重化工业获得了生态化、创新化发展

产业转型是经济转型的基础和重要推动力量。随着环保产业的发展，产业集群在示范城市开始形成，并推动了当地重化工企业向生态化、创新化方向发展。川崎临海部经过 2004 年到 2006 年的企业重组，20 多家世界级大型企业特别是重化工企业重新筹建资源循环事业，彻底推行低成本运作，推动原有产业向生态化转型，比如 JFE 钢铁株式会社引进日本国内最大规模的竖炉和最大级别的熔炼废金属成套设施，开发高炉运行中的传感器技术，引入节能设备进行废气回收，将废渣高效率地再资源化。这项资源循环和低碳型钢铁产业年处理能力 50 万吨，与高炉方式相比，CO_2 排放量降低了一半。这种产业转型使得临海部加工组装型产业与原材料产业产值之比从 1996 年的 56：30，转变为 2004 年的 29：55，石油、钢铁、化学等能源原材料产业重新复苏，取得了低成本、高附加值发展。

◆◆◆ 生产性服务业：创新与升级

作为一个低碳排放、资源与能源高效利用的样板产业城市，川崎市共拥有204所研究开发机构，学术、研究开发机构工作人员比率位居日本第一，通过聚集高端研发人才，活用积累的各种环境技术，研发机构促成的创新型环境能源产业集群在川崎已经颇具规模，正在向亚太地区著名的高端产业基地迈进。

川崎环保产业的发展成效受到了联合国环境规划署（UNEP）的关注，从2004年起每年在川崎举办亚太生态经济论坛，作为亚洲产业活动与环境协调的典范，对正处于工业化进程中的其他国家城市提供借鉴。

2. 城乡环境质量得到明显改善，基本解决了环境问题

随着资源循环产业体系的建立，日本伴随企业和业务活动产生的炉渣、污泥、废油和废塑料等产业废弃物的排出量得到控制，最终处理量大幅度减少，减量化效果明显。1990~2003年度，日本产业废弃物排出总量由39473.6万吨略微增加到41162.3万吨，只比1990年度增加4.3%；产业废弃物最终处分量从最高的1991年将近9000万吨，大幅度减少到2006年的2400万吨。生活废弃物的处分量从1997年的12008吨直线下降到2006年的6809吨。废弃物处分量和排放量的大幅减少，基本解决了日本城乡环境污染问题，在这方面，川崎市具有代表意义。川崎市曾经历了从严重污染到绿色环保的转变，现在大气环境质量得到了较大的改善（见图10-6）。

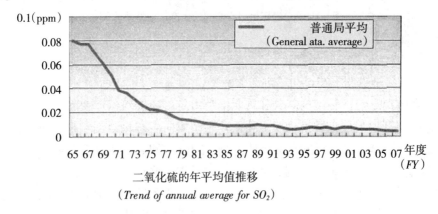

图10-6　1965～2007年间川崎市空气中二氧化硫浓度年平均值的变化

数据来源：日本川崎市提供。

3. 资源再生利用效率大幅提高，经济发展摆脱了资源压力

218

随着资源循环产业的发展，日本总体资源再生利用量增加，产业废弃物的再生利用率从 1990 年的 38.2% 上升到 2005 年的 51.9%；一般废弃物的再生利用率从 1993 年的 8.0% 直线上升到 2006 年度的 19.6%，目前，包括产业废弃物和一般废弃物在内的废弃物总的资源生产率为 37 万日元 / 吨，在 1990~2005 年的 15 年间增加了 60%，依照目前的发展势头，2015 年将进一步增加 30%，达到 42 万日元 / 吨（见图 10-7）。

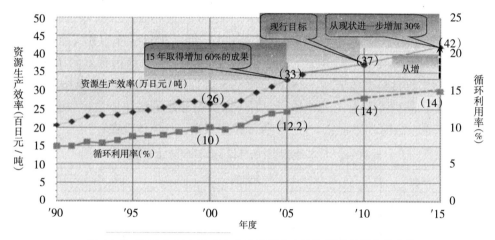

图 10-7　1990 年以来日本废弃物资源生产率和循环利用率的变化

数据来源：日本环境省废弃物与再循环对策部提供。

从单体资源的回收效率看，汽车的总体再循环率从 2003 年前的 83% 提高到 2007 年度的 94%，日本旧纸利用率从 1985 年的 49.3% 增加至 2008 年的 61.8%，等等，调查表明，日本已成为世界上资源利用效率最高的国家。我们考察的麒麟啤酒有限公司，在全日本有 12 个工厂和啤酒公园。所有的工厂都已经取得 ISO14001 和 ISO9001 认证，空瓶、制造啤酒产生的副产品、废弃物都已经实现了资源再利用率 100%。

总的看，日本通过大力发展以资源循环产业为中心的环保产业，推动了区域原有产业向生态化、创新化发展，传统高消耗、高污染的线性发展方式转变为以低消耗、低污染为基础的集约式发展方式。

二、主要经验和做法

日本环保产业之所以取得上述成效，主要得益于法律强制、政策扶持、典型示范、市场诱导、公众参与等多个方面的作用。

(一) 建立起完备的环保立法体系并严格执行

日本在环保产业方面之所以能取得今天的成果，首先应该归功于政府建立起了完备的法律体系并严格执法。1971 年，日本出台了《废物处理法》，之后又出台了《再生资源利用促进法》、《包装容器再生利用法》等，2000 年颁布和实施了《循环型社会形成推进基本法》、《废弃物处理法》（修订）、《资源有效利用促进法》（修订）、《建筑材料循环法》、《可循环食品资源循环法》、《绿色采购法》6 部法律，形成了目前世界上最先进、最完备的环保及循环经济法律体系，如表 10-2 所示。从效果看，法律对产业发展的强制保障作用明显，具体体现在：

表 10-2　日本最新修订的环保及循环经济立法体系

法律层次	法律名称	最新修订时间
第一层:基本法	《环境基本法》	2000
	《循环型社会形成推进基本法》	2001
第二层:综合法	《废弃物处理法》	1971
	《资源有效利用促进法》	2001
第三层:专项法	《容器包装再循环法》	2000
	《家电再循环法》	2001
	《食品再循环法》	2001
	《绿色采购法》	2001
	《建设循环法》	2002
	《汽车再循环法》	2005

一是法律法规明确界定了国家、地方政府、企业、协会、公众各方的责任和义务，强制各方开展资源循环利用。比如法律规定企业有对资源进行恰当处理的产出者的责任，产品、容器等的设计研究、回收、循环利用等扩大生产者的责任，为建立回收、处理、再资源化网络体系提供了保障。

二是强制收费制度使得回收处理企业可以盈利。据介绍，报废汽车处理工厂在

《汽车再利用法》实施前，盈利比较困难，主要靠出售部分较好的零部件获利。

三是强制绿色采购为产业发展提供了市场需求，《绿色采购法》要求政府企事业单位对环境友好型产品实施优先购买，调动了企业发展环保产业的积极性。

四是法律实施准备充分，制定的目标切实可行，保证了循环经济能逐步推进并取得实质性的进展。据介绍，汽车再循环法律实施前曾经召开过 500 多次说明会，经济产业省和环境省等有关部门就法律具体实施条款向各界作说明。同时，根据法律制定的基本计划及行动计划，其设定的约束性目标比较可行，企业经过努力都能达到，不少品目实际成绩还超过了法定目标。

五是处罚力度较大增加了企业不参与发展的成本。比如《废弃物处理法》对非法抛弃废弃物采取罚款、征税等惩戒措施，严重者受到 5 年以下的徒刑或 1000 万日元以下的罚款（法人 1 亿日元）。

（二）实施倾斜性的产业政策激发企业自主投资与技术开发

资源循环产业属于技术密集型产业，如何去除回收废料中的重金属等诸如此类的技术，由于成本高，企业最初不愿意开发。在这种情况下，与法律相配套，日本政府对发展节能环保的企业，实施倾斜性的产业政策，主要有：

一是国家预算补贴政策。2000 年以来日本国会每年通过的与环保有关的预算近130 亿美元，资金拨给环境省、经产省、农林省和国土交通省等主要相关部门。根据最新的国家补助政策，生产废弃物再资源化工艺设备，给予相当于生产、实验费 1/2 的补助；对引进先导型能源设备企业予以 1/3 的补助等。

二是政府低息融资政策。只要满足条件，中小企业金融公库、国民生活金融公库将对引进 3R 技术设备的企业提供低利融资，从事循环经济研究开发、设备投资、工艺改进的企业分别享受政策贷款利率，融资比例为 40%。企业设置资源回收系统，由非盈利性的金融机构提供中长期优惠利率贷款。此外，还对那些在改进设备方面表现优秀的中小处理商提供债务担保。

三是税收优惠政策。对引进再循环设备的企业减少特别折旧、固定资产税和所得税。日本对废旧塑料再生处理设备在使用年度内，除普遍退税外，还按取得价格的 14% 进行特别退税；对废纸脱墨、玻璃碎片杂物去除、空瓶洗净、铝再生制造等设备实行 3 年的退还固定资产税等。

从实施效果看，上述政策措施激发了企业对节能、再循环设备设施和产品的开发投资，增加了企业发展环保产业的积极性。

(三) 中央和地方积极共建环保示范园区

日本大部分环保城（与环保示范园区相似）都是区域产业结构调整的结果。为推进产业转型和环保产业的聚集发展，1997年通产省开始实行全国环境城的认定工作，引导一些城市依托原有工业技术优势，加强废弃物再生利用技术的研究和攻关，在原先的土地上发展壮大再生利用企业，推动园区内各类废弃物的拆解、回收和资源化企业集聚发展，建成基础研究、教育培训基地、技术示范推广基地和循环再利用产业化基地。截至2009年3月，日本政府已先后批准建设了27个生态环保城。

日本生态环保城由国家和地方政府共同管理，经济产业省和环境省共同建立和执行园区补偿金制度，经产省主要资助硬件设施建设、相关技术及产品的研发，环境省主要资助环保城的软件设施建设，如图10-8所示。地方政府负责建设生态环保城的基础设施，还通过政策引导和信息传递，指导园区内的企业相互利用产业间的能源、副产品（废物）。日本还在各园区推行有效利用资源的零排放计划。2002年川崎市开始建设占地77464平方米的零排放工业区。2005年3月工业区以整体的形式得到了ISO14001的认证。中央和地方的积极共建，推动了当地环保产业的发展。

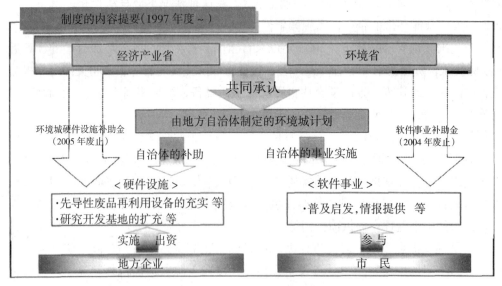

图10-8 日本中央和地方对生态环保城的各项支持示意图

(四) 注重通过支持科技园区中小企业培育先端产业

日本注重对中小企业推进循环经济提供援助和平台服务。1989年川崎市建立了日本最早也是规模最大的科技园神奈川科技园，截止到 2009 年 2 月该园有 147 家企业进驻。技术革新川崎 THINK 是民间主导型科技园，也是亚洲创业者村所在地，截止到 2009 年 1 月共有 60 家公司进驻。

亚洲创业者村拥有 JFE 集团先进的研究设施，对亚洲地区的创业者提供支援，从创业、经营的咨询，日本法律、行政手续的说明，产学合作的配合、销售渠道的扩大，以及日常生活等提供一条龙的服务。入园企业特别是中小企业，只要有发展前途的技术和产品，地方政府会提供办公室租金优惠和各种融资服务。比如对外国学者、风险企业每年度有 3~5 间、每间 33 平方米的办公室可以利用。进驻川崎一年以上的企业，融资最高金额 2 亿日元，小规模企业最高金额 3500 万日元。通过对园区创业者提供支援，吸引国际企业进驻，聚集优秀人才，对川崎形成先端研发和孵化环保产业新基地起到了推动作用。目前亚洲创业者村进驻环保等领域企业 50 多家。

（五）公众及民间组织的配合与努力是产业发展的重要推动力

日本环保产业的发展，离不开法律保障、政府政策、创新技术等方面的支持，更得益于大众强烈的节能环保意识。居民的自觉环保和分类意识对企业一般废弃物再生利用起到了重要作用。日本垃圾分类非常细致，电池、荧光灯、塑料、瓶盖都要分类放置，人们自觉地将垃圾清洗后分类投放。JFE 公司从 2000 年开始进入城市废物再生利用产业，经历了很长一段没有盈利的阶段。他们深有感触地说，在再生利用这个问题上，摆在首位的恐怕应该是环保意识，而不仅仅是好的技术设备。居民对塑料、纸张等废弃物的自觉分类降低了处理企业的成本，增加了处理企业盈利的空间。

在日本，协会组织的推动作用同样不可替代。

日本环境保护方面的行业协会和民间团体很多，大约有 500 多个，他们经常开会组织活动，督促各方落实政府计划。我们这次考察的大阪 ATC 绿色环保广场，是由大阪环境产业振兴中心主办的一个环保商务平台。ATC 每年聚集 900 万的市民，是日本首屈一指的集客设施。平台以企业为主，经常举办活动，将环境关联技术和商品汇聚一堂，发送最新的环境商务信息，成为日本首个为环保企业服务的商务支援基地。

三、主要启示

(一) 日本经验对当今中国具有重要借鉴意义

日本环保产业以资源循环产业为中心，但资源循环产业的发展经验同样适用于节能产业和新能源产业。据介绍，日本节能产业和新能源产业与资源循环产业的发展模式基本相似，都采取了政府推动、企业实施、行业监督、国民参与的模式。日本业已形成的经验是全社会层面和全国性的，在一定程度上向我们展示了从高投入高消耗模式向产业生态化、资源循环化、经济集约化方向转化的趋势与路径，其推进经济转型的艰辛历程，也是我们现在或者将来可能要经历的阶段。我国环保产业正处在起步阶段，有必要借鉴日本在法律政策体系建设及典型示范等方面的成功经验，一方面推动我国资源、能源与环境问题及早解决，另一方面使得我国在后金融危机时代战略性产业的选择和培育方面少走弯路。

(二) 要高度重视政府与市场力量的有机结合

通过考察我们感受到，日本政府在法律体系和支持政策制定实施方面强有力的推动力量。日本经验表明，发展环保产业，在起始阶段离不开政府的推动，在关键时期，政府还要发挥重要作用，政府相关部门的统筹管理、协调是产业发展的组织保证。但是政府推动并不等于政府主导，事实上日本在培育环保产业方面，政府作用在于弥补市场失灵，只是起到增进市场的作用，一旦市场机制建立起来，政府就会退出。从经产省和环境省制定实施的生态园区补偿金制度中可见一斑，随着技术成熟和局面打开，两省支持经费在减少，2005 年经费都已经取消。日本还注重将政府与市场力量结合，注重将"有形之手"与"无形之手"协调统一。只有达到一定规模的企业才受法律约束，以避免抑制中小企业的发展。所以，我国在培育环保产业上，引导企业自主发展是关键，形成有效的市场竞争是目标，要重视发挥民间组织的作用，形成政府推动、市场驱动、公众行动的良好局面。

(三) 完备的法律制度建设是产业发展的根本保障

循环经济和低碳经济是一种法制经济。日本环保产业发展最重要的推动力在于其强大的制度保障。日本环保领域法律体系完备，权责关系明确，具有较强的执行力。1979 年以来我国出台的环保方面的法律法规多达 1000 多件，但大都缺乏有效执行的机制。《清洁生产促进法》离循环经济的立法要求还有很大的差距。废弃物回收、循环利用和安全处置的专项法和行业标准还很缺乏。《电子信息产品污染控制管理办法》也没有在细节上规范企业的废旧电子产品回收义务。《中华人民共和国循环经济促进法》还需要有关部门制定配套的法规、规章和标准。

(四) 必要的经济支持和鼓励政策是重要条件

培育新兴产业一方面法律制度要起到保障作用，另一方面政策配套也要跟上，特别是产业技术研发及融资政策。日本注重采取预算补贴、融资、税收支持政策将企业外部成本内部化。日本以创造新技术和实现产业生态化为目标的独特的技术政策，使得1973年至1983年成为日本节能、节约资源推进力度最大的时期。目前中国产业激励政策比较薄弱，是我国环保产业发展滞后的重要原因，"十二五"时期是我国新兴产业技术设备投资和产业研发投资大发展的阶段，要以此为契机，研究制定能够覆盖生产和消费多环节的环保产业技术政策。

(五) 采取诱致性措施引导企业自主发展是有效手段

日本经验表明，单靠法律约束和国家补助直接推动并不能完全解决企业发展动力不足的问题，各级政府要灵活运用类似于日本"你好我更好"的产品领先计划，采取多种市场化手段，引导厂商主动地按照行业标准制定和实施各自的节能环保和资源再利用计划，激发优秀企业主动增加技术和设备投资，引导更多的企业选择超前于政府法规，把"绿色制造"当成企业降低生产成本、提高竞争力最重要的目标。

(六) 建立生态环保城发展创新型产业集群是重要举措

日本以振兴地区产业为目标，以产业环保化为手段，以构建废弃物再生利用产业链为切入点，来推进环保城建设和区域经济转型。川崎临海部钢铁、石油化学工业的低成本、高附加值化发展为我们提供了很好的经验。在园区管理建设方面，日本采取了中央与地方共建的模式。

地方政府在加强循环经济执法，协调企业和居民冲突并制定地方防治公害协议，推动地方环境城建设方面起了主导性作用。目前，我国生态产业园区配套建设还很不完善，处理好中央和地方在生态园区建设方面的关系，对于推进原有产业生态化发展，建立"零排放"循环生产体系，发展创新型产业集群具有重要意义。

四、几点政策建议

大力发展环保产业推进经济转型是一项国家战略，是一项庞大的系统工程。

（一）按照国家战略和系统工程的要求，加快研究制定我国节能环保产业发展战略

以建设资源节约型和环境友好型社会的基本要求为宗旨，遵循产业结构调整和可持续发展的方针政策，以资源循环产业、节能产业和新能源产业为重点，全面借鉴国外发展环保产业推进经济转型的成果和经验，结合我国实际，建立权威性的振兴协调机构，综合利用各种手段进行统筹、管理，着力建立健全环保产业发展的法律、政策支持体系，积极探索适合我国国情的环保产业发展道路，促进我国环保产业快速发展。

（二）着力构建符合国情、操作性强的环保领域法律体系

要制定一个环境法整体的修改框架和规划，明确政府、企业、公众在推进环保产业中的权利和义务，明确扩大生产者责任和废弃资源收费机制，建立考核和奖惩激励机制，对违反法律的企业加大惩罚力度，强化法律的执行力。同时加强绿色经济基本计划及其行动计划的制定与实施，使专项法目标建立在逐步达到和可行的基础上。在上述工作基础上，以适度超前的理念，构建和完善基本法、综合法、专项法相衔接、符合我国国情、操作性强的环保领域法律体系。

（三）抓紧研究制定有效的激励性产业政策

加大产业政策扶持力度，对采用清洁生产工艺和资源循环利用的企业应给予政府补助、税收优惠、低息融资、债务担保等支持。加大对环保设备和产品研发费用的税前抵扣比例，对生产环保产品和资源循环的专用设备，可以实行加速折旧制度。加快建立中小环保企业低息融资和债务担保制度，鼓励产学研合作研发环保产业关键技术，建立促进企业发展环保产业的技术支撑体系。重视对环境友好型产业消费需求的引导。研究设立环保产业创业投资基金，引导社会资金向创新型企业和有竞争力的节能环保中小企业集中。

（四）完善并稳步推进生态园区试点工作

以振兴环保产业，推进经济转型为宗旨，结合国家节能环保产业发展战略要求，

完善并稳步推进生态园区试点工作。推动钢铁、有色、化工、建材、制糖等重点行业实施生态化改造，创建一批产业生态化先进示范企业、再生资源回收利用重点领域环保示范基地，培育一批环保产业的研发、生产、销售服务为一体的龙头和骨干企业，积极推进国家新型环保产业试点城市。扩大我国目前开展的生态示范区范围，鼓励生态区内设立孵化器组织，完善为中小企业环保服务的公共服务和技术支撑平台。

（五）注重采取市场化手段引导企业形成绿色竞争

有关部门要采取措施逐步引入环境影响事先评价、环境会计、环境报告书等制度，引导企业开展环境经营，自觉接受社会监督。制定实施清洁生产和资源再循环的优秀回收、处理、再利用企业评价制度和标准，符合基准的厂商在网上公开，也可作为典型案例编入中小学生教材。

（六）大力发展环保产业方面的行业协会和民间团体

加大对环保民间组织的支持，支持中介机构、学会和其他社会组织开展环保宣传、技术推广和咨询服务。设立全国性的废弃包装容器、家电、汽车等领域专门化协会组织，为广大企业提供技术指导、信息服务、人才培训。地方也可成立相应的行业协会和民间团体，在生态园区内专辟环境教育窗口，作为市民参观、实践和提建议的场所。建立市民回收奖励制度，进一步强化全民环保教育，将环保教育纳入义务教育内容。

本章小结

20世纪90年代以来日本环保产业已实现了自主化、网络化、高水平发展，推动了重化工业生态化转型，改善了城乡环境质量，大幅提高了资源利用效率，基本摆脱了资源环境压力。上述成效主要得益于建立起完备的环保立法体系并严格执行，实施倾斜性的产业技术政策，中央和地方积极共建环保城，建立科技园区培育高端产业，公众及民间组织的配合与努力。日本经验启示我们，培育环保产业推进经济转型要重视政府与市场力量的有机结合，建立完备的法律制度和必要的经济鼓励政策，采取诱致性措施引导企业自主参与，建立生态环保城发展创新型产业集群。大力发展环保产业推进经济转型是一项国家战略，更是一项庞大的系统工程，要着力从法律和政策体系建设入手。为此，建议：①按照国家战略和系统工程的要求，加快研究制定我国环保产业发展战略；②着力构建符合国情、操作性强的环保法律体系；③抓紧研究制定有效的激励性产业政策；④完善并稳步推进生态园区试点工作；⑤注重采取市场化手段引导企业形成绿色竞争；⑥大力发展环保行业协会和民间团体。

第四编　战略思路与对策

第十一章　我国生产性服务业相关政策述评

　　国家"十二五"规划《纲要》中明确把推动服务业大发展作为产业结构优化升级的战略重点，并且突出了促进生产性服务业与先进制造业融合这一主题。发达国家和地区除了在服务贸易、市场推广方面存在较强的促进政策外，在服务贸易自由化浪潮的影响下，纯粹的生产性服务业产业政策是不存在的。然而，在我国特殊的体制背景和特殊的产业结构条件下，服务业产业政策则是促进服务业发展与创新的重要手段。本章主要通过对已实施的国家、地方和行业生产性服务业政策进行梳理，对若干综合性重大政策的出台背景、主要内容、实施情况和成效作分类评述，剖析政策实施中存在的问题及原因，并对下一步政策完善提出建议。

一、已实施的主要政策措施情况

　　我国服务业真正发展，是在改革开放以后。30多年来，大致可以分为两个阶段，在每一阶段，国家都出台了促进服务业发展的重大政策。从1978年到20世纪90年代初，属于服务业迅速起步阶段，中共中央、国务院于1992年发布了《关于加快发展第三产业的决定》（以下简称为1992年政策），提出了到2000年服务业发展的目标、任务和政策措施。从20世纪90年代初到今天，服务业已经进入到平稳增长期，2001年12月，国务院办公厅转发了国家计委《关于"十五"期间加快发展服务业若干政策措施的意见》（以下简称为2001年98号文），第二次专门就服务业发展发布政策性文件。随着服务业的不断发展，市场准入、税收等一些政策性问题逐渐暴露出来，为进一步推进服务业发展，2007 年国务院发布了《关于加快发展服务业的若干意见》（以下简称为 2007 年 7 号文），2008 年 3 月国务院办公厅又下发《关于加快发展服务业若干政策措施的实施意见》（以下简称为 2008 年 11 号文）。到目前为止，国家已经 4 次出台了国务院层面的服务业推动政策。

（一）与生产性服务业相关的总体服务业政策措施

1. 1992 年政策

1992 年服务业政策总的历史背景是，当时我国工业化处于从计划导向向市场导向转变时期，在改革开放政策的推动下，商业、外贸、运输、邮电以及金融业迅速扩张，相关生产性服务业在过去较低的基数上迅速增长，各领域相对落后的面貌发生了很大变化。为此，该政策着力于继续扩大服务业的市场化和社会化，比如，文件强调要放手让城乡集体、私营企业、个人兴办劳动密集、直接为生产和生活服务的行业。

总之，1992 年政策突破了计划经济的框框，明确了服务业市场化改革方向，增强了各界对发展服务业重要性的认识。一些地方如湖南省、安徽省、河北省等省份在省政府设立第三产业办公室，从职能独立、机构编制明确、规划编制、资金扶持等方面，都走在了全国前列，推动了当地服务业的发展。但 90 年代的市场开放是较为初级的市场化。其政策启示是，市场化必须优先于工业化发展，假如市场化没有在工业化过程中得到充分发展，各产业必然互争发展条件，大力发展服务业，首先必须提高和扩大服务业的市场化程度。

2. 2001 年政策

98 号文出台的大的背景是，20 世纪 90 年代中期以来，我国经济重又进入工业化加速发展时期，物质产品生产进一步扩张，工业劳动生产率加快提高，服务业就业比重明显上升，但是整个 90 年代服务业增加值比重却徘徊不前。服务业落后的状况已经影响到了经济和社会的发展。中国已经到了必须进行经济战略性结构调整时期。结构调整的目标是进一步发展服务业，巩固提高工业，稳定农业并让更多的农业从业人员转移到服务业。在这种情况下，2001 年 12 月，国务院办公厅转发了国家计委《关于"十五"期间加快发展服务业若干政策措施的意见》。2003 年 11 月，党的十六大在全面建设小康社会目标下又提出了服务业全面发展的战略要求。

98 号文是一个很全面、很有前瞻性的政策文件，12 大项 37 小项加快服务业发展的政策措施，显示了较强的政策导向。这之后，国家以规划、产业政策作为调控手段，加大了工作力度，引导地方细化政策，发动行业协会等社会力量广泛参与服务业管理，加强在服务业新兴行业、关键领域和薄弱环节投资示范，调动了地方发展服务业的积极性。由于东部发达地区更迫切地面临结构升级的问题，对加快发展服务业特别是生产性服务业重要性的认识比较到位，都研究出台了配套的、反映本地实际的具体实施意见，对如何加强、如何放开，比过去有所突破，从总体上优化和改善了服务业发展环境。这些政策大多会涉及生产性服务业，但这个时候还没有专门就生产性服务业制定政策。

3. 2007 年 7 号文和 2008 年 11 号文

1992 年政策和 2001 年 98 号文，都体现了市场化、国际化的服务业政策导向。2007 年以来的国家服务业政策延续和深化了以前的政策导向。总体看，2007 年 7 号文和 2008 年 11 号文两个政策性文件体现了两个特点：一是占位高，站在国家高度来统筹规划，充分体现了宏观综合部门在统筹管理协调多部门任务方面的作用；二是政策内容比较全面，比较系统，标志着我国已经初步形成了较为完整的服务业政策体系。

（1）2007 年 7 号文。2007 年 7 号文至少在两方面对我国服务业发展实践提供了指导。一是在组织领导和发展目标方面，明确提出国务院设立全国服务业发展领导小组，指导和协调服务业发展和改革中的重大问题，提出促进加快服务业发展的方针政策，部署涉及全局的重大任务。同时，还明确提出了到 2020 年服务业发展目标，即基本实现经济结构向以服务经济为主的转变，服务业增加值占国内生产总值的比重超过 50%；二是 7 号文把大力发展各类生产性服务业，促进现代制造业与服务业互动发展作为优化服务业结构的重要突破口，并列出了当前我国重点发展的六大生产性服务业领域。同时鼓励各地区要因地制宜地发展服务业，经济发达地区和交通枢纽城市要强化物流基础设施整合，形成区域性物流中心；选择辐射功能强、服务范围广的特大城市和大城市建立国家或区域性金融中心；加快培育建设研发设计、信息咨询等公共服务平台和服务中心。另外，还强调要打破行政分割和地区封锁，促进服务业资源整合，避免盲目投资和重复建设，积极承接国际服务外包，提高服务业对外开放水平。7 号文从物流、金融、服务外包、区域布局等多个方面明确了产业发展要求、发展重点和发展方向，对我国生产性服务业发展起到了积极的促进作用。

（2）2008 年 11 号文。作为 7 号文的配套实施意见，11 号文提出了 8 大项 23 小项具体政策措施，涉及服务业发展方方面面的政策问题，特别是市场准入、税收优惠、土地优惠，服务业用水、用电、用气等方面的政策，都做出了明确规定和较为清晰的界定，要求各地方各部门要加大贯彻落实已明确政策的力度，要求各地方各部门要加强服务业规划编制、机构建设和投入力度。

一是在市场准入和财税优惠政策方面，11 号文突出了服务业的服务外包、分工深化与工业的互动发展，突出了政策环境的优化，例如，文件提出要放宽市场准入，扩大各类服务业税收优惠，加快推进在苏州工业园区开展所得税、营业税政策试点，措施具体，可操作性强，对于推动各地服务业发展起到了非常积极的作用。2008 年11 号文最突出的亮点在于放宽了服务行业的市场准入限制，要求工商行政管理部门对一般性服务企业降低注册资本最低限额，除法律、行政法规和依法设立的行政许可另有规定外，一律降低到 3 万元人民币，在营业场所、投资人资格、业务范围等方面放宽前置审批和工商登记条件，在政策环境、财税优惠以及创业门槛等方面为咨询、设计等小规模生产性服务企业创业、发展创造了机遇。

二是在投资引导政策方面，提出围绕服务业重大问题，坚持产业化、社会化、市场化原则，优先支持服务业薄弱环节、关键领域、新兴行业，更加注重结构性调整和服务业聚集发展和品牌培育，政策着力点放在扶持服务企业应用高新技术、扶新、扶小、扶改革、鼓励做大做强的政策上来。通过服务业引导资金的带动，吸引各类资本向优化服务业内部结构的方向发展。

4. 国家服务业综合改革试点

2010 年首次实施国家服务业综合改革试点，区域性服务业示范区、先行区建设不断推进。这次国家服务业综合改革试点，着眼于体制突破和机制完善，着眼于推动发展方式转变、结构调整和扩大内需，着眼于培育新的经济增长点，通过试点区域积极探索和政策先行先试，不断提高服务业发展规律性认识，不断创新服务业发展模式，不断完善体制机制和政策措施，为全国服务业大发展提供经验。试点区建设五年一个周期，这次初步选择了北京市石景山区、天津市南开区、河北省秦皇岛市、宁波市、厦门市、青岛市、深圳市等 37 个试点区。这一重大举措将有力地调动地方发展服务业的积极性，将为探索服务业发展有效途径，促进服务业大发展起到积极的推动作用。

(二) 重点生产性服务业行业政策措施

1. 物流业

物流业是典型的跨行业、跨地区的综合性产业，涉及面广、政策性强，协调难度大。针对 2002 年以来有关部门制定的物流业政策难以实施的问题，2004 年 8 月国家发改委联合商务部等 9 部委发布了《关于促进我国现代物流业发展的意见》。为应对金融危机，国家颁布实施了十大产业振兴规划，物流业作为唯一的服务业列为其中之一。2009 年相关部门还发布了关于物流业调整和振兴规划的实施意见。这些政策措施在营造物流业良好环境，加强物流技术标准体系建设，加强对现代物流工作的综合组织协调几个方面，提出了具体而明确的意见。比如，提出除国家级别的法律法规和规定外，其他前置性审批事项一律取消；改革货运代理行政性管理，取消经营国内铁路货运代理、水路货运代理和联运代理的行政性审批，取消国际货运代理企业经营资格审批。另外，在完善物流企业税收管理，加强收费管理等方面，都提出了敢于碰硬的改革措施。这些改革措施的发布，是各部门特别是宏观综合部门努力协调各方关系的结果，对于培育市场主体、营造有利发展环境起到了积极作用。此外，2010 年铁道部发布实施了关于推进铁路多元经营物流及相关服务业向现代物流转型发展的指导意见，正在修订中的《铁路法》、《公路法》、《民航法》，陆续开始实施或即将出台的《港口法》、《运输市场准入条例》、《管道法》、《城市公共交通管理条例》等政策法律法规都将对物流内部相关行业管理、市场秩序规范起到积极的促进作用。

2. 服务外包业

服务外包业是生产性服务业发展的重要途径和重要组成部分，包括在岸外包和离岸外包两部分。近年来，在服务外包领域，国家密集出台了达 10 多项支持政策，建立了 20 多个服务外包示范城市，政策推动力度加大。这些政策措施主要分为四个方面：一是鼓励采购服务政策。例如，鼓励政府和企业发包促进我国服务外包产业发展的指导意见，包括国办发〔2009〕9 号和财企〔2009〕200 号文，旨在鼓励政府企事业单位外包专业服务。二是资金支持政策。例如，2009 年中国人民银行发布实施了金融支持服务外包产业发展的银发〔2009〕284 号文，财政部、商务部发布文件规定，从 2007 年起，每年对符合条件的服务外包企业和培训机构进行培训补贴和项目补贴等。三是税收优惠政策。2009 年国家税务总局等部门开始对认定的技术先进型服务企业减按 15% 的税率征收企业所得税；2010 年，财政部、国家税务总局、商务部联合规定从 2010 年 7 月 1 日至 2013 年 12 月 31 日，对 21 个服务外包示范城市的企业从事离岸服务外包业务所取得收入免征营业税。四是特殊工时工作制度。2009 年人力资源和社会保障部、商务部发布文件，对于无法施行标准工时的部分岗位，可以实行特殊工时工作制。五是其他支持政策。例如 2009 海关总署发布了关于促进服务外包产业发展的通知。正是由于政策环境的不断优化，使得我国服务外包产业迅猛发展。截至 2010 年年底，我国已登记的服务外包企业超过 10000 家。2010 年，我国在岸服务外包收入为 2381.2 亿元人民币，同比增长 36.1%；离岸服务外包收入 144.5 亿美元，同比增长 43%。

3. 其他生产性服务业行业政策。

除物流业、服务外包业两大行业外，其他生产性服务业行业主管部门也都陆续出台了促进本行业、本领域的政策。例如，2010 年，国家发展改革委发布了关于高技术服务业的政策措施，工信部发布关于促进中小企业公共服务平台建设的指导意见，工信部发布关于促进工业设计发展的若干意见，2008 年文化部发布实施了关于扶持我国动漫产业发展的若干意见。这些政策措施从本领域、本行业出发，从深化改革、开拓市场、加强财税政策支持、加强人才培养等方面提出了促进政策，在一定程度上为这些生产性服务行业发展创造了良好的政策环境，但政策多少带有部门色彩，有些政策之间还有待协调。2008 年中国人民银行为主发布实施的《关于金融支持服务业加快发展的若干意见》，银监会为主发布实施的《关于银行业金融机构支持服务业发展指导意见》，国家工商行政管理总局《关于促进服务业发展的若干意见》，作为 2007 年 7 号文的配套实施意见，都提出要突出重点，着力支持新兴的生产性服务业和关键领域，对解决生产性服务业存在的市场准入、资金缺乏等政策性难题起到了积极作用。

（三）地方生产性服务业政策措施

1. 地方服务业推动力度加大，政策走在了国家的前面

从这几年我国服务业发展的实际情况看，在大力发展生产性服务业的热潮带动下，地方服务业推动力度明显加大，许多政策走在了国家的前面。2007 年以来，湖南、四川、安徽、苏州等省市都研究出台了促进生产性服务业加快发展的指导意见或实施意见，推出了深化行业改革、推进服务外包、扩大内外开放、放宽行业准入、加大税收扶持、加强用地支持、鼓励争创品牌、拓宽融资渠道等方面具体的政策措施。特别是 2007 年 5 月，湖南省委、省政府出台了《关于促进生产性服务业加快发展的指导意见》，推出了深化行业改革、推进服务外包、扩大内外开放、放宽行业准入、加大税收扶持、加强用地支持、调整价格政策、鼓励争创品牌、拓宽融资渠道、加快人才队伍建设等 10 个方面的政策措施。这些政策措施既有针对性，也具有较大可操作性，在全国具有一定的推广价值。2008 年北京在其进一步促进服务业发展的

意见中，明确提出要坚持市场化导向和国际化引领，大力发展生产性服务业。上海还专门成立了生产性服务业办公室，着力解决部分领域市场准入门槛较高、市场主体自主创新和开拓发展力量较弱、政策环境尚不完善等深层次矛盾，把打造生产性服务业集聚区，加快发展创意产业作为促进生产性服务业的两项重大举措。

2. 一些地方在服务需求培育方面进行了有益的探索

为进一步优化资源配置，细化专业分工，改变企业"大而全、小而全"的格局，促进生产性服务业发展，与国家政策导向呼应，天津、江苏、浙江等省市出台了鼓励工业企业剥离生产性服务的政策，比如，有些地方比照工业扶持，出台服务业重点企业和重大项目的奖励、补助、贴息等政策，比照工业重点企业发展和重大项目支持政策执行。例如一个地级市规定，只要工业企业分离发展服务业的，对企业分离过程中涉及房屋、土地使用权以及其他资产过户所缴纳的税费，按市区县的部分100%予以返还补助，并实行部门"零规费"政策，鼓励引导生产制造企业投资组建独立的现代物流、交通运输、仓储配送、营销售后服务、投资服务、技术服务、科技研发、信息咨询、工业设计等服务企业。而社会力量创办科技咨询、金融保险、管理咨询、商务服务、品牌策划、人才培训等各类生产性服务企业，也将得到政策鼓励。浙江省制定企业分离发展服务业的实施意见，明确企业分离服务业务后的税负如高于原税负，高出部分由财政部门通过营业税奖励、专项经费支持等形式予以补助。截至 2009 年 8 月，浙江省已有 1584 家企业分离发展服务业，新增营业收入460 多亿元，地税收入 20 多亿元。

二、存在的问题及原因

从迄今为止出台的国家服务业政策看，党中央、国务院日益重视服务业发展，制定了一系列鼓励和支持服务业发展的政策措施，加强对服务业发展的统筹协调管理和政策规划引导，使得各界对发展服务业的认识取得较高的认同，服务业发展的政策环境正得到不断优化。

与此同时，从指导服务业发展的要求看，现有的鼓励服务业发展的政策尚不够完善，有些政策虽好但落实较难，政策效果有待提高。突出表现在以下几方面：

一是市场化改革政策实施难，改革效果有待提高。在历次服务业总体政策中，铁路、民航、邮政等垄断性服务业改革都有提及，但这些领域，由于种种利益的羁绊，改革进程缓慢，政策实施效果亟待提高。这些行业至今仍保持着较强的行政垄断，民间资本进入仍面临"弹簧门"、"玻璃门"、"天花板"式的困难。科研事业单位盈利性与非盈利性不分，科技体制改革滞后，这些都大大削弱了科技服务业的发展空间和发展动力。如此等等，这些生产性服务行业仍面临较大的体制性障碍，政策实施落实难度较大，实施效果不甚理想。

二是现行财税政策阻碍服务外包发展。现行的税收制度是基于工业经济背景下工业的成本结构来设计的，适应的是以工业为主的经济结构，起到了鼓励低附加值企业发展的作用。生产性服务业是高人力资本密集型产业，行政开支、管理费用、员工培训费用占的比例较高，实际处理中行政开支和管理费不能在税前列支，所得税征税基数高，研发设计、评估等技术服务业不能享受高新科技税收优惠政策。还有在合伙制中介服务企业中营业税计税方法存在重复征税，导致分工越细，税负越重，阻碍了服务外包的发展。另外，物流业与运输业营业税税收不公平，税率较高，物流业务外包中存在重复纳税问题，没有起到鼓励企业整合利用社会资源、扶持物流业务与主业剥离、充分挖掘物流需求的作用。税收政策中重复征税、税费歧视等问题严重，不适应服务业出现的专业化分工精细化、与制造业融合等新趋势，抑制了服务业的分工深化。

三是政策落实尚待加强。由于服务业新情况、新问题不断涌现，新兴行业迅速崛起，相关政策调整往往赶不上行业发展的要求。服务业发展政策对服务业发展的促进效果不甚理想，政策的针对性有待进一步加强。现有的鼓励服务业发展的政策尚不够完善，已有政策尚待进一步落实到位。对国家、省关于鼓励和支持服务业发展的政策文件，需要出台配套的细化政策措施，对国家和省有关政策的落实情况，需要加大督促检查力度。

四是政策效应有待发挥。2008 年 11 号文作为 2007 年 7 号文的具体实施意见，提出的许多具体政策措施，经过 3 年多的实践，实施效果还不够明确。另外，受市场、法律环境限制，促进生产性服务业发展的政策效应不能有效发挥。地方在出台政策时，由于受管理权限、管理体制的限制，在税收、市场准入、行业管理方面还需要中央政策统一来突破。

此外，现有的生产性服务业政策对比重指标相对重视，而对现阶段规范性、改革性的政策创新不够重视。比如，近年来，新增农民工人数下降，服务行业也出现了招工难，人工成本上涨，中小服务企业运营成本逐渐提高。另外，中小服务企业由于没有厂房、土地可供抵押很难获得银行贷款，特别是一些智力密集型、创意型的服务企业，融资难问题更加影响其发展。这些政策性难题在已有政策中都已提到，但实际中亟待创新解决。

总体看，一些部门和地方在发展理念上仍然较多地停留在发展第二产业，上工业大项目，快速增加 GDP，在政策措施上对发展服务业支持不够。这种情况在生产性服务行业中也有体现。论起根源，与领导干部的认识观念有关，更与目前以 GDP来考核一切的政绩考核体制有关。要从政策层面促进生产性服务业发展，取得较好的政策效果，要以转变政府职能为重点，改变目前的政绩考核体制和方式。

三、对完善生产性服务业政策的建议

在向服务经济转型过程中，需要生产性服务业大发展，也需要有效、完善的生产性服务业政策来促进，进而需要建立生产性服务业政策框架，最终构建以国家专项政策为主导，行业政策做支撑，地方政策为配套，功能强大、导向明确、衔接有效的政策体系。

在经过几轮服务业政策推动效应后，今后国家层面的总体服务业政策制定空间逐渐减小，而加大贯彻落实已有政策的力度、出台专项政策和行业政策的空间相对变大。地方为呼应国家政策制定相应的实施细则和具体政策措施将是未来生产性服务业政策体系建设的重要方向。还有一点比较重要，未来生产性服务业政策框架的建立和政策体系的完善可能都要置于服务业总体政策的大框架下，为此，今后专项政策、行业政策和地方政策构成的生产性政策体系建设也要与服务业政策体系共建。对今后进一步完善政策，具体建议：

（一）政策目标更要强调"改革、规范、创新"

1992 年、2001 年两次政策和"十一五"规划的服务业比重目标都没有实现，这个事实说明，服务业比重只是个相对指标，今后在工业化加速发展、服务业平稳发展期内，服务业比重处于缓慢上升阶段，其中不排除出现波动和下降的情形，预计"十二五"期间，服务业增速可能超越 GDP 增速而增长。今后我国服务业政策的政策目标要放弃把服务业比重作为服务业发展的唯一目标这样一个思想，要把政策的着力点放在服务业结构优化、规范发展和提高服务质量特别是生产性服务业的发展上来。现在是需要做更多基础性工作的时候了，比如规范市场秩序，建立诚信体系，构建服务业标准化体系等。

现阶段，我国整体处于工业化中期向后期过渡阶段，许多传统服务业已经发展相对成熟，但数量饱和、服务质量不高、服务市场不规范现象在全国都普遍存在，因为诚信机制缺乏、服务不规范，生产者不敢或不愿外包的现象也经常发生，市场秩序混乱、市场不规范竞争等问题抑制了生产性服务业的进一步发展，因此，建立生产性服务标准，规范服务行为，提高服务质量，是我国未来生产性服务业发展的一项经常性、基础性而又十分重要的工作。东部发达地区大量新兴服务业壮大，全国传统服务业现代化改造，以及服务业竞争力的提高，都离不开服务业的体制、机制和技术创新。服务业创新是服务业发展不竭的动力。加大服务业创新方面的政策引导，应该成为今后服务业政策的重要导向。

（二）着力研究解决突出的政策性问题

现阶段我国生产性服务业政策实施中，确实存在一些长久以来一直没有解决的问题，还有政策实施中新近出现的新问题，老问题、新问题集中到一起，集中体现在税收政策方面，因为税收政策对生产性服务业发展作用最直接，也最敏感。

比如，研究实施更加有利于物流业发展的税收政策，可以考虑对物流总代理商实行类似于增值税方式的税收制度，扣除转包部分，仅对增值服务的部分增税，实行一个利润中心统一核算统一纳税，解决物流业务外包中的重复纳税问题，鼓励企业整合利用社会资源，物流业与主业剥离；研究设立适应物流业务需要的专用发票；实行低税率政策扶持物流业务外包，对物流企业的营业税参照运输业的税率按实际营业额的3%征收。

再比如，加大培训费、管理费等在税前列支的比例，研发设计企业可以认定为高技术企业，享受15%的所得税优惠。再次，通过政策引导和税收激励，鼓励工业企业与生产性服务企业有效合作，共同参与合作服务项目，鼓励工业企业加强技术设计创新，提升工业企业的研发效率意识，为生产性服务企业营造市场空间。对鼓励发展的生产性服务行业，工业企业分离生产性服务业，探索实施房产税、土地使用税、水利建设基金、教育附加等地方税的优惠倾斜。

还有，建议税收政策方面将已经试点成功的经验在全国推广。比如给经济特区和上海浦东新区、天津滨海新区、苏州工业园区的税收优惠政策，可以加大优惠政策覆盖面，给予其他区域相同或相应的支持。比照苏州工业园区，给予其他经济区内符合条件的技术先进型服务企业，享受高新技术企业所得税优惠政策，技术先进型服务企业从事离岸服务外包取得的收入，免征营业税，对经市级以上政府核准的中小企业信用担保和再担保机构按政府规定标准收取的贷款担保收入免征营业税。

将试点物流企业营业税税收优惠政策扩大到其他区域物流企业。将生产性服务业聚集区内的物流、商务服务、金融等行业新办企业，给予营业税优惠政策。

（三）积聚政策资源，加大投资引导力度

过去的服务业实践证明，激励供给政策发挥了重要作用，但投入政策存在资源重复建设和搭便车现象。今后服务业政策要更加注重结构性调整，要与新兴行业需求培育政策相结合，政策着力点要放到新兴科技含量高、二三产业联动、能够产业化运作或是已经实现市场化运作的项目，不要太分散，特别是要着力支持生产性服务业产业化初期阶段的项目。一些地方反映，支持物流业发展，政府最大的职能就是推进物流信息化，对传统的交通运输仓储邮政进行流程再造，降低物流成本，减少库存，降低空车率和压库时间，提高周转率，发展现代物流业信息化是关键。所以，对诸如服务业信息化等工程和项目，可以适当加大支持力度。

围绕生产性服务业重大问题，国家服务业引导资金一直以来主要支持三大块：一是建设农业服务体系，所谓农业生产性服务业；二是支持工业园区、科技园区配套服务业发展，即生产性服务业与工业联动发展项目；三是支持服务业聚集区发展。应该说这是比较符合目前中国服务业国情的选择。在2020年前，服务业高效发展和结构优化更多要依靠生产性服务业的创新与升级来带动，鉴于此，今后引导资金应切块专门支持生产性服务业发展，并逐年加大投资引导力度，特别是对各类公共技术服务平台、各类信息服务平台、集电子商务＋物流配送于一体的新兴商务形式以及服务模式的创新要加大鼓励支持力度。

（四）要针对重点行业、关键领域，分阶段出政策，实现逐个突破

"十五"时期、"十一五"时期服务业发展实践表明，服务业发展实际与国家制定的发展目标还有较大的差距，这一点说明，我国服务业进入平稳发展期后，制约服务业发展的深层次矛盾开始凸现，服务业政策在促进改革、解决体制障碍和不符合市场经济要求的问题方面力量单薄。服务业政策推动作用的大小，关键看协调各地、各部门利益，突破体制障碍方面力量的强弱。可以说，我国服务业发展面临的是几千年传统思想观念、长期经济发展实践形成的政策和体制障碍，需要突破坚固的认识和体制堡垒，所以，国家需要强大的综合协调力量，政策需要逐个突破，要敢于碰硬，不能是包打一切的。98号文就是一个包打一切的政策。按照指导性强、具有可操作性的要求，提出促进服务业阶段性发展的具体政策措施，促进改革有层次有梯度地推进。工业比较单纯，服务业需要分门别类去搞。为此，需要组织多方

研究力量深入调查研究，逐个行业理清思路、找准差距，遵照服务业发展规律和阶段性特征，实实在在地解决一些行业发展中存在的共性问题。需要针对重点行业、关键领域，分阶段出政策，实现逐个突破。要促进服务业大发展，国家需要尽早出台生产性服务业的专项政策和规划，实施生产性服务业与工业联动发展工程。比如，出台生产性服务业市场准入的政策文件。从服务业发展规律的角度，国家宏观综合部门协同其他部门统筹提出垄断性服务业、科技事业单位改革方案和政策措施。

本章小结

通过对已实施的国家、地方和行业生产性服务业政策进行梳理，对若干综合性重大政策的出台背景、主要内容、实施情况和成效作分类评述，剖析政策实施中存在的问题及原因，并对下一步政策完善提出了建议。要促进生产性服务业大发展，需要有效、完善的生产性服务业政策来促进，进而需要建立生产性服务业政策框架，最终构建以国家专项政策为主导，行业政策做支撑，地方政策为配套，功能强大、导向明确、衔接有效的政策体系。在经过几轮服务业政策推动效应后，今后国家层面的总体服务业政策制定空间逐渐减小，而加大贯彻落实已有政策的力度、出台专项政策和行业政策的空间相对变大。地方为呼应国家政策制定相应的实施细则和具体政策措施将是未来生产性服务业政策体系建设的重要方向。今后政策完善建议：一是政策目标更要强调"改革、规范、创新"，二要着力研究解决突出的政策性问题，三要积聚政策资源，加大投资引导力度，四要针对重点行业、关键领域，分阶段出政策，实现逐个突破。

第十二章　生产性服务业大发展：战略思路与对策

前面几章的研究分析显示，我国经济发展方式转变、产业结构调整升级要取得实质性进展，服务经济形成和加速发展，提升国际分工地位等国家重大战略部署都迫切需要生产性服务业加快发展并发挥重要作用。未来10年，生产性服务业创新与升级，生产性服务业的大发展对中国而言具有极其关键的意义。现阶段，我国生产性服务业初步显现市场驱动的特征，制造业服务化在中心城市呈现积极发展态势，但有效需求不足和有效供给不足并存的矛盾较为突出，特别是有效需求不足的矛盾更为凸显，已成为影响生产性服务业发展的主要障碍。与制造业联动发展是缓解生产性服务业有效需求不足矛盾的有效途径。培育市场，引导和激发需求，促进联动发展是关键。在重视市场需求的同时，也要供需双管齐下，充分发挥供给创新的作用，以供给创新创造需求，不断增加有效供给。未来随着新型工业化的深入推进，产业结构逐步向高加工度化和技术知识密集型方向发展，生产性服务业与制造业联动发展可能呈现更为良好的状态。基于上述考虑，本书一以贯之的一个总体思路是，通过生产性服务业的联动发展与创新发展，实现与制造业的良性互动升级，生产性服务业自身获得大发展，进而对转变经济发展方式和产业结构升级发挥重要作用。

联动发展与创新发展是促进生产性服务业大发展的重要途径。面向2020年的生产性服务业发展战略思路与对策，要把握新一轮国际产业转移的重大机遇，以推进产业结构调整升级和经济发展方式转变为契机，以需求为导向，以聚集发展凝聚需求，以联动发展带动需求，以突破价值链关键环节为核心，大力推进制造业服务化，形成与制造业联动发展新格局；以体制机制创新为动力，实施管理创新、政策创新、体制机制创新、服务创新、国际化战略、人才战略六大创新战略，促进供给创新和供需转换，开创生产性服务业创新发展新局面。到2020年，以金融、物流、商务、科技、文化创意为代表的生产性服务业持续快速增长，产业服务化特别是制造业服务化加速推进，生产性服务业成为带动服务经济发展的主导力量，成为中国经济发展的主导产业。

一、以扩大需求为导向，大力推进市场化进程

第三章、第四章的研究表明，仅靠加大供给扶持不能解决生产性服务业发展动力不足的问题。制造业服务化是需求导向型的产业形态和发展模式。只有以价值创新为主导来推进制造业服务化，以市场需求为基点来延伸和发展制造业的价值链，才能提高制造业服务化的水平。制造企业客户的需求是多层次结构，最底层是隐蔽需求，可能连客户也没有意识到，但却是问题存在的根本原因，是亟待挖掘、能够给客户创造更大价值的蓝海所在。服务企业要以制造企业需求为导向，加大供给创新力度，建立按需操作的服务环境，提供随取即用的服务，增强按需定制的服务能力。因此，要充分重视需求在生产性服务业发展中的重要地位，以需求为导向，制定促进生产性服务业的规划和政策措施，加强制度法规建设，增进市场良性竞争，营造良好的政策和市场环境。

第四章、第五章研究显示，从根本上说，注重培育需求要求不断扩大市场化进程。生产性服务市场化基本内涵，就是促进产业链条上的服务环节和服务活动由内部提供向外部市场获得转变的过程，是促进生产性服务业发展的根本性措施。大力发展服务业，首先必须提高和扩大服务业的市场化程度。扩大服务外包内需市场是生产性服务业发展的重要推动力。要制定鼓励扩大服务需求的政策措施，促进制造业企业主辅分离和提高专业化分工水平，培育服务市场新主体，拓展服务业发展空间。鼓励引导制造业企业将不具备竞争优势的生产性服务环节外包给专业化服务企业，增强核心竞争力。为此，应重点推进下面两项任务。

一是推进大中型制造企业服务环节剥离。加快探索并推广在发达地区开展的制造业主辅分离改革。鼓励天津、江苏、浙江等省市通过建立领导小组、协调机制，加强指标考核，重点推进生产性服务业功能区建设，政府从综合、财政、税收等多方面对企业主辅分离提供扶持，对制造业企业分离发展生产性服务业和分离后做大做强等方面进行奖励等多项举措，稳步推进制造业主辅分离改革，引导有一定规模、经营业绩良好的重点制造业企业优化管理流程，延伸产业链，剥离商贸流通、现代物流、供应、采购、营销、研发、科技服务、设备检修、后勤服务业等，形成一大批围绕主业服务社会的独立核算的法人实体，培育生产性服务新主体，壮大生产性

服务业。相关部门要进一步加强跟踪问效，建立政策落实的反馈评价机制，积极推动已开展的扩大服务内需市场的试点在更大范围、更高层次推广。

二是加快推进政府部门、国有垄断企业和在华外国公司服务外包，着力扩大生产性服务内需，壮大本土在岸服务外包产业。中国国际投资促进会对中国服务外包企业的研究表明，目前我国服务外包企业的外包订单中40%多来自国内市场，且主要来自于金融、电信和政府部门。要打破金融、电信等国有服务企业行政垄断，放宽行业准入标准，对竞争性领域的国有企业进行股份制改造，促使其成为真正的市场竞争主体，激发服务外包的动力。研究并制定促进政府部门采购生产性服务的专项政策，加大政府对服务产品的采购力度，拓宽采购范围。积极引导在华外国公司向本土服务企业外包服务流程。

三是梳理现有的服务外包政策，使在岸与离岸服务外包企业享有同等优惠政策。研究制定服务外包企业的资质认定标准，扩大试点资金支持的范围。

二、促进与制造业联动发展，带动服务需求增长

推动生产性服务业与制造业联动发展，是促进生产性服务需求不断增长的源泉，也是促进生产性服务业创新发展与升级的有效途径。大力推进制造业服务化，提升价值链关键服务环节，大力发展生产性服务业，促进生产性服务业与制造业往良性互动、共同升级的方向发展。

1. 根据阶段性要求构建生产性服务业与制造业联动发展新格局

与制造业联动发展是现阶段生产性服务业发展的中心任务。一般来说，生产性服务业与制造业联动发展呈现三个阶段：起步阶段、简单互动阶段、规模发展阶段。从总体看，目前我国生产性服务业与制造业之间处于简单互动阶段，尚未达到大规模发展阶段，制造业结构升级对生产性服务业的需求和带动作用还很有限，与制造业关联最多的仍然是批发贸易和交通运输仓储等传统服务业，二者协同发展存在两难困境，需要政府提供相应的环境支持，推动二者建立联动机制和互利共生的发展模式。

通过政策引导和市场机制运作鼓励制造业企业与相关服务企业整合价值创造过程，实现两产业的协同发展。鼓励制造业企业整合和重组服务流程，推动制造业上下游服务环节的外包。鼓励制造企业与相关服务企业建立战略联盟，扶植龙头企业，创建聚集区内文化氛围和企业间的信任关系，健全社会信用服务体系，完善市场运

行机制，实现二者协同发展。以制造业需求为导向，针对产业集群内中小企业多、共性需求大的特点，提供社会化、专业化的公共服务，培育更多的生产性服务供给主体。调整阻碍二者联动发展的既有政策，强化二者协同定位的空间聚集效应，努力形成二者相互提供需求，相互提供动力，实现二者共同升级和创新发展。

2. 大力实施制造业服务化战略，着力提升价值链关键服务环节

制造业服务化是生产性服务业与制造业联动发展的重要体现。大力发展生产性服务业，一方面要扩大存量，即已经市场化、产业化和社会化的部分，另一方面更要注重嵌入到生产链条上的服务活动和服务环节，这些潜在部分将转化为未来生产性服务业的快速发展。制造业价值链上关键服务环节缺失是目前我国产业结构升级的主要症结所在。制造业结构调整升级，解决方案在制造业之外。推动生产性服务业与制造业联动发展，具体说就是大力推进制造业服务化，着力提升、突破价值链关键服务环节，其中主要是研发创新和品牌渠道两大关键环节。

第一，在突破研发创新环节方面。在当前自主创新关键期，促进制造业服务化发展，推进以知识、技术、信息等服务要素在制造业链条上的有效应用，在生产经营活动中投入更多服务产品，增加产品服务内涵，延伸产业链，增加产品附加值，带动制造业结构升级，甚至向生产性服务企业转型。鼓励家电业、通信设备制造业等行业中规模以上企业运用服务来增强企业竞争力，部分优秀企业从以生产为中心向以服务为中心转变。支持企业从低端的现实优势入手，逐步向中间产品、关键零部件产品的生产以及销售等中端环节延伸，提高核心零部件的研发生产水平，强化生产环节与技术研发的相关性，并适时向产业链条的研发设计和品牌营销环节延展，从而推动价值链逐步从中低端向中高端攀升。

从产业链研发创新环节着手，大力发展新技术开发及其产业化服务，重视中试服务、工艺设计、装备服务以及新产品营销和知识产权运作等服务业态，鼓励企业加强对核心元件的理解和开发能力，在对产业链上的核心元件等关键环节进行突破的基础上，向复杂产品的自主开发突破。

要不遗余力地推行以企业为创新主体的战略，从扶持企业内研发设计服务活动的分工着力。鼓励富有创新的大企业通过多种途径提高研发设计水平。对从科研院所、高等院校、制造业企业转制出来的独立研发机构，要区别于一般的企业和事业单位，制定包括土地、基础设施建设、进口器材、税收优惠等方面的鼓励政策，减少它们进入市场的障碍。除大力发展专门化的研发服务机构外，要更加注重鼓励本土大中型制造企业内建立研发设计机构、工程实验室，制定相关政策鼓励国外资本、

国有和民间资本建立各种类型的研发机构，壮大国内研发产业规模。

第二，在品牌渠道建设方面。从品牌渠道建设环节入手，加强自主品牌工作的统一领导和政策协调，加大对企业品牌建设的资金支持力度；加强对品牌的保护，加大对知识产权侵犯行为的打击力度。鼓励制造企业在境外设立市场营销机构，建立国际营销网络，培育自主国际性品牌。鼓励流通企业与生产企业合作，实现服务品牌带动产品品牌推广、产品品牌带动服务品牌提升的良性互动发展。积极促进广告业发展，充分发挥广告业在自主品牌宣传塑造中的重要作用。鼓励加工企业与国际著名品牌厂商合资合作，参与设计，参与研发，共同推行品牌国际化，持之以恒地实施品牌战略。

三、创新产业聚集形态，提升联动发展水平

1. 突出中心城市和产业聚集区两大重点带动区域

生产性服务业具有在中心城市和中心区域、产业园区高度聚集的特性。以产业集群的形式在中心城市和制造业聚集区发展生产性服务业，形成规模效应、集聚效应，不仅可以大大提升城市综合服务功能，促进这些城市的生产性服务业发展，为周边区域制造业结构升级提供支撑。同时，还可以通过重点增长区域的带动，促进国内更大区域内的生产性服务业加快发展。

通过规划布局、政策引导和必要的财政支持等手段，支持生产性服务业的区域性集聚。引导中心城市通过布局规划，建设各类生产性服务业功能区，引导生产性服务业向聚集化、专业化发展。调整城市用地结构，合理确定服务业用地的比例，预留给服务业以足够的升级发展空间。

我国大部分产业集群属于传统的制造业产业集群或市场型集群，多数还没有发展成为创新型产业集群和技术型集群，主要原因是集群内缺乏公益性产品开发服务和信息服务以及其他配套服务。在产业集群内大力发展生产性服务组织，如研究开发机构、实验室和人力资源与培训机构，以及金融机构、行业协会、技术服务机构等，使生产性服务业嵌入产业集群创新网络系统，变单纯的产业集群为集成制造与服务功能于一体的产业链集群。

2. 推进有效聚集式发展

近些年，我国生产性服务业向产业带聚集，向中心城市聚集，向制造业产业集群聚集，形成了多种类型的服务业聚集区和服务业功能区。但与形成有效聚集、提

升产业竞争力的要求还有很大的差距。要引导中心城市各类生产性服务业功能区，在服务本地产业的同时，强化对周边区域的辐射带动。加强区域分类指导，从全国角度优化服务资源配置，引导各城市间适度竞争，形成错位发展，引导各城市向优化商业环境、发展特色产业的方向演变，促进生产性服务业的繁荣。充分依托生产性服务聚集发展的优势，努力培育具有国际竞争力的龙头企业。

3.建设凝聚需求、激发需求、引导需求的载体和平台

鼓励围绕产业集群以及发展生产性服务业功能区，来聚集各类企业对生产性服务的需求。强化产业集聚区对生产性服务企业的吸引整合，推动具有共同区位指向、产业关联度强的服务企业向聚集区集中，引导生产企业剥离生产性服务，促进园区服务需求增长。

引导地方依托各类产业园区大力发展科技研发、商务服务等生产性服务业，围绕产业集群加快构建区域生产性服务体系，依托制造业支柱产业，加强公共技术服务平台建设，形成依托产业、面向产业、服务产业，二、三产业联动发展的良性循环格局。在重视劳动力、资本以及企业家等生产要素供给的同时，更要重视有效整合各方资源，瞄准和聚集产业需求，以市场为导向，采用规范服务标准、政府采购等间接调控手段，科学引导区域服务业的集聚发展。

地方政府要调动集群服务体系内各个创新主体的积极性，面向需求，集成各方资源，通过制度创新、组织创新和服务模式创新，营造良好环境，建设各类技术服务和信息服务平台，努力激发和凝聚现实需求。例如，地方政府可以通过灵活性的管理，借助财政贴息、地方返税、所得税减免、三项基金、专项基金等这些转移支付的杠杆作用，对集群内一些具备一定实力的龙头企业进行重点扶持，通过各种优惠政策鼓励他们加大科研投入，建立技术开发中心，利用社会力量兴办科技机构和搭建公共技术服务平台。

四、实施六大创新战略，促进有效供给及供需转换

(一) 政府管理创新战略

从前面国际经验分析中可以看出，无论是欧美诸国，还是亚洲国家，由于广义服务业涉及国民经济大部分活动的各个政府部门，因此，并不存在广义服务业管理体制、专门分工管理广义服务业的政府机构，和针对广义服务业的专门法律法规或者政策措施。但是在中国这样特殊的产业结构和特殊的体制环境下，对服务业大部

分行业的统筹、协调和管理是必要的，也是可行的。

积极推进服务业管理体制创新，加快政府职能转变，分离政府的社会管理与经济管理职能。理顺机制，加强编制，改变源于工业经济时代的政府机构设置，加强对服务业的统一规划、管理和协调。

1. 明确政府和市场在促进服务业发展中的职能定位

服务业管理的中心问题是政府与市场职能的恰当定位。要转变政府职能，理顺政府与市场的关系，尽量发挥市场功能。政府管理服务业的目标是健全市场机制，创造良好发展环境，培育市场主体。服务业管理重在通过发挥市场功能，创造宽松环境，增强产业发展后劲。

政府对服务业的宏观管理主要是制定发展战略、规划和产业政策。从宏观层面，通过法规、制度、政策的完善加强监管、规范管理；从微观层面，创造充分开放、有序竞争、规范诚信的市场环境。

明确政府有所为有所不为的界限。政府要做市场不能做、做不了、做不好、不愿做的事情。首先，要界定政府在服务业竞争性领域和非竞争性领域的行为规范，界定政府在这两个领域的可为和不可为。在竞争性领域，撤除人为设置的地区、部门障碍，向多元投资主体开放，协调跨地区、跨部门的经营活动，建立平等竞争的环境。其次，针对市场失灵现象，政府在生产性服务业基础设施建设、信息网络建设、法制系统完善等方面发挥主导或引导作用。

废除各种行政性的市场准入壁垒。第一，有效确立公益性与经营性服务的合理界限及其不同的管理方式，加快推进适宜市场化领域由"政府办"向"社会办"的转变。第二，实现管办分离，进一步扩大政府服务采购的规模和范围，并通过不同方式引入竞争机制。第三，改革服务行业市场准入的行政审批制度，减少行政性审批。第四，政府从营利性服务市场中退出。政府的事业单位、下属机构应当与企业处于公平的环境中竞争。进一步深化投资、财政、税收、金融、工商等领域的体制改革，推动国有资产从一般竞争性领域逐步退出。

2. 创新政府统筹协调管理服务业的方式和手段

在市场经济条件下，在日益开放的环境中，政府要创新统筹协调服务业的方式和手段。在促进生产性服务业发展中尽可能发挥市场机制的作用，培育真正的市场主体。要重视中央和地方两个层面的政府管理创新。

从国家层面，打破垄断需要的政企分开、改革方案制定，打破资源分割和地区封锁，建立部门和区域协调机制，都需要强化国家服务业管理和调控职能，更好地履行综合协调部门在破除体制障碍、推动服务创新方面的重要职责。

从地方层面，可以通过政府管理来塑造市场环境，通过政府管理来培育市场机制。政府管理的内涵就是调动服务体系内各创新主体的积极性，集成各方资源，通过制度创新、组织创新和服务模式创新，营造良好环境，帮助服务机构走自主发展的道路，推动生产性服务业走上内生发展道路。

积极培育市场专业服务组织，建立"小政府、大社会"的管理模式。健全和规范中介组织，大力培育专业服务市场，是地方政府的当务之急。地方政府通过灵活性的管理，引导专业服务机构在实现市场化运作方面积极探索。

3. 加强分地区指导，强化组织机构建设

我国东部发展生产性服务业的主动性和积极性相对较高，政策创新对他们来说很重要；中西部发展的积极性相对弱些，政策扶持力度很重要，但管理也很重要。国家需要分类、分地区指导，西部可能需要更多的资金投入，东部可能需要更强有力的政策支持。

从转变政府职能入手，加强服务业宏观调控职能，建立全国性的生产性服务业统筹协调机制，建议在国家宏观综合部门设立专门的服务业司局，省、市成立专门的服务业发展处或生产性服务业处，加强对服务业的统筹协调和引导。尽管经过这几轮的服务业政策推动，服务业组织管理机构相对比较健全，比如，在各省市陆续建立健全了服务业办公室，有的省市服务业办公室级别较高，而统筹管理全国服务业的机构，至今仍是处级单位，人员投入少，与经济逐渐服务化的趋势不相适应。此外，从一些落后地区和各地级市的服务业宏观统筹管理状况看，仍需要加强服务业规划编制、机构建设。

4. 建立务实高效的服务业工作协调机制

这几年服务业统筹协调的实践表明，在国家和地方两个层面建立强有力的服务业领导协调工作机制，是推动服务业发展的重要抓手。一是建立服务业发展考核体系。根据落实科学发展观的要求，建立健全全新的政绩考核、评价标准和问责制度，把服务业发展作为各地各部门年度经济社会发展考核的重要内容，并对服务业进行专项考核。天津、辽宁、吉林、江苏、浙江、山东、河南、宁波、青岛等9个省市建立了服务业发展考核体系，由服务业发展协调小组年初将本地服务业发展主要目标和任务，分解下达有关厅局和各地市政府进行年度考核。二是建立对服务业发展的奖励机制。地方可建立完善服务业品牌、优秀单位和领军型人物定期奖励制度。三是地方可根据情况建立服务业领导小组月度协调例会制度，建立重点服务企业监测制度，经常研究解决服务企业反映的问题。

5. 培育和监管并重推进国家服务业综合改革试点

为创新服务业统筹管理和引导模式，2010 年开始国家宏观综合部门开始推行服务业综合改革试点建设，这是新形势下加快服务业发展的一项重要举措。国家、各省市可以组织开展生产性服务业综合试点，统筹好生产性服务业重点领域规划，引导不同区域形成各自特色。通过扩大税收优惠政策适用范围，实行有利于服务业发展的土地管理政策，完善服务业价格、收费等政策，形成一批主体功能突出、辐射带动作用强的国家或区域服务业中心，形成一批各具特色、充满活力的服务创新示范区。重点加强服务业与制造业融合内容，建设生产性服务业集聚区。发展专业化的研发设计等生产性服务业，鼓励制造业企业剥离非核心业务，大力发展服务外包等。不断创新服务业发展模式，完善体制机制和政策环境，为加快发展服务业、探索服务业发展有效途径提供经验。为此，有三点建议：

一是对试点城市或创新示范区的鼓励，可体现在财税、土地、用水用电用气扶持政策突破，服务业政府管理体制改革创新，跨区域配置和整合资源，培育新兴市场主体、新业态、服务模式创新、服务产品创新等多方面，以调动地方重视发展服务业的积极性。试点任务选择上以生产性服务业为重点，并部署一些专项或重大工程试点。二要借鉴其他领域试点建设的经验，注重基层和市场的力量，创新试点区管理方式，完善管理办法，按照科学发展观的要求，建立和完善试点区服务业改革、发展绩效评价考核体制和机制。三要将试点证明符合实际、行之有效的改革举措和政策，在更大范围内扩大或普遍推行，使试点更好地起到示范和带动作用。

(二) 政策创新战略

我国生产性服务业发展总体上处于低级阶段。依靠市场机制发展服务业，并不意味着政府撒手不管，政府应该按市场经济规律，通过制定产业发展战略、规划、政策，来引导、培育、扶持生产性服务业发展，解决生产性服务商最初产生难、生存难的问题。

1. 尽量采用功能性产业政策

为了推动服务业全面发展，也尽可能与国际通行规则接轨，建议推动生产性服务业的方式尽量少采用倾斜性的供给投资政策，而要采用服务业功能性产业政策，放宽市场准入，强化市场竞争，加强政府规划指导和市场信息服务，消除束缚服务业发展的部门、地区限制，建立健全有利于发挥市场功能的税收、投资、出口等方面产业政策。抓紧制定有创新、有突破性、有操作性的服务业发展战略、规划和政策，在服务基础设施建设方面加大投资，加快信息化进程，为服务业发展创造良好的环境和条件。

2. 加强对生产性服务业发展的政策引导

建议国家层面出台生产性服务业专项政策，实施生产性服务业与制造业联动发展工程。一是强化财政投资引导功能。在财政预算内安排一定量的资金，加大对生产性服务业的示范与引导。发挥各级政府各类专项资金的引导作用，加大引导资金结构性投入，集中对服务技术创新、能够产业化运作或已经实现市场化运作的项目加大支持力度。对服务创新、体制改革开放中提高水平和质量的项目，加大政策支持力度。对于风险较大、市场不愿干、干不了而又有较强社会效应的服务业新兴领域以及待开发领域，政府可以通过补贴、补助和参股等方式予以扶持，带动和吸引更多的社会资金投入。

二是要加强公共服务平台建设，把培育市场主体作为政策引导的重点。充分发挥政府的政策导向作用，逐步建立健全一整套机制运转顺畅的政策支持体系。大力推进产业共性与关键技术平台的建设，政府通过直接投资及项目、财政、税收等优惠，承担起启动、引导、激励、推动和保护生产性服务业发展的重要作用。

3. 研究制定鼓励生产性服务外包的政策

有关部门要研究制定鼓励工商企业实行主辅分离，鼓励国家机关、企事业单位和社会团体将能够由社会提供的服务业务推向市场的扶持政策，加强对生产性服务业的用地支持。放开适宜竞争的服务项目价格，进一步扩大服务企业价格自主权，引导生产性服务业实行差别化收费。

调整相关税收政策，先行在较为成熟地区进行试点，为推进各类企业服务外包提供经验。重点对物流企业、软件研发、产品技术研发及制造业设计、信息技术研发、信息技术外包和技术性业务流程外包等服务企业制定相应的财税激励政策。研究实行更加有利于物流业外包的税收政策，可以考虑对物流总代理商实行类似于增值税方式的税收制度，解决物流业务外包中的重复纳税问题；实行低税率政策扶持物流业务外包。将研发、设计、创意等技术服务企业认定为高新技术企业，加大培训费、管理费等在税前列支的比例，享受15%的所得税优惠。新办从事物流技术和咨询服务、信息服务企业在技术改造中使用国产设备时，享受有关税费减免优惠。

研究制定促进政府部门采购生产性服务的专项政策，加大政府对服务产品的采购力度，增强政府采购对生产性服务业的需求诱导。重新审视政府采购办法，加大政府对服务产品的采购力度，对于不涉及机密的咨询、软件设计等服务，提倡向社会采购。进一步扩大政府采购范围，把管理咨询、信息咨询、会展服务、职业培训以及后勤服务等生产性服务领域纳入其中。

4. 融资政策要突出融资机制和方式的创新

目前，融资难已成为制约服务业特别是中小企业发展的一个重要因素。有关部门要研究制定生产性中小服务企业融资支持政策，鼓励金融机构对服务企业开办知识产权质押融资业务，引导和鼓励社会资本参与知识产权交易。相关融资政策要鼓励地方政府建立健全对中小服务企业的贷款风险分担机制，可由政府设立服务业贷款风险补偿基金，为没有土地、房屋等资产抵押的服务企业贷款提供信用担保。

（三）体制机制创新战略

1. 消除体制约束和准入壁垒，推进市场制度建设

受长期经济发展战略和传统观念的影响，我国生产性服务业体制机制创新的任务十分繁重，必须要啃硬骨头。现阶段我国生产性服务业体制机制创新的主要任务，一是要打破现有的行业和部门垄断，引入竞争机制，更多地依靠市场机制来配置资源；按照转变政府职能、四个分开原则，废除各种行政性的市场准入壁垒，消除服务业的体制障碍。推进铁路、电力、电信、民航、港口等垄断性服务业的管理体制改革，加快政企分开、政事分开、政资分开步伐。放宽金融、保险业分支机构、经营业务和经营区域的限制。

二是对非基本的公共生产性服务行业，要打破市场壁垒，放宽市场准入，为民间资本提供更多的发展机会和更大的发展空间。在市政公用事业领域，要探索采用公开招标、拍卖等市场运作方式合理配置社会资源。

三是原来由政府或大企业承担的一些生产性服务应移交给社会，以增加有效市场需求。

四是要建立完备的可操作性的准入制度、行业标准和交易规则以及相应的监管制度，以保证生产性服务业健康、有序地发展。研究出台我国生产性服务业市场准入条件的政策性文件。研究制定可市场化领域，比如从企业、政府分离出来的后勤服务、咨询服务市场的准入制度。

五是突破税收体制限制。现行的税收制度是基于制造业经济背景下工业的成本结构来设计的，更适合于附加值低、盈利低的工业发展，不适合高附加值的服务业发展，起到了鼓励低附加值企业发展的作用。改革现行抑制服务业外包需求的财税

体制，重点进行物流、商务服务、技术服务等服务业的营业税、所得税改革。

2. 加强信用体系和标准规范建设，完善市场运行机制

当前我国制造业使用外部生产性服务种类少，外包程度低，外包结构以低端生产性服务为主，合作的紧密程度低，其中一个重要原因，就是市场交易不规范，社会信用文化缺失，交易成本高，影响了供需对接和转换。可以说，我国服务市场公平竞争、优质优价、有序有效的市场机制还远未建立，服务企业承接外包的市场环境较差。为此，需要从以下两方面加强建设。

一是要加快社会信用体系建设。建立以公民身份证号码和组织机构代码为基础的实名制基础信息服务平台，建立国家商品条码信息服务平台，完善产品质量诚信体系，深入推进政府部门在就业、社会保障、市场监管、政府采购等公共服务中使用信用信息。不断完善企业和个人征信系统，扩大征信服务范围和服务水平。通过政策和资金引导，加强价格监管，规范竞争行为和市场秩序，推动市场信用平台建设。倡导规范服务和诚信服务，建立健全信用记录与失信惩戒机制，改善产业发展的信用环境。通过大力发展行业协会来引导和监督服务企业进行自我约束和自我管理，为产业发展创造良好的市场环境。

二是要建立健全相关服务领域标准体系。服务业标准化技术性较强，但应用起来涉及面广，对规范市场秩序、提高服务质量、促进市场上服务供需对接等都有重要的价值。可以说，服务业越发展，越需要标准化，越离不开标准化的支撑。今后要充分重视标准化建设对生产性服务业发展的重要促进作用，加快制定物流等相关行业市场准入标准、技术服务标准和信用评价标准，扩大服务标准覆盖范围，鼓励龙头企业、政府和行业协会先行制定服务标准，推进服务业的标准化与规范化，为促进生产性服务与外界对接创造基础条件。

3. 重点营造有利于创新的体制大环境

生产性服务业多年来发展滞后与落后不仅仅是生产性服务业自身的问题，还与外部体制性大环境密切相关。生产性服务业主要是创新驱动型的产业，对外部环境的要求相对也是适宜创新型的。然而，目前外部体制性大环境主要是投资依赖型、低端要素密集型、形式主义型，这种大环境对生产性服务业发展的影响集中表现在三方面。一是众所周知、存在较大调控难度的房地产依赖症。长期以来，我国经济增长主要属于投资拉动型，房地产业也一直被当作国民经济的支柱产业来发展，近几年房地产投资畸形扩张，已成为带动城镇投资高增长的主力。实践证明，以土建为核心的房地产投资链条并没有带动制造业的结构优化升级，也没有带动服务业的

快速发展与升级，反而造成了中国经济对房地产的依赖症。长期看，这种状况对产业结构升级和生产性服务业发展都有较大的抑制作用。二是 2002 年以来，新一轮重化工业加速发展，尤其是煤炭、石油加工、钢铁、铝制品等初级资源开发型产业迅猛发展，服装鞋帽、玩具等劳动密集型产业出口也大幅增长，在这种背景下，全社会资源会较多地配置到很容易赚到钱的上述行业中去，配置到企业创新研发、技术咨询服务的人力、物力、财力相对大为减少，这次金融危机已使这一问题充分暴露。正因为此，长期以来，我国创新型的生产性服务业难以发展起来。三是目前中国已经形成的官本位制正深刻影响着宏观大环境。当官至上，谁当上了官，就证明谁有本事，即便在学术氛围相对宽松的某些研究院所，也不例外。当然，造成这种状况的原因有中国长期传统儒家思想的影响所致，同时，更为重要的是，还与我们相关部门、地方的政策和舆论导向不断强化有关。这种舆论环境最终导向就是鼓励和引导人们要更加注重搞人际关系，玩表面文章，而不是踏踏实实做事，实实在在做人，致力于搞好主业，提高业务能力，在本职岗位上创造更多价值，造福国家和社会。所以我国的不少行业，其自主创新能力总是难以提高。即使是社会分工不同，有人擅长搞研发创新，有人擅长搞管理，但是从国家长远看，还是要鼓励一大批人致力于研发创新，凝聚人心，提高产业的技术含量和附加值。在高智力密集型的岗位，仍然应该以基于主业的业务能力作为是否被重用的核心标准。这一点我们应该学习近邻日本、韩国推进产业结构升级时期对人才重用方面的经验和做法。

总而言之，目前中国经济社会方面的体制大环境不利于创新型的生产性服务业发展，今后政策和管理导向要重视这方面的问题，营造有利于创新和生产性服务业发展的宏观环境。要形成宏观层面的创新大环境，一是要坚定不移地加强对房地产的宏观调控。2012 年中央经济工作会议定调，要继续加强对房地产的宏观调控不动摇，是非常英明而富有远见的决策。二是引导制造企业往创新的方向发展，同时建立完善相关体制机制，例如，建立资源产品的价格形成机制，引导要素集聚到产业创新上来，目前，已有一定的市场压力，但随时反弹的概率也是存在的。鼓励制造业转变投入结构，引导其产品技术研发逐渐向高、精、尖方向发展，形成对生产性服务业的巨大需求。三是有关方面要重视并着手改变官本位型的舆论和体制环境，引导有识之士为解决现实问题而做事，为真正创造价值而存在。

(四) 服务创新战略

我国服务业已经走过了数量式发展的阶段，正处于扩大规模、优化结构、提升产业素质的新阶段。具体看就是拓展服务领域和增加服务品种，提高服务质量，提升产业素质，通过服务创新带动规模扩张，在结构升级中加快发展，依靠技术进步和管理创新促进服务业的结构优化和高效发展。为此，一要鼓励生产性服务业应用信息技术。要抓住信息化这个根本，推进生产性服务业技术创新、组织流程创新以及服务模式创新。加强信息技术应用法律和标准化建设。加快制定和完善信息化建设、信息资源、信息安全、信息服务以及网络环境下知识产权保护等方面的法规，建立统一、权威、规范的信息技术标准，提高信息化质量。鼓励通过应用信息网络、物联网技术，构建公共信息服务平台和专业服务体系，创造新的信息服务和电子商务服务模式。应用信息网络、电子商务技术，改造提升批发、交通运输仓储等传统产业，大力发展新兴产业、新业态，提升产业层次。加快培育服务企业大品牌，打造品牌龙头企业。

二是改变服务企业中普遍存在的"重硬轻软"的观念和习惯。服务业的技术进步不仅仅局限于方法和手段的创新，还包含在方法与手段变革与创新基础上的运营规则和组织管理制度的创新。要重视软实力的培育，提高生产性服务管理与技术的综合水平。

三是实行分类指导，推进创新。对于产品易于标准化、资本密集型的金融、物流、信息服务、批发、交通等生产性服务业，要鼓励多应用信息网络技术提高产业效率；对于服务个性化、人力资本密集型的研发、设计、技术咨询、专业服务等生产性服务多注重加大人力资本的投入，提升产业素质。

四是建立激励机制，培育应用技术服务的市场主体。这也是最重要的一点。政府通过搭建公共信息服务平台，在那些市场化程度较高、能快速发展的、行业中又蕴含大量中小企业的服务领域，鼓励其应用并不断提高其信息化应用水平。鼓励社会资本投资服务领域信息化，国家要从制度上推动企业技术进步，要形成一种激励机制和政策制度环境，从制度上引导社会资本有动力实施信息技术的推广。①

(五) 国际化促进战略

对外开放是提高生产性服务业水平和质量的重要途径。生产性服务业是知识密集型和高附加值的产业，包括很多不能被编码的隐性知识，一般需要大量的实践获得，很难通过市场交易来取得。要改变我国生产性服务业落后的状况，就要通过服

① 郭怀英：《以信息化促进服务业现代化研究》[J]，经济研究参考，2008(1)。

务贸易、引进外资、主动接受国际服务业转移、走出去，接受高端的中间服务，近距离地学习先进服务技术和管理经验，逐步地提升服务产品的技术含量和档次，并在技术法规、标准、认证体系上与国际市场逐步接轨，促进我国生产性服务业的跨越式发展。

1. 坚持引进来、走出去，提高我国生产性服务业的水平和质量

创新服务业管理体制、组织形态和服务品种，在制造业聚集区引进外资采购中心、分销中心、研发中心、物流中心，在中心城市商务中心区适时以合资、独资、参股等形式建立会计、法律、咨询、广告等服务机构，以促进外资服务业的知识技术外溢。鼓励国际化程度较高的企业到海外建立分支机构，或并购海外的研发机构或技术型公司，获取专利、知识产权与研发能力，提高全球化运营水平。完善服务业现行吸引外资法律法规政策，对不同行业采取差别税率、差别利率，可考虑修改及制定新的财税政策，引导更多外资流向金融、物流、商务服务领域。在物流、金融、商务、信息服务、离岸服务外包等重点领域培育一批具有国际竞争力的企业集团和国际品牌。

2. 把服务外包业作为提升国际分工地位的突破口

把离岸服务外包作为获取国际竞争优势的创新型生产性服务业来大力发展。一要改善政策、法制和商业运作环境，支持服务外包关键领域、薄弱环节、新兴产业和新型业态的发展，鼓励服务外包企业自主创新，培育一批领军企业，创建一批知名服务品牌。二要鼓励企业重视在人力资本、信息技术、流程组织管理等软实力方面的投资，积极承接信息管理、数据处理、制造业设计、软件等国际服务外包。强化人力资源产业链建设，着力进行高等教育的改革和创新，支持企业建设一批高质量的职业培训机构，鼓励大学、企业、政府合作共同创新人才培养模式。三要创建"中国服务"国家品牌，建设国家服务外包的公共支撑平台，以统一的国家品牌形象开拓国际市场，对内促进产业联合，整合示范城市公共服务资源形成合力，面向外包企业提供公共服务。

要坚持上述国际化战略，必须注意两个认识问题。一是正确理解未来 10 年"服务业走出去"，走出去是为开拓有竞争力的发达国家服务市场和已经国际化的国内服务市场，而不是过多强调走出去开拓非洲和南美洲等落后的服务市场。二是正确理解"与国际规则接轨，按国际惯例办事，借鉴国际经验"，在内地设立外资独资服务机构，要根据国情和发展阶段的要求有序推进；借鉴发达国家服务业经验，可能现阶段最需要借鉴的是他们在营商环境建设、政府如何发挥作用及其管理模式方面的经验。

（六）启动并实施人才战略

服务产品的竞争力主要来源于技术人员的创造力，管理人员的管理经验。自主创新强调研发服务活动以人力资本为载体，靠自我力量提高吸收能力，培养和造就一批研究开发的先导型人才，促进产学研合作。为此，未来要促进生产性服务业大发展，需要大力推行人力资源开发。抓住了制造业链条上的研发设计、品牌运作、渠道营销等高附加值服务环节，就等于抓住了中国大力发展生产性服务业的牛鼻子，而抓住这个牛鼻子的着力点就是要加大研发、设计等生产性服务人力资源的开发力度。企业和国家研究所、研发专业化服务公司应该成为产业技术创新人才的培养和锻炼基地，国家有关部门和地方要研究制定相关的激励政策措施，卓有远见地引导企业把主要精力放到创新人才的培养和使用上。政府研究所和大学一样应该成为培养国际化的学科带头人、高级复合型人才的主要基地，大学中应加强对理工科人才的培养力度，建立大学、研究所与企业联合培养锻炼技术创新人才的机制。以重大项目和工程实验室、工程研究中心、博士后科研工作站（流动站）、留学人员创业园等平台为支撑，提供优良的生活、科研和创业条件，培养和引进创新领军式人才和创新团队。重视发挥行业协会在人才培训和认证方面的巨大作用，如对仓储工程师、配送工程师、物流管理师的培训和认证。加快生产性服务业发展所必需的高层次复合型人才的培养与引进。

本章小结

未来 10 年，生产性服务业创新与升级，生产性服务业的大发展对中国而言具有极其关键的意义。当前有效需求不足和有效供给不足并存的矛盾较为突出，特别是有效需求不足的矛盾更为凸显，已成为影响生产性服务业发展的主要障碍。本书一以贯之的一个总体思路是，通过生产性服务业的联动发展与创新发展，实现与制造业的良性互动升级，生产性服务业自身也获得大发展。基于此，面向 2020 年的生产性服务业发展战略思路与对策，要以需求为导向，以聚集发展凝聚需求，以联动发展带动需求，以突破价值链关键环节为核心，大力推进制造业服务化，形成与制造业联动发展新格局；以体制机制创新为动力，实施管理创新、政策创新、体制机制创新、服务创新、国际化战略、人才战略六大创新战略，促进供给创新和供需转换，开创生产性服务业创新发展新局面。

参考文献

1. 库兹涅茨. 现代经济增长，北京，北京经济学院出版社，1989

2. 杨小凯，黄有光. 专业化与经济组织——一种新兴古典微观经济学框架.北京：经济科学出版社，1999

3. 杨小凯，张永生. 新兴古典经济学与超边际分析（修订版）.北京：社会科学文献出版社，2003

4. 王一鸣.结构调整与转型.新华文摘，2010（3）

5. 林兆木.关于转变经济发展方式问题.新华文摘，2010（9）

6. 刘福垣. 铲除封建特权——分配体制改革的主攻方向.内部稿，2010-08

5. 夏斌. 当前中国经济主要的结构问题.新华文摘，2010（3）

7. 吴敬琏. 转变经济发展方式研究——转向长期. 新华文摘，2010（9）

8. 刘伟.中国经济增长与宏观调控.新华文摘，2010（9）

9. 江小涓. 服务业增长：真实含义、多重影响和发展趋势.经济研究，2011（4）

10. 陈文玲.从世界潮流看中国流通领域的误区.国际经济评论，2004（7-8）

11. 常修泽.推进现代服务业的体制创新，经济日报（理论周刊），2005-08-08

12. 常修泽.以政府改革为重点 上下内外联动创新.国家发改委宏观院调查 研究建议，2005-09-08

15. 马晓河. 服务业发展的瓶颈是体制.中国投资，2011（5）

13. 李江帆.第三产业经济学.广州：广东人民出版社，1990

14. 李江帆，曾国军.中国第三产业内部结构升级趋势分析.中国工业经济，2003（4）

15. 吕政，刘勇，王钦.中国生产性服务业发展的战略选择.中国工业经济，2006（8）

16. 商务部与国务院发展研究中心联合课题组.跨国产业转移与产业结构升级.北京：中国商务出版社，2008

17. 李善同，高传胜，等.中国生产性服务业发展与制造业升级.上海：上海三联书店，2008

18. 徐学军主编.助推新世纪的经济腾飞：中国生产性服务业巡礼.国家自然科学基金应急项目系列丛书，北京：科学出版社，2008

19. 阚雷，吴贵生.制造业发展与服务创新——机理、模式与战略.北京：科学出版社，2008

20. 阚雷，吴贵生.我国制造企业"服务增强"的实证研究及政策建议.技术经济，2009（2）

21. 高运胜.上海生产性服务业聚集区发展模式研究.北京：对外经济贸易大学出版社，2009

22. 刘志彪，郑江淮.服务业驱动长三角.北京：中国人民大学出版社，2008

23. 吴家曦，李华.浙江省中小企业转型升级调查报告.管理世界，2009（8）

24. 王珺，岳芳敏.技术服务组织与集群企业技术创新能力的形成——以南海西樵纺织产业集群为例.管理世界，2009（6）

25. 杨三根，段刚.现代物流业的发展和全球供应链管理——一个新兴古典经济学分析框架.世界经济研究，2005（9）

26. 刘志彪.论现代生产性服务业发展的基本规律.中国经济问题，2006（1）

27. 蒋三庚主编.现代服务业研究.北京：中国经济出版社，2007

28. 夏杰长，等.高新技术与现代服务业融合发展研究.北京：经济管理出版社，2008（1）

29. 夏长杰.迎接服务经济时代的来临：中国服务业发展趋势、动力与路径研究.北京：经济管理出版社，2010

30. 陈宪，程大中主编.中国服务经济报告.北京：经济管理出版社，2005、2006、2007

31. 朱根.日本服务经济论争与东京服务功能转型.日本学刊，2009（1）

32. 郑凯捷.分工与产业结构发展——从制造经济到服务经济.复旦大学博士学位论文，2006

33. 胡茂元.服务经济时代的中国汽车行业——上汽集团的实践与探索.汽车工程，2009 ⑵

34. 苏刚.完善我国第三产业政策的几点思考.管理世界，1998（3）

35. 丁俊发.中国物流业首先从制造业突破.中国流通经济，2008（5）

36. 王晓艳.物流业与制造业联动发展的机理和模式研究.物流技术，2009（7）

37. 贾海成，秦菲菲.苏州市物流业与制造业联动发展对策研究.改革与战略，

2011 （4）

38. 苏秦，张艳，物流业与制造业联动现状分析及国际比较.中国软科学，2011 （5）

39. 苏秦，张艳，物流业与制造业联动现状及原因探析，中国软科学，2011 （3）

40. 王茂林，刘秉镰.物流业与制造业联动发展中存在的问题与趋势.现代管理科学，2009 （3）

41. 郭淑娟，董千里.基于物流业与制造业联动发展的合作模式研究.物流技术，2010 （7）

42. 王珍珍，陈功玉.我国制造业不同子行业与物流业联动发展协调度实证研究——基于灰色关联模型.上海财经大学学报，2010 （6）

43. 吴爱东.制度创新机制：中国现代物流业发展的推动力，中国流通经济，2010 （4）

44. 浙江树人大学课题组.加快发展浙江商务服务业.浙江经济，2007 （10）

45. 汪永太.商务服务业：社会发展的新动力.安徽商贸职业技术学院学报，2007 （1）

46. 沈丹阳.加快我国商务服务业和服务贸易体制改革研究.http//www.studa.net/，中国论文下载中心，2006-08-22

47. 陈艳莹，原毅军.经济中介的代理成本与我国经济中介业的发展.中国工业经济，2002 （12）

48. 任曙明，原毅军.产业分工细化与经济中介组织的发展.中国工业经济，2003 （11）

49. 李善同，华而诚主编.21 世纪初的中国服务业.北京：经济科学出版社，2002

50. "北京市商务服务业发展对策研究"课题组.北京市商务服务业发展对策研究.中国流通经济，2006 （3）

51. 李红梅.台湾发展知识型服务业的经验与启迪.中央民族大学经济学院，2006-02-07

52. 马林主编.研发产业初论.北京：北京科学技术出版社，2005

53. 张秋生主编.面向 2020 年的"十一五"期间我国现代服务业发展纲要研究报告.北京：中国经济出版社，2007

54. 韩国产业资源部，商业部和能源部.韩国 2015 年产业创新战略纲要.2005-08

55. 詹小洪.自主创新在韩国.求是，2006 （2）

56. 郭怀英. 韩国生产性服务业促进制造业结构升级研究. 宏观经济研究，2008（2）

57. 郭怀英. 把脉"十一五"服务业新政. 新华文摘，2006（6）

58. 郭怀英. 垄断性服务业市场化改革：国际比较及其启示. 宏观经济研究，2004（12）

59. 郭怀英. "十二五"服务业体制改革的演进与攻坚战略. 改革，2010（3）

60. 郭怀英. 大力发展生产性服务业. 经济日报，2010-05-10

61. 郭怀英. "十二五"大力发展生产性服务业的战略思路与任务. 中国投资，2010（10）

62. 郭怀英. 妥善解决重化工道路中的就业问题. 国家发展改革委信息，2005-05-11.（被中办《综合与摘报》采用）

63. 郭怀英. 中国物流业发展现状、存在问题及政策建议. 国家发展改革委信息，2006-12-11，（被国办《专报信息》采用）

64. 郭怀英. "十一五"时期我国服务业政策的调整与创新. 国家发展改革委信息，2005-10-14

65. 郭怀英. 新时期应鲜明地提出服务业现代化的发展目标. 国家发展改革委信息，2006-05-23

66. 郭怀英. 生产性服务业与工业联动发展明显加强——当前我国生产性服务业发展形势及对策建议. 国家发展改革委信息，2008-07-30

67. 郭怀英. 借鉴国际经验推动商务服务业快速发展. 国家发展改革委信息，2008-12-10

68. 郭怀英. 国际金融危机对我国物流业的影响及应对策略. 国家发展改革委信息，2009-02-03

69. 郭怀英. 服务业发展的新情况、新问题. 国家发展改革委信息，2010-11-23

70. 郭怀英承担的国家发改委宏观院 2009 年基础课题"生产性服务业与制造业联动发展研究"研究报告及综述报告

71. 郭怀英合作主持的 2008 年国家发改委宏观院重点课题同时也是中国经济学术基金课题"我国生产性服务业发展的制约因素与对策研究"（项目批准号 A2008041008），郭怀英撰写的《基于需求视角的生产性服务业制约因素分析》、《发展生产性服务业的国际经验及其借鉴》以及观点综述报告

72. 郭怀英承担的国家发改委宏观院 2007 年基础课题"中国生产性服务业的战

略思路研究"研究报告及综述报告

73. 郭怀英承担的国家发改委宏观院 2006 年基础课题"生产性服务业与制造业结构升级间的动态关联研究"研究报告及综述报告

74. 郭怀英承担的"我国生产性服务业市场准入改革研究"课题研究报告（该专题报告系国家发改委产业协调司 2007 年委托的课题"我国生产性服务业市场准入改革研究"）

英文参考文献

1. Guerrieri & Meliciani. 2003. Workshop Empirical studies of innovation in Hurope. Urbino 1-2 December, International competitiveness in producer service.

2. Guerrieri & Meliciani. 2004. International competitiveness in producer services.

3. Paolo Guerrieri, Valentina Meliciani. 2005. Technology and international competitiveness: The interdependence between manufacturing and producer services. Structure Change and Economic Dynamics 16(2): 480-502.

4. AEGIS. 1999. Service enhanced manufacture in the building and construction production system: Draft Report, Project 4 [R]. Sydney: University of Western Sydney Macarthur.

5. GANN M, SALTER J. 2002. Innovation in project-based, service-enhanced firms: the construction of complex products and system [J]. Research Police, (29): 955-972.

6. Amiti, M., Shang-Jin Wei. 2006. Service Offshoring and Productivity: Evidence from the United States [R]. Working Paper, National Bureau of Economic Research.

7. wong, Yue-Chim Richard, and Tao, Zhigang. An Economy Study of Hongkong's Producer Service Sector and its Role In Supporting Manufacturing, http//www.hiebs.hku.hk.

8. Klodt, H. 2000. Structural change towards services: the German experience, University of Birmingham IGS Discussion paper, 2000/07.

9. Markusen James. 1989. Trade in Producer Services and other Specialized Intermediate Inputs. The American Economic Review, 79(1).

10. Francois, J. F. 1990. Producer Services, scale, and the division of labor. Oxford Economic Papers, vol.42. pp. 715-729.

11. Juleff-Tranter, L.E. 1996. Advanced Producer Services: Just a Service to Manufacturing? Service Industries, (16), pp.12-21.

12. W. Richard Goe. 2002. Factors Associated with the Development of Nonmetropolitan Growth Nodes in Producer Services Industries, Rural Sociology, 67,(3).

13. W lfl,Anita. 2005. The Service Economy in OECD Countries,in OECD Science, Technology and Industry Working Papers,2005/3.

14. Summers,Robert. 1985. Managingthe Service Economy:Prospects and Problems, Cambridge University Press.

15. Parrinello,Sergio. 2004. Service Economy Revisited,Structural Change and Economic Dynamics,Vol.15,No.4.

16. Brandt,N. 2004. Business Dynamics in Europe,in DSTI Working Paper,2004/1, OECD,Paris.

17. Beyers,W.B.and Lindahl,D.P.1996. Explaining the Demand for Producer Services, in Regional Science,75.

18. Vandermerwe,S. and Rada, J. 1988. Servitization of Business:Adding Value by Adding Services[J]. European Management Journal,6(4):314-324.

19. White,A.l.,Stoughton,M. And Feng,L. 1999. Servicizing:The Quiet Transition to Extended Product Responsibility[R].Boston: Tellus Institute.

20. Reiskin,E. D.,White,A.l.,Kauffman Johnson,J. and Votta,T.J. 2000. Servicizing the Chemical Supply Chain[J]. Journal of Industrial Ecology,3(2-3): 19-31.

21. Fishbein,B.K.,McGarry,L.S. and Dillon,P. S. 2000. Leasing:A Step toward Producer Responsibility[M]. NY: INFORM.

22. Makower,J. 2001. The Clean Revolution:Technologies from the Leading Edge[D]. Presented at the Global Business Network Worlding Meeting.

23. Toffel, M. W. 2002. Contracting for Servicizing [D].Haas School of Business University of California-Berkeley Working Paper, May.

24. Szalavetz,A. 2003. Tertiarization of Manufacturing Industry in the New Economy: Experiences in Hungarian Companies[D]. Hungarian Academy of Sciences Working Papers, No. 134,March.

25. Bulow J. 1986. An economic theory of planned obsolescence [J].Quarterly Journal of Economics,(101):729-749.

26. Kamm W P, Singh A. 2004. The Pattern of Innovation in The Knowledge-intensive Business Services Sector of Singapore[J]. Singapore Management Review,(1)

27. Freel, M. 2006 . Patterns of Technological Innovation in Knowledge−Intensive Business Services[J]. Industry and Innovation, (2)

28. Ojanen, V., Salmi, P., Torkkeli, M. 2007. Innovation Patterns in KIBS Organizations: A Case Study of Finnish Technical Engineering Industry [C]. Proceedings of The 40th Hawaii International Conference on System Sciences.

29. Corrocher, N., Cusmano, L., Morrison A. 2009. Modes of Innovation in Knowledge−intensiveBusiness Services Evidence From Lombardy[J]. Journal of Evolutionary Economics, (19)

30. Services in Europe: Patterns of Growth and Development. Brigitte PreiBi, Deutsches Institut f ü r Wirtschaftsforschung Berlin, February 1997.

31. Geza Feketekuty. 2003. Principles of sound regulation in services : The key to long term Economic growth in the New Global Economy. International Symposium, Trade in services: China and World.

32. Clifford F. Lynch. 2000. Logistics outsourcing: A Management Guide[M].OakBrook, IL.

33. Joel D Wisner, G Keong Leong, Keah −Choon Tan. 2005. Principles of Supply Chain Management: A Balanced Approach [M]. Thomson Learning.

34. Ronald H Ballou.企业物流管理[M].北京:机械工业出版社,2008.

35. Mohammed Abdur Razzaque, Chang Chen Sheng. Outsourcing of Logistics Function: A Literature Survey [J]. International Journal of Physical Distribution & Logistics Management, 1998,(2).

36. S Leahy ,R Murphy, R Poist. 1995. Determinant of Successful Logistics Relationships: A Third −Party Logistics Provider Perspective [J].Transportation Journal,35 (2).

37. Council of Supply Chain Management Professionals (CSCMP). The 20th annual CSCMP state of logistics report: riding out the recession[R]. Lom−bard,2008.

38. Jeffrey P Cohen. 2010. The Broader Effects of Transportation Infrastructure: Spatial Econometrics and Productivity Approaches [J]. Transportation Research Part E,46: 317−326.

39. OECD. 1999. The Contribution of Business Services to Industrial Performance: A Common Police Framework[R].www.oecd.org,28 September.

40. Bell D. 1973. The Coming of Post-Industrial Society: A Venture in Social Forecasting. New York: Basic Books.

41. Bryson J R, Daniels P W, Warf B. 2004. Service Worlds: People, Organisations, Technologies. New York: Routledge.

42. Castells M. The Rise of the Network Society. Oxford: Blackwell Publishers, 1996.

43. Illeris S, Sjoholt P. 1995. The Nordic countries: High quality services in a low density environment. Progress in Planning, 43(3): 205-221.

44. Fuchs R. 1969. Production and productivity in the service industries, Columbia University Press.

45. Hoffman W.G. 1958. The Growth of Industrial Economics, Oxford University Press.

46. Maddison A. 1995. Monitoring the world economy, 1820-1992, OECD Publishing.

47. Selvanathan E.A.& S. Selvanathan. 2003. International consumption comparisons : OECD versus LDC, World Scientific Pub.

48. Timmer, Marcel P. and Gaaitzen J. de Vries. 2009. Structural Change and Growth Accelerations in Asia and Latin America: A New Sectoral Data Set, Cliometrica, Vol 3 (2009, issue 2) pp. 165-190.

49. Ansari M.I. 2001. Accounting for the Service Sector Growth in the United States: An Econometric Study. Ekonomia, 5(2): 215-228.

50. Eichengreen B. & Gupta P. 2009. The two waves of service sector growth. NBER Working Paper14968.

51. Francisco J.B. & Kaboski J.P. 2009. The rise of the services economy. NBER Working paper 14822.

52. Gohmann S.F., Hobbs B.K. & McCrickard M. 2008. Economic freedom and service industry growth in the United States. Entrepreneurship Theory and Practice, 32 (5): 855-874.

53. Love J. H. & Mansury M.A. 2009. Exporting and productivity in business services: Evidence from the United States. International Business Review, 18(6): 630-642.

54. Randall W.E & Erickcek G.A. 2001. The nature and determinants of service sector growth in the United States. In The Job Creation Potential of the Service Sector in Europe, Dominique Anxo, and Donald Storrie, eds. Luxembourg: European Communities, 137-179.

后 记

终于可以写后记了。此时的心情可以用三个词来概括，即"感慨、感动和感谢"。第一个关键词是感慨。行文至此，感慨良多。正如宏观院一位副院长所言，作为一名研究人员对学术研究应该心存敬畏，也可能是比较笨，尽管从事服务业研究多年，但一直未敢出书。期间也曾有出版社找过我，但自觉积累不够，可能缺乏厚重感而最终放弃。这些年为坚持做好科研、增强科研实力，曾放弃了许多休闲和社交活动，也放弃了不少挣钱的机会。有句话说得很经典，做正确的事比正确地做事更重要。这世上只有享不完的福，没有吃不完的苦，我相信只要坚持不断地学习和创新，不断地超越，终究会收获一份成功和从容。

第二个关键词是感动。在研究过程中，常常被自己的坚持不懈、不断探究并努力创新的勇气所感动。总想对现实中发生的问题寻求解答，也比较注重与前辈同行的探讨和争论，因为这样可以帮助和督促我做更深入的研究。总结最近几年来在生产性服务业研究方面的思考和感悟，经过两三个月的努力，最终形成了这本书稿。本书的直接来源是 2006 年以来我对生产性服务业的课题研究，主要包括我承担负责的国家发展改革委宏观院 2006 年、2007 年、2008 年、2009 年基础课题，和 2008 年合作主持的宏观院重点课题同时也是中国经济学术基金课题中我撰写的四个专题报告，本书相关章节就是在这些报告基础上修改、扩展而成的。此外，2010 年以来新近研究的一些成果，比如制造业服务化、物流业与制造业联动发展、促进生产性服务业大发展的战略思路与对策等内容也并入书中，这样，使得本书体系较为完整，内容较为饱满。在研究过程中，书中有些报告还获得过国家发展改革委优秀研究成果三等奖或宏观院优秀研究成果二等奖、宏观院优秀基础课题二等奖等相应奖励，还参编了张平主任主编、人民出版社出版的《中国改革开放 1978—2008》理论篇等著作。

第三个关键词是感谢。尽管一些学术前辈为我国服务业研究做出过开创性的贡献，但总体看，与工业研究、农业研究相比，我国服务业研究还较为薄弱，亟待向前推进。但可喜的是，近年来，一些高质量的研究成果不断问世，有些成果逻辑分析严谨、分析方法贴切、语言表述到位，使我受益良多。特别是一些地区对服务经济的研究，体现了研究的系统性、科学性和前沿性，在一定程度上引领了国内服务业的研究。无论是已经成名知名的学者，还是一些后起之秀，只要他们的理论分析和实证研究能给我以启发和教益，在欣赏之余，我同样很感谢他们。为使本书站在巨人的肩膀上，在写作过程中，我参考、引用了诸多前辈和国内外同行的研究成果和文献资料，并在引用中一一做出了相应的注解，在此，谨向各位前辈和同行深表谢意。

这些年的服务业研究，得到了诸多师长和友人的热情帮助，其中尤其要感谢国家发展改革委产业协调司主管服务业工作的领导和同志，这些年随他们到不少地方进行了实地调研，也有幸参与了他们组织的多项服务业重大活动和政策规划制定，了解掌握了国家和地方服务业发展与创新的第一手资料以及最新的政策信息。同时还要感谢为我们调研工作提供便利的北京市发改委、河北省发改委以及广州市发改委等地方发改委服务业处的领导和同志。特别要感谢国务院研究室的陈文玲司长和中国社科院财贸所夏杰长研究员，与他们亦师亦友，多次深切交谈，受益颇多，陈司长还为我的课题研究提供过大量宝贵的资料，在此要衷心谢谢他们。

在宏观院，作为我的博士导师，刘福垣副院长一直以来像父亲一样指导、支持和帮助着我。刘老师求真、求实、注重解决问题的严谨作风，时刻在激励着我。王一鸣、陈东琪、马晓河副院长，他们严谨的治学态度和深厚的研究功力，偶尔的指点无不给我以莫大的教益。宏观院组织的各种课题评审会和主题广泛的研讨活动，都有助于我学术的积累与科研素养的提高。感谢他们在 2008 年宏观院重点课题申请中对我的认可和肯定。有幸和白和金院长多次探讨工业化进程中服务业的发展问题，他的指点给了我许多重要而不可多得的理论启发，书中一些观点的形成还直接受他的影响，白院长的指导和帮助令我终生感念。还要感谢宏观院研究员林兆木、胡春力、肖金成、张汉亚、罗云毅、张燕生、常修泽、俞建国、刘树杰、宋立等诸位师长的指导与支持。曾有幸与任旺兵主任、王晓红主任合作共事，他们给予了我很多的帮助，我同样不能忘怀。真诚感谢宏观院科研管理部的罗蓉处长和王淑洁处长一直以来的工作支持和朋友间的关心与帮助。

作为产业所的一分子，还要特别感谢产业所提供的宽松环境和良好氛围，感谢王昌林所长、王岳平副所长、杨玉英副所长给予的指导、支持与帮助。对姜长云主任为丛书出版所付出的努力表示感谢。

感谢北京邮电大学经济管理学院杜振华教授和学生们的帮忙。原中国中小企业协会的吕继凤查阅并翻译了日语资料，工业与信息化部的史惠康副处长也提供过帮助，在此对他们的支持一并表示感谢。由衷地感谢山西经济出版社的李慧平主任以及出版社的其他同志为本书的编辑、出版付出的辛勤劳动。

最后，我要特别感谢我的亲人和朋友们。感谢陈渤、陈洪波、郭春丽等同学朋友一直以来无私的关心和帮助。家庭无论何时都是安全的港湾，永远的能给我温暖和力量的地方，使我总有好心情、好身体来潜心做科研。可爱的女儿即使在临近高考最繁忙、最脆弱的时候，仍忘不了关心妈妈要出书这件事情，小小年纪就体现出善解人意、处事成熟稳重的性格特征。

呈现在读者面前的这本书，虽然是我多年积累、思考和感悟的一个总结，但从专著进一步的要求看，有些地方感觉还不满意，内容还不够丰富有力，对北京、上海生产性服务业创新发展问题曾进行了长期的跟踪调研，但因时间紧迫这部分内容未能纳入书稿。本书只是一个阶段性产物，还需要在以后的实践中不断完善和深化研究。

关于服务业，大家既熟悉又不熟悉，对服务业的研究也因其涉及行业众多，与其他产业联系复杂，新兴事物不断涌现等特点，还有许多问题需要研究。以我现有的研究水平和视野，肯定有不少问题还没有研究到或研究还很不成熟，甚至会有不少疏漏，还请学界同仁和实践部门同志多提宝贵意见。

郭怀英

2011 年 12 月于北京

图书在版编目(CIP)数据

生产性服务业:创新与升级 / 郭怀英著. —太原:山西经济
出版社,2012.1

(中国服务经济丛书)

ISBN 978 - 7 - 80767 - 489 - 4

Ⅰ.①生… Ⅱ.①郭… Ⅲ.①服务业—经济发展—研究—
中国 Ⅳ.①F719

中国版本图书馆 CIP 数据核字(2011)第 278585 号

生产性服务业:创新与升级

著　　者:郭怀英
责任编辑:李慧平
助理责编:姚　岚
封面设计:卫　玮

出　版　者:山西出版传媒集团·山西经济出版社
社　　址:太原市建设南路 21 号
邮　　编:030012
电　　话:0351 - 4922133(发行中心)
　　　　0351 - 4922085(综合办)
E - mail:sxjjfx@163.com
　　　　jingjshb@sxskcb.com
网　　址:www.sxjjcb.com

经　销　者:山西出版传媒集团·山西经济出版社
承　印　者:山西人民印刷有限责任公司

开　　本:787 毫米 ×960 毫米　1/16
印　　张:17.25
字　　数:306 千字
印　　数:1—3000 册
版　　次:2012 年 1 月第 1 版
印　　次:2012 年 1 月第 1 次印刷
书　　号:ISBN 978 - 7 - 80767 - 489 - 4
定　　价:40.00 元